D0930741

ANDRÉ GIDE DANS LE LABYRINTHE DE LA MYTHOTEXTUALITÉ

PSRL volume 8

ANDRÉ GIDE DANS LE LABYRINTHE DE LA MYTHOTEXTUALITÉ

Pamela Antonia Genova

Purdue University Press
West Lafayette, Indiana

99 98 97 96 95 5 4 3 2 1

The paper used in this book meets the minimum requirements of American National Standard for Information Sciences—Permanence of Paper for Printed Library Materials, ANSI Z39.48-1984.

Printed in the United States of America
Design by Anita Noble

Library of Congress Cataloging-in-Publication Data
Genova, Pamela Antonia, 1961–
André Gide dans le labyrinthe de la mythotextualité / Pamela Antonia Genova.
p. cm. — (Purdue studies in Romance literatures ; v. 8)
Includes bibliographical references and index.
ISBN 1-55753-067-X (alk. paper) :
1. Gide, André, 1869–1951—Knowledge—Mythology. 2. Mythology, Greek, in literature. I. Title. II. Series.
PQ2613.I2Z6295 1995
848'.91209—dc20 95-3684
CIP

Portions du chapitre trois de cette œuvre ont déjà paru en forme différente comme "A Crossroads of Modernity: Gide's *Le Traité du Narcisse,*" *South Central Review* 11.3 (automne 1994): 1–24. Egalement, portions du chapitre quatre ont paru comme "Myth as Play: André Gide's *Le Prométhée mal enchaîné,*" *French Forum* 20.2 (mai 1995): 201–19.

A mes parents, Anthony et Veronica Genova,
qui m'ont très tôt montré la bonne voie

Table des matières

Préface

> *Je . . . sais qu'il y a deux enseignements dont jamais l'homme n'épuisera la vertu: celui du Christ, et celui de la fable grecque.*
>
> Gide, *Journal*

André Gide est un auteur paradoxal dont l'œuvre occupe une place très particulière dans l'ensemble de la littérature. A l'intérieur de cet œuvre, les quatre textes que je me propose d'étudier, *Le Traité du Narcisse, Le Prométhée mal enchaîné,* l'*Œdipe* et le *Thésée,* forment un corpus insolite qui illustre l'originalité de l'auteur de façon éloquente. On peut concevoir cet écrivain comme un médiateur, non seulement entre les XIXe et XXe siècles, mais aussi entre deux préoccupations, deux champs littéraires. Gide appartient à une tradition classique bien enracinée, et il ouvre en même temps la voie au modernisme. C'est à travers cet aspect moderniste que la pensée et l'œuvre de Gide manifestent leur nature provocatrice et progressiste.

Le modernisme de l'écriture chez Gide constitue le point de départ de mon travail. Car c'est grâce au désir de redire le mythe grec, de le reformuler pour qu'il illustre une pensée subjective, que le texte gidien s'affirme dans sa nouveauté. En ce sens, le discours de Gide préfigure celui de Roland Barthes ou de Michel Tournier, deux écrivains qui avouent, d'ailleurs, leur dette à Gide. Je me propose dans cette étude de montrer que l'emploi du récit mythique à une fin personnelle est le signe d'une écriture moderne, d'une préoccupation subjective de plus en plus évidente dans l'évolution du mythe littéraire au cours des XIXe et XXe siècles.

Le travail textuel gidien est simultanément créateur et destructeur. Il introduit dans l'écriture une espèce de renversement, un refus par lequel son discours remet en question les notions fondées auparavant sur l'expérience de l'écriture. Gide déplace la perspective où se situe habituellement l'écrivain, en mettant au premier plan sa subjectivité problématique. Pour connaître l'Homme, il faut d'abord se connaître, et Gide parle de lui-même quand il prend pour sujet les grandes figures de la mythologie gréco-romaine.

Au cœur de l'écriture gidienne se trouve un conflit fondamental qui n'a jamais quitté l'auteur. Ce conflit, que j'appelle "la problématique gidienne," se manifeste à travers une série d'oppositions cruciales qui se dissimulent au centre de son être, notamment celle entre le désir et l'ascétisme. Cette antithèse tire son origine de l'homosexualité de Gide, élément complexe et énigmatique qui se présente dans le cadre idéologique du conflit entre le christianisme et le paganisme. Car, si Gide s'adresse au mythe grec, c'est pour parler, d'une manière plus ou moins explicite, de l'homosexualité. Dans les quatre textes étudiés ici, on peut déceler une mise en scène de ce courant à la fois sémantique et sémiotique; il s'impose dans l'écriture en tant qu'atmosphère sentimentale plutôt qu'en thème manifeste. C'est une ambiance dans laquelle baigne le texte, une notion qui plane au-dessus de la narration.

J'analyse dans ce livre les manières dont Gide s'efforce de traduire sa problématique en écriture. C'est à travers des procédés intertextuels que l'auteur remanie, transforme et renverse les mythes dont il s'inspire. Le récit mythique se présente ainsi chez Gide comme un espace ouvert aux jeux scripturaires de l'écrivain, qui manipule le discours du mythe pour en faire le véhicule de sa propre parole. J'appelle cette activité textuelle "la mythotextualité," sphère des variations infinies de l'intertexte mythique. Les manipulations de l'auteur aux niveaux du sens et de la forme du mythe originel servent à insérer une histoire personnelle dans la mythologie. Un mythe gidien se crée à partir de ce mariage entre le "je" de l'écrivain et la parole mythique de l'Antiquité.

Je précise dès le début de cette étude les raisons pour lesquelles j'ai choisi la mythologie gréco-romaine en tant que discours référentiel par rapport à l'écriture gidienne. Car on peut découvrir chez Gide d'autres voix intertextuelles, notamment celle de la Bible, et Gide a construit de nombreuses œuvres à partir des paraboles de l'Ecriture sainte (*Le Retour de l'enfant prodigue, Saül,* etc.) et à partir des motifs chrétiens (*La Porte étroite, La Symphonie pastorale, Et nunc manet in te,* etc.).[1] Il est évident que toute cette matière représente un corpus de dimensions trop importantes pour une étude comme celle-ci. Mais le choix de limiter le référent au mythe grec comporte d'autres implications plus spécifiques au travail. C'est dans la culture et l'art grecs que Gide trouve le contrepoids à sa formation chrétienne. A travers les héros de l'Antiquité, il peut libérer cette partie païenne de son esprit qui se heurte sans cesse aux contraintes de sa religion et à la culpabilité qu'elles provoquent. Ce qui m'intéresse, c'est justement ce Gide qui languit après la liberté, le plaisir, la joie de vivre, et qui peut enfin s'épanouir grâce au monde esthétique et sensuel des Grecs.

Remerciements

Je voudrais remercier tous ceux qui m'ont si chaleureusement soutenue dans cette entreprise importante, d'abord mes amis et collègues à l'Université d'Illinois, surtout David Ryan, Solon Morse, Dominique Thévenin, Karin Egloff, Paul Friedman, Jacques-Philippe Mathy et Herbert De Ley, ceux qui ne semblaient jamais douter de moi. Remerciements en particulier à Stan Gray, Emile Talbot et Mireille Rosello, qui ont très gentiment aidé dans la genèse de cette œuvre.

Je n'oublie pas non plus mes nouveaux amis et collègues à l'Université d'Oklahoma, qui m'ont encouragée pendant les derniers mois de travail: Keith Busby, Mary Davis, Luis Cortest, Jean-Marc Kehrès, Mark Thompson, Johnson Bridgwater, Logan Whalen, Jacques Mondou et Marie-Christine Mondou.

Remerciements aussi à tous ceux de Paris: Marguerite Lorée-LaSierra, Karin Ueltschi, Charles Holdefer, Matthew Graves, et surtout, surtout remerciements à cet ami qui m'a ouvert les yeux, mon Virgile aux enfers, Raymond LaSierra.

Chapitre un

Mythologie et intertextualité

Logos et mythos

Avant d'entreprendre l'analyse textuelle, il convient de s'interroger sur la définition du "mythe." Pour discuter d'un tel sujet, on se trouve confronté à de multiples approches de ce *topos* immense. Si on part du mot même, *mythos,* on peut découvrir bien des aspects curieux et ambigus qui forment ensemble le dédale qu'est devenu le mythe. Car c'est un mot qui est employé à tout propos, une sorte de signifiant flottant qui se charge d'interprétations tellement variées qu'elles peuvent finir par s'opposer les unes aux autres.

Chez Homère, *logos* signifie "parole" ou "discours," tandis que *mythos* dénote "récit" ou "histoire." Cette distinction d'abord innocente devient au cours des siècles une question centrale dans l'art, la littérature et la philosophie. Depuis Xénophon, qui a été le premier à rejeter le côté mythologique d'Homère et d'Hésiode, le terme *mythos* a perdu son acceptation religieuse. Dès l'époque grecque on reconnaît la nature métaphorique du mythe, et d'Homère à Ovide on observe un processus de désacralisation du monde mythique. Peu à peu, le *logos* a acquéri la signification de ce qui est vrai, et par extension, le bien. Le *mythos,* en revanche, s'est revêtu d'un sens péjoratif, signifiant la fausseté, l'illusion et le mensonge.[1]

Le célèbre décret de Platon qui ferme les portes de l'Etat Idéal aux "faiseurs de mythes" annonce la position antimythique d'Evhémère qui, au IIIe siècle après Jésus-Christ, considérait le mythe comme une simple légende, une exagération de l'histoire. Ce préjugé dévalorisant s'est perpétué jusqu'à nos jours, dans les philosophies, les religions et même dans le langage profane. David Bidney, dans "The Concept of Myth," suggère que "there is a gradual and subtle process of thought which leads from the notion that myth is a neutral term beyond truth and falsity to the skeptical, pragmatic doctrine which reduces all ideology to myth and social delusion" (299).

Depuis les débuts de la culture occidentale, on perçoit une distinction qui s'établit entre, d'un côté, l'histoire (c'est-à-dire "la réalité," les faits incontestables), et de l'autre, la fiction (terme vague qui pourrait comprendre la littérature et le mythe). Au lieu de considérer la mythologie comme une parole qui rivalise avec l'histoire, comme le signe d'une réalité de l'imaginaire aussi valable que celle du monde matériel, la plupart des historiens et des critiques, et même parfois des poètes, continuent à la considérer comme une espèce de reflet de la réalité, toujours intermédiaire, toujours imparfaite.

Dans la culture occidentale, le mythe conserve une place paradoxale. D'un côté, en tant que modernes, nous nous sentons libérés des puissances et des craintes dites "primitives." Nous nous considérons plus avancés, plus évolués que les races anciennes qui croyaient sincèrement à des systèmes panthéistes compliqués et séduisants. Nous avons séparé le mythe de la religion, de sorte que les personnages olympiens ne menacent plus le christianisme. Dans le vocabulaire actuel, le mot *mythe* évoque souvent des images négatives, car nous sommes les héritiers culturels de l'evhémérisme. C'est ainsi que l'écrivain Henri Meschonnic refuse d'employer le mot *mythe* dans son œuvre. Il déclare: " 'Mythe' [est un terme qui s'est] chargé d'un contenu péjoratif et mesquin. . . . [Il a pris le sens de] tromperie collective consciente ou non" (143n2).

Cependant, il existe aussi un désir chez l'homme moderne de démythifier son monde et sa pensée, et il croit, ce faisant, s'éloigner du faux et de l'erreur. Malheureusement, il est né dans cette entreprise une confusion dangereuse entre la "démythification" et la "démystification." L'homme qui veut chercher la vérité dans son existence, c'est-à-dire, celui qui veut se démystifier, prend trop souvent le mythe comme adversaire. Dans son livre *Les Structures anthropologiques de l'imaginaire,* Gilbert Durand commente "la confusion hyperbolique et polémique du mythe et de la mystification" (495), et il souligne le danger inhérent à une telle position:

> Vouloir "démythifier" la conscience nous apparaît comme l'entreprise suprême de mystification et constitue l'antinomie fondamentale: car ce serait effort imaginaire pour réduire l'individu humain à une chose simple, inimaginable, parfaitement déterminée, c'est-à-dire incapable d'imagination et aliénée à l'espérance. (496)

Ce désir rationaliste de mettre en valeur le côté purement analytique de l'esprit humain représente bien sûr une des forces les plus redoutables qui combattent le mythe, porteur du stigmate de la subjectivité. Mais cette attitude ne menace pas seulement la plénitude de l'être humain; elle vise aussi la totalité inhérente à l'œuvre d'art. Ce retour à un rationalisme étroit, repérable même dans notre climat esthétique "postmoderne," conduit à une conception bornée de l'œuvre écrite. De sa perspective de mythanalyse, Marc Eigeldinger remarque:

> Une certaine critique qui se veut purement textuelle . . . a valorisé la clôture du signifiant au détriment de l'ouverture constante du signifié. . . . Elle a évacué le mythe comme une valeur étrangère à l'étude de la textualité . . . [et] dépouillé les œuvres de leur polysémie. . . . (*Lumières du mythe* 5–6)

Pour certains, notre univers mental se situerait au-delà ou en deçà des images et des contenus incarnés dans les figures mythiques. En dépit de cette opinion rationaliste banale, nos contemporains continuent à considérer le monde antique avec un certain respect, car, après tout, il se trouve à l'origine de notre culture. L'homme moderne a tendance à l'admirer comme un précieux chef-d'œuvre sous vitrine, qui ne joue plus aucun rôle actif dans sa vie intellectuelle ou artistique.

Cependant, le mythe est toujours là, dans l'ombre de notre civilisation, dans les ténèbres de notre inconscient. Malgré lui, l'homme moderne retrouve dans le miroir mythique le reflet de son propre visage, une lueur de vérité qui éclaire son existence. Pour ceux qui veulent l'écouter, le mythe a encore quelque chose à dire. Il existe dans sa nature une espèce de contenu archétypique énigmatique qui ne disparaît pas avec la civilisation qui l'a engendré. Cette vérité prend la forme d'un appel de l'homme à l'homme, d'un écho qui se fait entendre depuis le commencement des temps. Commentant l'œuvre d'André Breton, Michel Beaujour souligne cette résonance collective du discours mythique: "L'espace mythique est l'espace de la poésie, du langage informé par le désir, mais c'est aussi l'espace où se déroule une aventure fondamentale, celle de chacun de nous et de nous tous" (222).

L'homme n'en a jamais fini avec cette aventure. Les variations sans cesse renouvelées, les interrogations toujours présentes, sont là pour le prouver. Car il est évident que le mythe ne représente pas quelque chose de simple et de clair que nous avons compris et intégré dans nos systèmes contemporains de signification. Le mythe ne se laisse pas saisir facilement; comme Protée, il se présente à nous sous une forme en constante métamorphose. Il comprend aussi bien la partie *logos* que celle du *mythos* dans une vision plus intégrale, plus juste de la sensibilité humaine. Il s'agit de savoir de quelles manières le mythe s'insère dans notre art, dans notre culture et dans notre perception intellectuelle.

Les Fonctions du mythe

Dans la préface à son *Dictionnaire des mythes littéraires,* Pierre Brunel propose d'appréhender le mythe à travers ses trois fonctions principales. D'abord, le mythe transmet un récit; ensuite, il explique; et enfin, il révèle. Ces gestes verbaux véhiculés par le mythe demandent à être explicités pour permettre une interprétation cohérente du mythe.

Avant tout, le mythe incarne une histoire. De surcroît, Brunel suggère que le récit que transmet un mythe représente le dynamisme originel qui l'anime. Cette énergie émane de la multiplicité et de l'ouverture qui caractérisent le discours mythique, idée que l'on retrouve chez Gilbert Durand: "Nous entendrons par mythe un système dynamique de symboles, d'archétypes et de schèmes, système dynamique qui, sous l'impulsion d'un schème, tend à se composer en récit" (*Les Structures anthropologiques de l'imaginaire* 64).

Quand on entend un récit mythique, on se trouve en présence d'un système de signes actifs qui peuvent suggérer toute une gamme de référents possibles. C'est une sorte d'espace animé dans lequel des "forêts de symboles" se présentent en constant mouvement. Grâce à la nature dynamique du récit, sa signification peut se transformer de lecture en lecture, de culture en culture et de lecteur en lecteur. Les mythes sont plurivoques, et c'est à travers cette polyphonie qu'ils nous parlent. Le récit mythique éveille la potentialité créatrice du lecteur, tout en déployant sa propre plurivocité. Ce processus a pour effet d'interdire toute réduction du mythe à une seule interprétation. Ainsi, cette pluralité fait du mythe un référent capricieux dans lequel les signes ne cessent de circuler.[2]

La deuxième fonction du mythe, selon Brunel, est d'expliquer. C'est dans cette fonction que réside la nature didactique des mythes qui ont pour sujet la création et l'évolution des phénomènes naturels, cosmiques ou psychologiques. André Jolles écrit que: "Le mythe est le lieu où l'objet se crée à partir d'une question et de sa réponse. . . . [A] partir de sa nature profonde, un objet devient création" (91).

L'homme se présente comme une créature que pousse la curiosité. Dès ses premières paroles, il s'intéresse au pourquoi. Son esprit exige que tout s'organise selon un ordre; il veut croire qu'il existe nécessairement une raison à tout ce qui est. Cette aspiration rationnelle se traduit par l'élaboration d'histoires fabuleuses, mystérieuses et divines, qui associent à l'explication causale une charge poétique qui continue à nous fasciner. Le mythe répond à deux tendances de l'être humain, celles qu'incarnent Apollon et Dionysos. C'est un récit qui met en scène la totalité humaine.

Il reste à envisager la troisième fonction du mythe, c'est-à-dire, la révélation. Quand on s'interroge sur la nature de ce que révèle le mythe, on ne peut éviter la controverse. Pour certains, c'est la divinité, le mystère religieux que révèle le mythe, et pour Brunel, effectivement, la troisième fonction du mythe, c'est la révélation de Dieu. On retrouve cette conception dans les écrits de Mircea Eliade: "Le mythe raconte une histoire sacrée; il relate un événement qui a eu lieu dans le temps primordial, le temps fabuleux des commencements" (*Aspects du mythe* 16).

D'après Eliade, la récitation d'un mythe réactualise un événement primordial. Le sacré originel peut redevenir présent, et l'homme moderne peut se réinsérer dans l'univers mythique lointain. Dans les gestes fondateurs des dieux, on peut retrouver les précédents divins de toute action humaine postérieure, et de cette perspective, la fonction maîtresse du mythe est de mettre en lumière des modèles exemplaires des activités humaines de tous temps, de révéler le principe divin qui les anime, quel que soit le contexte particulier. Pour Eliade, la raison d'être du mythe est de faire renaître le sacré dans notre monde, faire connaître les débuts souvent mystérieux et religieux des événements devenus quotidiens dans la modernité: "Le mythe décrit les diverses et parfois dramatiques irruptions du sacré dans le monde" (*Le Sacré et le profane* 84). Selon ce point de vue, le mythe exprime essentiellement la puissance du divin, rendue perceptible à travers la composition du récit fabuleux. Puisque c'est la parole de Dieu, ou des dieux, qui se cache dans un mythe ancien, le travail de l'homme serait de s'efforcer d'apprendre à lire et à incorporer ce message codé du début des temps dans sa vie contemporaine.

Bien que cette conception numineuse soit partagée par de nombreux mythologues, maints penseurs nient l'existence d'un langage divin. Pour ces derniers, l'importance d'un mythe ne réside pas dans ce message d'origine divine. Cette perspective critique se retrouve, entre autres, chez Claude Lévi-Strauss. Dans *Le Cru et le cuit,* il remarque l'importance primaire de la culture qui encadre un récit mythique:

> Les mythes n'ont pas d'auteur; dès l'instant qu'ils sont perçus comme mythes, et quelle qu'ait été leur origine réelle, ils n'existent qu'incarnés dans une tradition. Quand un mythe est raconté, des auditeurs individuels reçoivent un message qui ne vient, à proprement parler, de nulle part; c'est la raison pour laquelle on lui assigne une origine surnaturelle. (26)

Dans le système de Lévi-Strauss, ce n'est évidemment pas une parole divine que représente la puissance des mythes. L'accent se déplace sur la lecture même du mythe. C'est l'homme qui apporte à la mythologie son contexte personnel et culturel, et qui joue le rôle principal dans l'événement qu'est la présence du mythe dans un cadre humain. Malgré ce refus de signification religieuse, Lévi-Strauss accorde un rôle essentiel au mythe, mais il insiste sur le fait que c'est la structure fondamentale, la forme du récit, qui s'affirme comme force dynamique, qui se présente à cette lecture humaine. Un mythe met en scène les relations qui s'établissent entre les divers éléments d'un système.[3] Déjà, Denis de Rougemont avait remarqué la capacité structurante du mythe: "Le mythe permet de saisir d'un coup d'œil certains types de relations constantes, et de les dégager du fouillis des apparences quotidiennes" (9).

C'est ce principe actif qui met le récit en mouvement, qui lui donne son dynamisme et sa séduction. L'homme de son côté doit répondre à la nature dynamique du mythe par sa propre activité, en s'efforçant de rétablir la structure inhérente au mythe et de la modifier, de l'appliquer à sa propre situation.

Les mythologues traditionnels et les structuralistes semblent s'accorder sur l'idée que le mythe révèle quelque chose d'essentiel, quelque chose auquel revient toujours l'être humain. Il convient certainement de ne pas négliger le sens du récit mythique, pour accorder trop d'importance à la structure narrative. Comme le précise Eigeldinger: "le mythe ne saurait se réduire à un *code* déchiffrable à travers les seules structures formelles du récit, mais il implique un sens, . . . il est porteur d'un signifié. Le propre du mythe est de véhiculer un contenu de signification, de traduire des relations et des structures sémantiques" (*Lumières du mythe* 9).[4]

Par ailleurs, il est essentiel de garder présent à l'esprit que les mythes sont porteurs de certaines formes structurales qui se répètent dans des récits dont le contenu thématique peut varier. Ce que le mythe révèle, ce sont des noyaux d'une espèce de "vérité universelle" qui s'organisent et se présentent à nous dans le cadre d'une structure active. Mais la nature de ces "vérités" n'est pas fixe; leur universalité vient de leur possibilité de revirement, de fluctuation, de surprise.[5] Ce qu'elles gardent à travers le temps, c'est la capacité de signifier, tout simplement, quel que soit l'objet—la situation ou le message—qui se trouve signifié dans un cadre culturel donné.

De cette perspective, dans laquelle le mythe se définit par sa propre intégrité, par son identité plurielle et par sa capacité de représenter une vérité, le mythe ne se présente plus comme inférieur à une parole historique; il se pose en rival de l'histoire, en tant que discours unique qui affirme sa propre valeur. Le mythe ne se conçoit ainsi plus comme une ombre de l'histoire ou comme la simple exagération des données historiques, mais plutôt comme une réponse aux forces de l'histoire et aux discours officiels qui prétendent offrir une version finale de la réalité. Considéré comme un système sémiotique mobile qui vise la déformation volontaire de l'histoire,[6] le mythe reprend sa puissance antique, non plus sur le plan religieux, mais à un nouveau stade, celui de la communication active d'un sens humain qui s'adresse à une conscience individuelle. Dans *Mythologies,* Barthes suggère:

> le mythe a pour charge de fonder une intention historique en nature, une contingence en éternité. . . . Ce que le monde fournit au mythe, c'est un réel historique, défini, si loin qu'il faille remonter, par la façon dont les hommes l'ont produit ou utilisé. . . . La définition sémiologique du mythe en société bourgeoise: *le mythe est une parole dépolitisée*. . . . Le mythe ne nie pas les choses, sa fonction est au contraire d'en parler; simplement, il les purifie, les innocente, les fonde en nature et en éternité. . . . En passant de l'histoire à la nature, le mythe fait une économie: il abolit la complexité des actes humains, leur donne la simplicité des essences. (229–31)

Là où l'histoire parle à la communauté des hommes, le mythe s'adresse à chaque esprit, conçu comme entité cohérente et indépendante. Ainsi la mythologie n'accepte plus le rôle douteux d'une forme imaginaire qui illustrerait un référent plus concret; elle rivalise avec l'écriture historique en lui lançant le défi de sa propre signification.

Le Mythe littéraire

Dans notre société, la mythologie ne peut plus tenir la place qu'elle occupait dans le monde ancien, où la religion, la politique et la vie quotidienne s'organisaient autour d'elle. Le mythe devient donc signe de quelque chose, quelque chose qui doit franchir une grande distance pour parvenir jusqu'à nous. Cela ne veut pas dire que le mythe soit inutile ou qu'il ait perdu son importance. Toute la question est de savoir comment le mythe reste vivant et conserve sa présence énigmatique, alors que l'homme moderne se trouve dans l'impossibilité d'accéder directement à sa signification originelle.

La mythologie gréco-romaine représente un élément formateur de notre culture. En dépit de ses variations internes, elle se manifeste comme un ensemble diachronique et stable, comme un référent primaire pour le monde culturel occidental. Les récits mythiques transmettent des récits, des personnages et des contextes archétypiques qui fondent leur structure narrative. C'est grâce à ces noyaux de vérité que le mythe continue, qu'il entre dans le domaine de la culture, véhiculé par la littérature.

Dans son article "Qu'est-ce qu'un mythe littéraire?" Philippe Sellier décrit la transformation que subit un mythe une fois intégré dans la culture. Le mythe ethno-religieux se présente initialement comme: "un récit fondateur, . . . anonyme et collectif, . . . tenu pour vrai, . . . [qui] fait baigner le présent dans le passé, . . . [dont] la logique est celle de l'imaginaire, . . . [et qui montre] la pureté et la force des oppositions structurales" (113–14). Mais quand le mythe originel se métamorphose en mythe littéraire, certaines de ses caractéristiques disparaissent. Un poète reprend quelques aspects du récit, et en les modifiant d'après son désir personnel et sa vision artistique, il donne au mythe son nom à lui, l'auteur. Le texte qu'il produit n'est plus fondateur et se présente en tant qu'œuvre privée, au lieu d'appartenir à une culture ou à une époque entières. On ne croit plus en cette histoire comme en un mythe ethno-religieux, et bien que le texte puisse garder une certaine nature didactique, il n'a plus le pouvoir quasi-absolu d'un récit présenté comme la parole des dieux. Comme le précise justement Albouy, le mythe littéraire se définit comme "l'élaboration d'une donnée traditionnelle ou archétypique, par un style propre à l'écrivain et à l'œuvre, dégageant des significations multiples, aptes à exercer une action collective d'exaltation et de défense ou à exprimer un état d'esprit ou d'âme spécialement complexe" (*Mythes et mythologies* 301).[7]

Cependant, le mythe littéraire ne se réduit pas à la simple survivance du mythe ethno-religieux dans le domaine de la littérature. Il s'affirme plutôt comme une entité nouvelle, née de la rencontre du mythe ancien et de l'écrivain moderne. Il représente la réalisation littéraire d'un archétype, l'évolution d'un *topos* ou d'une structure. "Le mythe littéraire," écrit Albouy, "implique . . . une matière léguée et une interprétation personnelle" (*Mythes et mythologies* 292). Et dans *L'Eté,* Albert Camus observe: "Les mythes . . . attendent que nous les incarnions. Qu'un seul homme au monde réponde à leur appel, et ils nous offrent leur sève intacte" (123). Au centre du processus mystérieux qu'est la création d'un mythe littéraire se trouve l'écrivain. Quand on passe du domaine de la religion à celui de la littérature, l'accent se déplace de la divinité à l'humanité, car c'est le poète qui réactive la matière anonyme du mythe dans un discours personnel. Northrop Frye suggère que le travail de l'écrivain s'affirme comme étant d'autant plus important puisqu'il ressuscite en le clarifiant le sens profond du mythe: "[T]he real meaning of myth is revealed, not by its origin, which we know nothing about, but by its later literary career, as it becomes recreated by the poets" (38).

En s'emparant d'un mythe, l'écrivain en dégage le récit fondateur qui s'y cache. Il extrait du contexte social et religieux la matière inhérente au récit pour créer sa propre œuvre. Il construit de nouvelles significations à partir de l'histoire originelle, en ajoutant sa propre version au corpus littéraire préexistant. On peut considérer l'auteur d'un mythe littéraire comme un bricoleur, au sens où Lévi-Strauss emploie ce terme. L'écrivain élabore son texte à partir d'éléments disparates récupérés dans l'univers mythique. Grâce à cette opération, ces éléments peuvent continuer à évoluer, à signifier quelque chose.

L'énergie créatrice de l'écrivain joue un rôle essentiel dans la perpétuation du récit mythique. C'est le renouvellement de cette matière, d'auteur en auteur, qui fait que le mythe reste vivant dans notre culture. Michel Tournier, romancier mythologique par excellence, remarque:

> Cette fonction de la création littéraire et artistique est d'autant plus importante que les mythes . . . ont besoin d'être irrigués et renouvelés sous peine de mort. Un mythe mort, cela s'appelle une allégorie. La fonction de l'écrivain est d'empêcher les mythes de devenir des allégories. (*Le Vent Paraclet* 193)

La distinction entre le mythe et l'allégorie peut être utile pour comprendre la genèse du mythe littéraire. Là où l'allégorie s'empare des emblèmes qui représentent sans ambiguïté et avec un désir de permanence le contenu de l'idée dépeinte, le mythe, au contraire, met en scène des images qui se métamorphosent, des idées qui s'adaptent au contexte dans lequel elles sont appréhendées. L'allégorie est monosémique, le mythe est plurivoque et polyphonique. L'écrivain qui ranime un mythe effectue un travail plus original, plus dynamique que l'allégoriste. Comme le constate Northrop Frye:

> When poets recreate myth, they work in a different direction from the conceptual tendencies of the allegorists. The poet's impulse is to retell the story, or invent a new one with the same characters, instead of rationalizing the story. His cultural influence is thus in stressing the concrete, personal, story-telling elements in the myth which the conceptualizers tend to pass over or treat as archaic. (33)

L'interprétation particulière d'un référent mythologique par un écrivain se manifeste dans sa langue personnelle. Il incorpore son propre discours dans le récit mythique, et ce faisant, rend possible la réunification du *mythos* et du *logos*. Un mythe a besoin du langage et le langage se nourrit du mythe, et cela d'autant plus que ce dernier recèle une multiplicité de significations jamais totalement épuisées. L'écriture mythique résulte de cette double exigence:

> le mythe littéraire est un *langage polyvalent*. . . un langage spécifique qui s'introduit par enchâssement dans le *logos*. Il substitue à l'oralité l'écriture, mobile et multiple, ouverte à la métamorphose et au rajeunissement du sens. (Eigeldinger, *Lumières du mythe* 12)

Dans l'entreprise du mythe littéraire, le poète qui choisit un sujet mythique reprend les trois fonctions principales du mythe élaborées par Brunel. Il réécrit le récit que transmet le mythe, en le modelant selon ses propres notions esthétiques et ses talents littéraires. Peut-être garde-t-il le cadre narratif originel du récit; il peut aussi décider d'y lire un message différent ou de changer l'accent, de transformer le récit en une histoire psychologique ou politique. Le poète s'empare aussi de la fonction explicative. Il peut prendre comme champ d'étude le monde ancien d'où vient le mythe, ou son propre univers contemporain, ou enfin n'importe quel contexte historique intermédiaire. La troisième fonction du mythe, la révélation, se trouve également dans le domaine de l'écrivain. C'est à travers son œuvre, et l'œuvre de tous les auteurs qui choisissent ce mythe, que ce référent démontre ses capacités claires et latentes de signifier toujours autre chose. L'art du poète est la clé qui permet d'ouvrir le domaine mystérieux des possibilités que cache le récit mythique.

La Mythotextualité

Si on considère de plus près le fonctionnement des rapports entre le mythe et l'écrivain, on constate que cette relation offre un modèle exemplaire du processus de l'intertextualité. Cette notion comprend les liens, les échanges possibles qui s'établissent entre au moins deux discours. Dans *Sèméiôtikè,* Julia Kristeva présente cette définition célèbre de l'intertextualité:

> Le signifié poétique renvoie à des signifiés discursifs autres, de sorte que dans l'énoncé poétique plusieurs autres discours sont lisibles. Il se crée, ainsi, autour du signifié poétique, un espace textuel multiple dont les éléments sont susceptibles d'être appliqués dans le texte poétique concret. Nous appellerons cet espace *intertextuel.* Pris dans l'intertextualité, l'énoncé poétique est un sous-ensemble d'un ensemble plus grand qui est l'espace des textes appliqués dans notre ensemble. (255)

L'intertextualité souligne la nature plurivoque et illimitée de l'écriture dans laquelle le lecteur peut retrouver des voix et des contextes variés, dérivant d'autres discours. La présente étude s'appuie sur une définition de l'intertextualité qui s'inspire de la remarque de Kristeva citée précédemment qui met en valeur la nature multiple de tout texte. Pour clarifier la nature même de l'activité intertextuelle de l'écrivain, mon travail fait appel également à la définition de Gérard Genette: "une relation de coprésence entre deux ou plusieurs textes, c'est-à-dire, eidétiquement et le plus souvent, par la présence effective d'un texte dans un autre" (*Palimpsestes* 8). Genette identifie ensuite trois formes d'intertextualité qui requièrent un geste volontaire de la part de l'écrivain: la citation, le plagiat, et l'allusion. Dans cette étude, il sera question d'autres formes de travail intertextuel, qui, elles aussi, exigent la volonté délibérée de l'auteur, à savoir l'enchâssement, le dédoublement et la mise en abyme.

Au centre de mon étude se trouve le travail scripturaire de Gide, un écrivain qui se donne la tâche explicite de relire des récits mythologiques et d'en faire des textes "gidiens." Cet aspect volontaire de l'intertextualité joue un rôle aussi important dans la création de l'écriture chez Gide que celui de l'inconscient de l'auteur, de l'intertextualité qui se crée purement à partir du texte lui-même, on peut presque dire, malgré les intentions originelles de l'auteur. Je conçois alors deux niveaux principaux de l'intertextualité: une intertextualité implicite et une intertextualité explicite. Eigeldinger fait ce commentaire qui met en évidence la nature souvent explicite du travail intertextuel:

> L'intertextualité consiste, dans la démarche de l'écriture, en un double mouvement d'intégration et de métamorphose . . . elle enchâsse le texte primitif dans un contexte nouveau dans le dessein d'en modifier le sens. L'intertextualité ne recouvre ainsi pas seulement une opération mémoriale et assimilatrice, elle n'est pas uniquement une transplantation d'un texte dans un autre, mais elle se définit par un travail d'appropriation et de réécriture qui s'applique à recréer le sens, en invitant à une lecture nouvelle. (*Mythologie et intertextualité* 11)

C'est effectivement cette "réécriture" du mythe originel qui m'intéresse dans les quatre textes que j'étudie ici, car je voudrais mettre en évidence les modalités selon lesquelles Gide reformule le récit originel.[8] L'intertextualité ne se définit alors pas seulement comme la présence dans un texte de simples citations, de références explicites ou d'influences littéraires, bien que ces formes élémentaires ne soient pas exclues dans l'activité intertextuelle. Ce processus met surtout en évidence le jeu de signifiés et de signifiants d'un certain texte qui se réfèrent à d'autres signifiés et signifiants, provenant de textes antérieurs ou contemporains. "L'intertextualité," précise Laurent Jenny, "parle une langue dont le vocabulaire est la somme des textes existants" (266).

En tant qu'analyse critique, une démarche qui privilégie l'intertextualité peut apporter de nouvelles lumières à l'étude de la littérature, car elle dépasse un examen qui se limite aux rapports entre les signifiés et les signifiants d'un texte. L'intertextualité renouvelle l'expérience du texte à travers une remise en question du rôle du lecteur et de l'écrivain. Eigeldinger suggère que: "L'intertextualité se prête à diverses approches théoriques . . . , mais elle trouve sa légitimation, sa véritable fin dans l'étude de la pratique, dans son insertion à l'intérieur de l'espace du texte littéraire. Elle instaure un échange, un dialogue entre deux ou plusieurs textes, elle est une *greffe* opérée sur le grand arbre ou le vaste corps de l'écriture" (*Mythologie et intertextualité* 9).

Pour éclairer la nature du texte, Barthes réactualise la métaphore traditionnelle du tissu:

> *Texte* veut dire *Tissu;* mais alors que jusqu'ici on a toujours pris ce tissu pour un produit, un voile tout fait, derrière lequel se tient, plus ou moins caché, le sens (la vérité), nous accentuons maintenant, dans le tissu, l'idée générative que le texte se fait, se travaille à travers un entrelacs perpétuel. (*Le Plaisir du texte* 100–01)

Le texte ne se manifeste plus comme une surface opaque à deux dimensions. Il devient un espace animé, lieu d'une parole multiple et imprévisible, où se déploie une pluralité. Il est important de comprendre que cette nouvelle interprétation de la nature du texte ne représente pas une simple réorganisation d'une hiérarchie impérieuse dans laquelle le texte serait désormais dominant. Quand on évoque, par exemple, "la mort de l'auteur," on ne suggère nullement que l'écrivain va disparaître derrière la toute-puissance d'un texte autonome. Dans son essai "Jeunes chercheurs," Barthes nous avertit du danger de se tromper sur le nouveau rôle accordé au texte:

> Le Texte: ne nous méprenons ni sur ce singulier, ni sur cette majuscule: quand nous disons *le Texte,* ce n'est pas pour le diviniser, en faire la déité d'une nouvelle mystique, c'est pour dénoter une masse, un champ, obligeant à une expression partitive et non numérative; tout ce qu'on peut dire d'une œuvre, c'est qu'il y a en elle *du Texte*. . . . [L]e Texte n'est pas un objet computable, c'est un champ méthodologique où se poursuivent, selon un mouvement plus "einsteinien" que "newtonien," le commenté et le commentant. . . . (*Le Bruissement de la langue* 101)

La mobilité est essentielle au texte; elle accorde aux signifiants la liberté nécessaire à la naissance de l'intertexte. La pluralité présente dans toute écriture ne peut pas s'exprimer dans un discours où tout serait fixe, froid, figé. Car un texte qui se veut fermé ne dit plus rien à l'humanité contemporaine, il ne s'adresse plus aux contextes culturels et intellectuels de chaque nouveau moment historique. De surcroît, l'auteur ne peut plus trouver d'inspiration, d'éléments qui lui parlent, dans une écriture qui se force à s'arrêter, qui se veut porteuse d'une seule signification éternelle.[9] Plutôt, le texte, laissé à sa nature changeante, ne se suffit jamais à lui-même. Il a besoin du lecteur pour exister, et sans lui, reste inerte, atrophié. Kristeva suggère qu'il faut remonter dans le temps pour saisir le sens étymologique et l'usage ancien de la notion de lecture:

> Le verbe "lire" avait, pour les Anciens, une signification qui mérite d'être rappelée et mise en valeur en vue d'une compréhension de la pratique littéraire. "Lire" était aussi "ramasser," "cueillir," "épier," "reconnaître les traces," "prendre," "voler." "Lire" dénote, donc, une participation agressive, une active appropriation de l'autre. (*Sèméiôtikè* 120)

Un état de réceptivité à tous les discours inhérents au texte permet à l'expérience de la lecture de se déployer dans toute son ampleur. Comme le décrit Barthes:

> Etre avec qui on aime et penser à autre chose: c'est ainsi que j'ai les meilleures pensées. . . . De même pour le texte: il produit en moi le meilleur plaisir s'il parvient à se faire écouter indirectement; si, le lisant, je suis entraîné à souvent lever la tête, à entendre autre chose. (*Le Plaisir du texte* 41)

Gide, de même, évoque la potentialité suggestive qu'offre la lecture de certains textes. Dans "Considérations sur la mythologie grecque," il constate: "L'œuvre d'art accomplie a ceci de miraculeux qu'elle nous présente toujours plus de signifiance que n'en imaginait l'auteur; elle permet sans cesse une interprétation plus nourrie" (150). Le texte peut devenir un lieu d'échange entre un lecteur et l'écrivain, un champ mental où se rencontrent une pensée et son déchiffrement.

Dans la perspective intertextuelle, l'écrivain apparaît lui-même comme lecteur, c'est-à-dire, quelqu'un qui fonde son discours sur l'appréhension d'autres discours. L'écriture s'élabore sous une forme dynamique qui échappe à la critique traditionnelle: " 'Ecrire' serait le 'lire' devenu production, industrie: l'écriture-lecture, l'écriture paragrammatique serait l'aspiration vers une agressivité et une participation totale" (Kristeva, *Sèméiôtikè* 120).[10]

Il convient enfin d'examiner un dernier aspect de l'intertextualité, car celle-ci ne se limite pas aux rapports entre deux textes distincts. Cette relation entre signifiés peut également se manifester dans un seul texte. Ce problème a retenu l'attention des critiques, et on peut relever une terminologie qui varie selon les auteurs.[11] J'admets la nécessité d'une telle distinction, mais il faut pousser plus loin, car dans cette étude, je voudrais définir une intertextualité qui relierait les éléments d'un texte à ceux d'un autre texte du même auteur.

Mythe littéraire et intertextualité sont étroitement liés. Les deux notions naissent du travail même de l'écrivain, de sa relation avec son texte et avec d'autres textes. Sa signature s'ajoute à celles de ses prédécesseurs, créateurs, eux aussi, de mythes littéraires. Car, qu'est-ce que le mythe littéraire, sinon un acte intertextuel par excellence, une plongée de l'écrivain dans l'univers fécond et polyvalent qu'est la mythologie. Le nouveau texte peut communiquer avec le mythe originel, aussi bien qu'avec les maintes versions déjà formulées. Cet acte transtextuel engendre ce que je désigne sous le nom de "mythotextualité," c'est-à-dire, le lieu où peuvent jouer les variations infinies de l'intertexte mythique. La mythotextualité représente une entreprise active dans laquelle l'écrivain peut expérimenter avec un vaste ensemble de discours qui tournent autour d'une figure mythique.

Le mythe classique se présente d'habitude sous une forme lisible; il veut être ordonné et fixe, et souvent il est pris pour tel. Mais l'écrivain qui se lance dans l'aventure de la mythotextualité ne se contente pas d'une lecture passive de la fable. Il se donne pour tâche de rendre scriptible le lisible, et à travers des figures intertextuelles, il rajeunit le récit mythique. La mythotextualité implique des remaniements successifs opérés par une série de scripteurs, au nombre desquels figure André Gide. Le but de cette étude est de démontrer comment Gide se sert de la matière mythique pour créer un discours intertextuel dans lequel s'élabore son message. Les quatre figures mythiques, Narcisse, Prométhée, Œdipe et Thésée, forment un ensemble thématique et sémiotique dans lequel se développe l'intertexte gidien. La mythotextualité ne se limite donc pas aux référents mythologiques; elle incorpore aussi le travail même de Gide, la manière dont il transforme ces figures et le pourquoi de son attirance vers elles et non pas vers d'autres figures. Il s'agit d'éclairer sous l'angle de l'intertextualité le processus créateur qui s'élabore à partir d'un mythe et qui se poursuit texte après texte tout au long de la vie de Gide.

Chapitre deux

Gide et le mythe

La Fable grecque

Le goût de Gide pour les auteurs anciens ne s'est jamais démenti.[1] Si toute sa vie il s'intéresse passionnément à la mythologie, c'est d'abord pour raconter sa propre histoire, ou plus précisément, pour se révéler à lui-même le sens de cette histoire. Gide tente de se comprendre, non seulement en appréhendant les fluctuations psychologiques de sa personnalité, mais aussi en ayant recours aux figures mythologiques de l'Antiquité gréco-romaine. Il se reconnaît dans le miroir mythique; il y retrouve un double de lui-même. Les héros antiques lui donnent l'occasion de mettre en scène les conflits de sa subjectivité. Car Gide reconnaît dans la matière mythique la capacité de signification, non seulement de la voix d'un peuple, mais aussi et surtout de la parole individuelle d'un être humain. La mythologie, sous la plume de Gide, devient automythologie.[2]

Dans l'élaboration d'un récit mythique, Gide souligne l'importance de l'écrivain, dont la voix doit se faire entendre pour que le discours mythique demeure signifiant. Réduit à lui-même, le mythe perd toute substance. Il n'est plus qu'un texte appauvri, inactif, dépourvu d'intérêt. Il appartient à l'écrivain d'insuffler aux mythes un regain de vitalité: "Il en va de la fable grecque comme de l'enseignement de l'Evangile. On n'a qu'à les prendre tels quels, mais ce n'est plus la peine. . . . Je n'ai plus rien à dire si je les prends tels quels. L'intéressant, c'est de leur donner une interprétation, de montrer leur richesse même, les différentes façons qu'on peut avoir de les interpréter" (cité par Marty, *André Gide, qui êtes-vous?* 307).

Gide ne croit pas que le récit mythique originel soit à jamais fermé dans sa perfection formelle. Il pense au contraire que chaque époque, chaque individu, peut donner vie à une nouvelle lecture plus riche, plus perspicace. A propos du mythe d'Œdipe, Gide constate:

> Vous avez la pièce de Sophocle et je ne me pose pas en rival; je lui laisse le pathétique; mais voici (dans ma pièce) ce que lui, Sophocle, n'a pas su voir et comprendre et qu'offrait cependant son sujet; et que je comprends, non pas parce que je suis plus intelligent, mais parce que je suis d'une autre époque. . . . Je me propose, non de vous faire frémir ou pleurer, mais de vous faire réfléchir. (*Journal* 1: 1151)

On découvre ainsi non seulement que le mythe devient un mythe du moi qui renouvelle la matière symbolique du récit, mais aussi qu'il s'adresse à la nature intellectuelle et créatrice de l'homme. C'est-à-dire que le mythe invite le lecteur à prendre le rôle actif du scripteur. Comme Gide l'écrit en 1945:

> La fable grecque, à partir de Troie, perd sa signification symbolique, mais se charge de valeur psychologique et poétique, pour le profit des dramaturges. Il n'y a plus lieu de chercher le sens secret de ces histoires; elles n'ont plus rien de mythique; leur pathos admirable doit suffire au poète ingénieux. (*Journal* 2: 283–84)

Le mythe se fait le véhicule d'une énergie poétique. Gide espère que le lecteur pourra, comme il a pu le faire lui-même, élargir sa conscience à travers une telle rencontre. Cette activité cognitive que suscite le mythe est mise en évidence dans une remarque célèbre empruntée à l'essai "Considérations sur la mythologie grecque": "chaque mythe, c'est à la raison d'abord et seulement qu'il s'adresse, et l'on n'a rien compris à ce mythe tant que ne l'admet pas d'abord la raison. La fable grecque est essentiellement raisonnable" (148).

On peut comprendre cette assertion provocatrice de deux façons. D'une part, il y a l'appel à la force créatrice et intelligente du lecteur, qui doit incorporer les données du mythe dans sa propre existence, s'il veut capter la puissance du récit. Sans la participation active du lecteur, le mythe risque de perdre toute force; une lecture passive précipite le mythe dans l'atrophie. D'autre part, le mythe est porteur de sens. Il a sa raison d'être. Le travail de l'écrivain consiste à ramener à la surface du récit sa signification enfouie: "Tous les mythes grecs perdent presque leur intérêt si on en fait des choses accidentelles et involontaires, et prennent brusquement une signification extraordinaire lorsqu'on en fait des actes conscients et délibérés" (Gide, cité par Marty, *André Gide, qui êtes-vous?* 311).

Il est non moins important de noter que Gide personnalise le mythe. C'est dans la figure solitaire du héros qu'il en condense toute la puissance significative. Tout tourne autour d'un protagoniste unique, dont la problématique psychologique constitue le pivot central du récit. Dans son *Journal,* Gide précise: "Il ne s'agit point seulement d'inventer l'événement le plus apte à révéler le caractère; c'est le caractère lui-même qui doit nécessiter l'événement. . . . La suite des événements c'est le développement du caractère" (1: 308).

Gide est attiré par la nature à la fois universelle et particulière de la fable grecque. Il puise dans l'univers mythique des situations et des figures archétypiques qui s'adressent à la sensibilité des hommes de toute époque. Walter Benjamin observe que la création littéraire de Gide s'inspire, "des œuvres grecques devenues depuis des siècles des modèles des réalités organiques et achevées. . . . [Le projet de Gide vise à] . . . mettre en lumière l'éternité de l'héritage grec—c'est-à-dire son actualité toujours neuve" ("Œdipe, ou le mythe raisonnable" 176). Mais Gide ne se contente pas d'apprécier l'universalité de la mythologie. Il concentre son attention sur l'aspect individuel des figures antiques. Car ce qu'il cherche à exprimer à travers leur évocation, ce sont avant tout ses préoccupations, ses contradictions, ses solutions.

Cette perspective peut permettre de mieux apprécier pourquoi la présente étude se concentre sur ces quatre figures mythologiques. Pour Gide, Narcisse, Prométhée, Œdipe et Thésée se distinguent des autres héros de la mythologie gréco-romaine. Ce sont des figures qui ont permis à l'auteur de se connaître et de s'affirmer. Tantôt Gide s'identifie au héros, tantôt il s'en sert pour se débarrasser d'un élément problématique de sa personnalité.[3]

Pour construire son œuvre mythotextuel, Gide se nourrit de la substance de sa psyché. Sur le tronc mythologique, il greffe son aventure spirituelle. C'est sa propre subjectivité qu'il met en scène dans un cadre antique.[4]

Il existe une certaine critique de la position de Gide envers la mythologie grecque qui affirme que l'auteur français n'a jamais vraiment bien compris le sens des mythes dans le monde ancien. Un critique grec, C. Dimaras, suggère que chez Gide:

> Dans sa première période, . . . la Grèce ancienne passe et repasse; on dirait presque des souvenirs de collège, enregistrés par le génie. . . . Plus tard, il y est revenu, en puisant librement dans la littérature hellénique des sujets qu'il renouvelait sans trop se soucier de leur origine ou de leur sens profond. Je ne crois pas qu'il puisse être question de la tradition de la Grèce ancienne dans l'œuvre d'André Gide. (42)

Watson-Williams remarque (172–73) que dans l'œuvre gidien, la souffrance, la torture et la mort qui caractérisaient les tragédies antiques semblent complètement disparaître. Bien qu'on puisse retrouver par exemple dans *Le Prométhée mal enchaîné* la blessure de l'aigle, et qu'on voie dans le même texte la fin du personnage de Damoclès, dans son œuvre les personnages grecs ne sont guère touchés par ces événements; ils dépassent avec légèreté la peine et la tristesse de leur existence. Une fois qu'un personnage meurt, il disparaît pour ainsi dire des souvenirs de ceux qui lui survivent.[5] Mais comme le suggère Watson-Williams, la neutralisation du tragique de l'Antiquité, conjuguée à un ton souvent ironique et un cadre narratif comique, ne provient pas dans l'œuvre gidien d'un simple malentendu de la part de l'auteur. Car Gide vise à une désacralisation du mythe ancien, une distanciation entre le moment moderne et le temps de l'Antiquité (distance qu'on retrouve notamment dans ses œuvres dramatiques). Cette distanciation présente une analyse neutre et presque indifférente des sujets mythiques pour mieux mettre en lumière le drame de l'homme individuel, qui dépasse les cadres culturels spécifiques. Pour cela, Gide avoue son incroyance, son détachement de l'aspect spirituel du mythe grec, conçu dans son contexte originel: "Je me sers consciemment . . . d'un vocabulaire et d'images qui impliquent une mythologie à laquelle il n'importe pas absolument que je croie. Il me suffit qu'elle soit la plus éloquente à m'expliquer un drame intime" (*Journal* 1: 541). Pour Gide, donc, le mythe grec se définit non comme un référent spirituel qui exige la dévotion de ceux qui veulent le comprendre, mais plutôt comme un monde référentiel qui permet à l'écrivain de "manifester" son art, de formuler sa propre vérité à l'aide d'un signe sémantique et sémiotique bien connu de son public. On retrouve ce motif de l'importance de l'individu et de son seul devoir de découvrir et de démontrer son authenticité à travers le corpus mythologique de Gide. Comme l'explique Albouy, le mythe grec accompagne l'auteur tout au long de sa carrière:

> *Le Voyage d'Urien* et *Paludes* dénoncent l'illusion et l'ennui de Walter-Narcisse et, après l'explosion lyrique des *Nourritures terrestres,* en 1897, deux mythes grecs vont, ensemble, permettre à Gide de dégager son éthique de l'affirmation de soi et de la liberté: *Le Prométhée mal enchaîné* où la démystification trouve un style dans le *saugrenu,* auquel *Paludes* avait préludé, et, écrit en même temps, publié un peu avant, en décembre 1898, dans *La Revue blanche, Philoctète,* qui a la forme d'un dialogue dramatique en cinq actes, mais dont le sous-titre: *Traité des trois morales,* indique bien l'intention didactique. (*Mythes et mythologies* 271)

Gide se sert du mythe pour clarifier, pour purifier et pour isoler les vérités qui s'y cachent. Ses textes représentent une manière d'annuler le mystère, de mettre en lumière la pensée grecque, non pas la superstition ancienne.[6]

Gabriel Germain, dans son analyse "André Gide et les mythes grecs," voit dans l'idée gidienne que "la fable grecque est essentiellement raisonnable," une position fondamentalement problématique. Germain écrit que dans son essai "Considérations sur la mythologie grecque," "Gide n'a pu soutenir [cette idée] que par des artifices destinés à ramener à ce 'raisonnable,' sinon au rationnel pur, certains éléments de la tradition grecque qui se prêtent fort mal à cette opération" (42). Le critique perçoit dans les œuvres de Gide qui s'inspirent de la mythologie grecque une "confusion de deux notions, 'intelligence' et 'raison' " (42), qui permet à Gide d'effacer en quelque sorte la passion du culte dionysiaque, symbole d'une vivacité orgiaque du paganisme qui semble absente de son œuvre. Gide écrit encore dans le même essai que les héros grecs qui l'intéressent sont ceux qui incarnent "des lois naturelles," principe qu'il oppose à la notion de mystère: "La mystique païenne, à proprement parler, n'a pas de mystères, et ceux-là mêmes d'Eleusis n'étaient rien que l'enseignement chuchoté de quelques grandes lois naturelles"

(149). Germain trouve dans ce commentaire un aveuglement en ce qui concerne les manières grecques de vivre et de louer la divinité, et conclut que l'opposition que Gide semble établir entre un naturel purement physique et un surnaturel purement spirituel est une erreur importante et que l'attitude de Gide n'a aucun fondement dans la pensée ancienne. Germain affirme que: "Voir dans les Grecs le peuple du juste milieu, c'est négliger la démesure habituelle de ses héros, même les plus historiques, de ses innombrables aventuriers, l'instabilité de ses foules, même athéniennes, les violences épouvantables de ses révolutions et de ses guerres" (46). Enfin, Germain critique le concept de Gide au sujet de la "fatalité" dans la mythologie grecque. Gide écrit, à propos du mot latin *Fatum:* "Avec ce mot affreux l'on fait au hasard la part trop belle; il sévit partout où l'on renonce à expliquer" (149), idée à laquelle répond Germain:

> Pensée très juste, mais qui tombe à côté: la Fatalité, ou plutôt la Destinée . . . ne représente pas pour les Grecs ce qu'est pour nous le hasard, réalisation impersonnelle d'une combinaison parmi des millions d'autres possibles. La Destinée est une puissance, au reste indéterminée dans sa nature et jamais représentée sous forme humaine; mais elle s'impose aux dieux eux-mêmes et elle ne saurait être moins supérieure qu'eux à notre condition. (43)

Les trois objections principales de Germain (c'est-à-dire que Gide se trompe dans son interprétation des notions de la raison, du mystère et de la fatalité chez les Grecs) ont pour cible la modernité de la vision de l'écrivain et son traitement du référent antique. Il semblerait qu'à cause de la distance temporelle et spatiale qui s'impose entre le monde de l'Antiquité et l'esprit du XXe siècle, une déformation importante a lieu, une métamorphose entre ce qu'était la pensée grecque au Ve siècle avant Jésus-Christ et ce qu'elle est devenue à travers les âges. Cependant, ne se pourrait-il pas que cette distance même, et la déformation qu'elle entraîne, représente précisément la beauté et la justesse de la perspective de Gide? Ne pourrait-on pas voir dans l'accent que Gide place dans l'homme et non plus sur la divinité, une profession de foi, un geste d'intellection qui dépasse la mythologie "officielle" de la Grèce ancienne, conçue comme religion de l'état et comme discours moral? Elle permet une certaine vision philosophique qui pénètre les rites et les oracles pour y découvrir le cœur même du problème, la réponse à l'énigme du Sphinx: l'homme?[7] En 1931, Gide écrit dans son *Journal:* "la formation de mon esprit (et mon hérédité sans doute) fait que je suis beaucoup moins sensible à toute manifestation de la noblesse humaine que ne tempère pas la raison. C'est ce tempérament qui fit, pour nous, la force de persuasion de la beauté grecque. Mais, la Raison, quelle imprudence de la laisser tout régenter! L'idéal chrétien s'y oppose; et le grec même. . . . *Nous sommes à un âge où tout doit être remis en question*" (1: 1037; c'est moi qui souligne). Je crois que Gide reconnaît que l'humanité doit représenter la fondation originelle de la mythologie, et qu'il serait en accord avec Germain qui écrit:

> Même lorsque [Gide] paraît intervenir après coup comme la justification d'un rite, l'explication du caractère sacré d'un lieu, il exprime quelque besoin de l'homme, quelque hantise (peur ou joie), quelque image du monde ou de lui-même. . . . L'image à face humaine, ainsi formée, prend corps et âme, se détache de l'homme et permet à celui-ci de se déterminer par rapport à elle comme en face d'un être vivant. Le héros mythique est un *vivant,* et non pas un symbole. Il existe une *fonction* mythique de l'âme qui est aussi capitale pour lui que sa *fonction* poétique; les deux sont étroitement liées. (57)

C'est ainsi que dans le mythe grec, Gide perçoit le mariage de l'homme et de son art à travers le portrait d'un héros "vivant," changeant, aux virtualités multiples. En réponse aux critiques de la conception gidienne du mythe, citons Watson-Williams pour qui:

> Gide's artistic achievement in individual works based on myth may seem uneven. It cannot fail to do so when we consider the range of presentation from the confrontation of abstraction, as in *Philoctète,* to the superior equanimity, if not Goethean "banalité" of *Thésée.* Nevertheless his total achievement is of inestimable value. His use of myth as an intimate means towards self-understanding showed the way to many recent writers, playwrights, and philosophers alike, and proved, if such proof were necessary, its perennial

> validity. And when Gide placed man alone in the center of his universe, he raised for all of us today, if he did not always solve, the grave problems of human responsibility. (193)

L'Intériorisation du mythe

On peut relever dans la littérature française, surtout depuis la Renaissance, une référence permanente à la mythologie. Pour pouvoir bien saisir la singularité du discours mythotextuel gidien, il convient de situer Gide dans cette tradition culturelle, en soulignant le changement décisif qui s'opère dans la manipulation du mythe à la fin du XIXe siècle.

L'imaginaire du Moyen Age comporte une présence indéniable de l'Antiquité, dans le sens où on retrouve certaines figures bien connues provenant souvent des fables et des contes d'Ovide, telles que Narcisse et Echo ou Pyrame et Tisbé. Ces personnages incarnent pour la plupart des attitudes psychologiques envers la notion de l'amour, des attitudes-types qui généralement servent de modèles didactiques. La plupart de ces textes, souvent anonymes,[8] imitent le référent classique, dans le style de l'écriture et les *topoi* illustrés. Bien qu'on puisse suggérer qu'à travers le Moyen Age ces œuvres témoignent progressivement plus d'*inventio* que d'*adaptatio,*[9] les référents antiques restent séparés, dans le temps et dans l'imagination, de l'auteur médiéval. Il a recours à des histoires puisées dans la mythologie pour illustrer une vérité ou enseigner quelque leçon, sans tenter de faire œuvre nouvelle. L'auteur du Moyen Age ne se considère pas en général comme un lecteur-écrivain qui manipule la matière léguée, mais s'attache à bien lire et à communiquer les idées déjà présentes dans le récit originel.[10]

Dans la période classique, bien des œuvres attestent l'importance accordée à la mythologie gréco-romaine. Mais les contenus mythiques qu'on retrouve dans les œuvres de Corneille et de Racine sont extrêmement différents des représentations qui apparaissent dans des textes plus modernes. Cette différence réside dans l'attitude de l'auteur, dans sa relation avec son sujet, et dans sa manière de créer son texte. Il s'agit d'une différence culturelle qui se fait sentir progressivement à travers l'histoire du mythe littéraire comme genre esthétique. L'écrivain se détache peu à peu de sa source originelle pour s'accorder la liberté de se servir du référent à des buts parfois totalement opposés à ceux du mythe originel. On expérimente de plus en plus avec les figures, les situations et les éléments didactiques de la mythologie. Cependant même dans *Les Fables* de La Fontaine, où les personnages mythologiques sont dotées d'attributs merveilleux, on peut remarquer un certain respect, une volonté de rester fidèle à la mythologie dont s'inspire l'écrivain. L'auteur classique ne s'écarte guère de sa source originelle. C'est à partir d'un contexte bien défini qu'il écrit son œuvre personnelle. Les classiques, par exemple, voient dans la mythologie non plus l'expression de forces telluriques agraires et cosmiques, mais la manifestation des passions multiples et contradictoires qui agitent l'âme humaine. Ils utilisent les figures mythologiques à des fins morales, pour illustrer les conflits de l'homme universel. Dans le texte classique, on n'assiste pas, à proprement parler, à une transformation volontaire de la source référentielle.

Un changement de ton se fait sentir lorsqu'on aborde la littérature du XIXe siècle. L'emploi du mythe commence à devenir plus commun, et on le considère d'une façon plus flexible et plus ouverte. L'idée de donner une interprétation plus personnelle aux récits mythiques voit le jour. Dans son *Antigone* (1814) et son *Orphée* (1829), Pierre Simon Ballanche, par exemple, a recours à la mythologie pour expliciter sa conception de l'homme. A travers de tels personnages mythologiques, Ballanche met en scène sa propre liberté d'écrivain, et transforme librement la nature de ces êtres légendaires pour les adapter à une certaine idéologie romantique basée sur la religion et l'histoire.[11]

Toutefois, la plupart des auteurs romantiques montrent une prédilection pour le merveilleux du Moyen Age, et critiquent avec véhémence l'imaginaire de la mythologie gréco-romaine. Chateaubriand, dans *Le Génie du christianisme,* valorise les images chrétiennes au détriment de la mythologie païenne, qu'il accuse de vouloir reléguer la nature au second plan et d'engendrer la superstition. A part dans certains poèmes exceptionnels comme "Le Satyre," Victor Hugo se consacre au fantastique gothique et aux légendes populaires. Sa poésie s'inspire de figures bibliques plutôt que mythologiques. Hugo, pour parler du moi poétique, contourne ainsi le mythe ancien et lui préfère la dimension mystique du christianisme.[12]

L'écrivain romantique rêve de créer une épopée de l'humanité, dans laquelle on retrouverait un mélange d'images provenant de plusieurs sources, telles que la Bible, les romans de chevalerie et les contes de fées. Bien qu'on puisse retrouver dans un texte romantique plusieurs sources discursives, ce mélange de sources s'arrête souvent là, loin de devenir une intertextualité consciente, comme la perspective fin de siècle va tenter de le faire. Ce sont des allusions, des citations, des références précises qui ne donnent pas un rôle actif au lecteur. Ces textes sont écrits pour être lisibles, pour faire allusion à un monde référentiel bien précis.

Si le Romantisme ne se passionne pas pour l'Antiquité, un regain d'intérêt pour la mythologie se manifeste plus tard avec les découvertes de la philologie et de l'archéologie. Le mythe devient une préoccupation à la mode, non seulement dans les recherches universitaires, mais aussi dans la littérature. Car l'atmosphère culturelle traverse un moment de grands changements sociaux, spirituels et esthétiques.

C'est avec les Parnassiens, à partir des années 1840, que la mythologie gréco-romaine est de nouveau mise en valeur. Dans les écrits de Théodore de Banville, de Théophile Gautier et de Leconte de Lisle, une joie de vivre néo-païenne remplace l'inspiration chrétienne auparavant si répandue dans la poésie.[13] On retrouve dans ces textes des images et des motifs qui plus tard fleuriront chez les Symbolistes et les Décadents. Les figures archétypiques du monde ancien, tels que les héros malheureux et les rois orgueilleux de la Grèce s'y manifestent, aussi bien que tout un univers mythique, peuplé de satyres et de nymphes.

L'inspiration mythologique se personnalise. Les Parnassiens se servent du mythe comme véhicule de leurs propres craintes, doutes et désirs. Dans "La Toison d'or" (1839), Gautier exprime sa fascination pour la créature qui l'obsède, une femme blonde aux yeux noirs. Leconte de Lisle identifie son être à la vitalité puissante du centaure Khirôn, qui déclame, "O jours de ma jeunesse, ô saint délire, ô force!" (197).

Vers le milieu du siècle, une nouvelle influence se fait sentir dans la poésie, influence qui joue un rôle essentiel dans cette renaissance de la mythologie parmi les poètes français. Les théories esthétiques de Richard Wagner, sa notion d'un "théâtre complet" et la présence de la légende et du mythe au centre d'un tel drame idéal exercent une influence cruciale pendant une longue période qui s'étend jusqu'au tournant du siècle.[14] Pour Wagner, le mythe incarne la matière idéale du poète, point de vue esthétique qui s'affirme en France dès les premiers écrits de Charles Baudelaire. Pour ce dernier: "Le Mythe est un arbre qui croît partout, en tout climat, sous tout soleil, spontanément et sans boutures. . . . Comme le péché est partout, la rédemption est partout, le mythe partout. Rien de plus cosmopolite que l'Eternel."[15] Cette omniprésence du mythe chez l'auteur des *Fleurs du mal* apparaît jusque dans sa conception icarienne du poète, ainsi que le fait remarquer Eigeldinger:

> Baudelaire n'est pas sollicité par la thématique générale du mythe, mais par le destin d'*un Icare* avec lequel il s'identifie. De même que "l'albatros" et "le cygne," Icare représente le poète, non plus vaincu par une société hostile, mais par la hauteur de ses desseins. Le mythe atteint à l'apogée de son intériorisation. (*Lumières du mythe* 116)

La poésie de Baudelaire représente en effet l'un des premiers exemples d'un discours poétique dans lequel le mythe sert de véhicule pour affirmer le "moi" du poète. Ainsi commence toute une poétique qui se fonde sur la manifestation en un langage évocateur, à travers un système de signes mythologiques, du for intérieur du poète.

A ce stade de l'évolution de la littérature française, un nouveau courant intertextuel se crée. Car la dynamique de l'écriture est en train de changer. Une communication s'établit entre les textes, et cette activité intertextuelle tourne souvent autour d'une même figure mythique. Déjà chez les poètes du Parnasse, l'image de Pan, par exemple, avait suscité nombre d'écrits poétiques, réagissant les uns sur les autres pour former un ensemble polysémique, caractéristique de cette école. C'est dans ce contexte encore expérimental que l'intertextualité mythologique commence à prendre une nouvelle dimension significative, dans la mesure où elle devient consciente, active et délibérée.

Avec les Symbolistes, la mythotextualité dépasse le niveau métaphorique et devient de plus en plus complexe. Chez Mallarmé, le mythe devient symbole de l'idéal, une espèce de miroir qui laisse transparaître le monde de l'au-delà. Son célèbre faune permet au lecteur d'entrevoir un univers de rêve, où la

Sensualité singulière et l'Harmonie universelle se manifestent dans leur puissance originelle. A son tour, Henri de Régnier, à une conférence en 1900, définit la conception symboliste du mythe:

> Les Poètes récents ont considéré autrement les Mythes et les Légendes. Ils en cherchèrent la signification permanente et le sens idéal; où les uns virent des contes et des fables, les autres virent des symboles. Un Mythe est sur la grève du temps comme une de ces coquilles où l'on entend le bruit de la mer humaine. Un Mythe est la conque sonore d'une idée.[16]

Prenons le contre-pied de cette définition idéaliste. D'autres poètes, plus irrévérencieux, traitent le mythe sur le mode ironique. La dérision est pratiquée comme une sorte de subversion de la culture. Rimbaud ridiculise le monde bourgeois et les valeurs traditionnelles du XIXe siècle dans l'étonnant poème de 1891, "Vénus Anadyomène," poème qui se termine par:

> L'échine est un peu rouge, et le tout sent un goût
> Horrible étrangement; on remarque surtout
> Des singularités qu'il faut voir à la loupe . . .
>
> Les reins portent deux mots gravés: *Clara Venus;*
> —Et tout ce corps remue et tend sa large croupe
> Belle hideusement d'un ulcère à l'anus.
>
> (43)

Dans une image qui bouleverse les attentes du lecteur, Rimbaud se sert ainsi d'une des figures mythologiques les plus connues, les plus chantées, pour en faire un portrait satirique de la conception occidentale de la beauté féminine. Tristan Corbière, encore plus acerbe, parodie les figures mythiques de manière sarcastique. Dans le poème "Paris Nocturne," ce processus de déformation se base sur des applications burlesques:

> —C'est le Styx asséché; Le chiffonnier Diogène,
> Sa lanterne à la main, s'en vient errer sans gêne.
> Le long du ruisseau noir, les poètes pervers
> Pêchent; leur crâne creux leur sert de boîte à vers.
>
> (244)

L'insolente désinvolture de Rimbaud et de Corbière dessine un nouvel espace de liberté en littérature, un espace qui plus tard se verra amplifié, surtout par la littérature surréaliste. Ce mouvement de distanciation, la mise en question du référent mythique à travers une ironie poétique, représente un côté nécessaire à l'esprit fin de siècle, la perspective requise pour maintenir en équilibre le respect du mythe présent chez tant d'autres poètes de l'époque. La mythologie prend, dans le cadre culturel de la fin du XIXe siècle, une certaine ampleur, grâce à cette gamme considérable de réponses poétiques.[17]

Chez les auteurs décadents de la fin du siècle, la subversion devient un des procédés majeurs de la création poétique. Dans "Hérode et le mythe décadent," Gilbert Durand montre le renversement opéré à la fin du siècle par rapport aux valeurs romantiques, tant sur le plan stylistique que sur le plan éthique: "Le fond du 'héros' décadent, imaginaire ou réel, est subversif: cela va d'Emma Bovary à Brünnhilde détruisant le Walhalla, du dandysme de Baudelaire à l''enfer' rimbaldien, du ténébreux Orcus schopenhauerien au Dionysos-Zarathoustra nietzschéen" (*Beaux-arts et archétypes* 170).

Les textes décadents expriment les obsessions, les tourments et les cauchemars de l'inconscient du poète. Les figures mythologiques se transforment en représentations psychologiques inquiétantes, démoniaques. La dangereuse et ravissante Hélène de Troie se métamorphose en Femme Fatale, en Salomé hypnotisante et cruelle, dont la présence obsède le siècle. On la rencontre chez J.-K. Huysmans, qui fait d'elle: "la déité symbolique de l'indestructible Luxure, la déesse de l'immortelle Hystérie" (149). Un autre avatar de cette personnalité féminine maléfique s'incarne dans la Sphinge. Oscar Wilde évoque ce monstre à côté du Minotaure, dans un poème où il demande à l'énigmatique gardienne du mystère: "Sing to me of the labyrinth in which the twy-formed bull was stalled!" (834). L'Androgyne aussi figure en bonne place dans ce panthéon de la Décadence. *Monsieur Vénus* de Rachilde et "L'Hermaphrodite" d'Albert Samain attestent la vogue de cette créature ambivalente, qui captive le regard hyperbolique de Des Esseintes. Après son départ, Des Esseintes regrette "la femme dont la monstruosité l'avait tant satisfait pendant des mois" (Huysmans 213).

Dans l'esthétique décadente, la symbolique du mythe se charge d'une puissance psychologique portée à l'extrême. Les figures antiques deviennent des spectres frénétiques qui hantent l'inconscient du poète. C'est cette rencontre entre le malaise moderne face à l'inconnu et à l'anxiété caractéristique d'un contexte fin de siècle et une atmosphère antique, porteuse de la durée au fil des siècles, qui donne à la mythologie à cette époque sa capacité unique à traduire un message à la fois privé et universel. Les Symbolistes et les Décadents renouvellent le mythe en l'individualisant. Ils l'incorporent à leur propre pensée et le restituent au lecteur sous forme de mythe personnel. Gide partage avec ses contemporains ce penchant à vouloir donner une interprétation psychologique à la mythologie, dont il fait un instrument pour traduire littérairement son conflit intérieur.

La Problématique gidienne

Au centre de l'œuvre gidien se dénote une certaine angoisse, une présence inquiète et précaire qui anime l'écriture. Perceptible dans la plupart des ouvrages de Gide, ce malaise s'exprime de manière privilégiée dans les référents à la mythologie grecque. Car les récits mythologiques de Gide se nourrissent d'une contradiction fondamentale qui se traduit par un va-et-vient incessant entre une sensualité dévorante et une morale tyrannique, entre la jouissance dionysiaque et l'utopie de la perfection. L'existence de Gide oscille entre deux pôles maintenus dans une tension constante. On peut caractériser ce conflit intérieur en opposant deux termes: le paganisme et le christianisme. Roland Barthes relève avec pertinence ce dualisme dynamique:

> Certains choisissent une voie et la gardent; d'autres en changent, chaque fois avec autant de conviction. Gide, lui, s'est tenu à un carrefour, constamment, fidèlement, au carrefour le plus important, le plus battu, le plus croisé qui soit, par où passent les deux plus grandes routes d'Occident, la grecque et la chrétienne. ("Notes sur André Gide" 94)

Jean-Paul Sartre de même reconnaît la dualité active de la pensée de Gide, et y perçoit le pouvoir même de son esthétique:

> Courage et prudence: ce mélange bien dosé explique la tension intérieure de son œuvre. L'art de Gide veut établir un compromis entre le risque et la règle; en lui s'équilibrent la loi protestante et le non-conformisme de l'homosexuel, l'individualisme orgueilleux du grand bourgeois et le goût puritain de la contrainte sociale; une certaine sécheresse, une difficulté à communiquer et un humanisme d'origine chrétienne, une sensualité vive et qui se voudrait innocente; l'observance de la règle s'y unit à la quête de la spontanéité. ("Gide vivant" 1539)

Dans le *Journal,* dans la correspondance, et dans les écrits littéraires, on retrouve constamment la présence de ces deux courants qui dominent la culture occidentale. C'est dans la culture grecque que Gide découvre le contrepoids naturel à la morale chrétienne. Gide va jusqu'à se définir à travers cette antithèse:

> L'idéal chrétien . . . oui; mais l'idéal gréco-latin a joué dans notre formation une part . . . aussi importante. Le plus étonnant, c'est que ces deux *informations* si différentes, on a tâché de les unir jusqu'à les confondre presque dans une même "tradition." Et pourtant, peu s'en faut qu'elles ne s'opposent . . . l'idéal grec, en regard de l'idéal chrétien, n'a pas eu sur mon esprit moins d'empire; au point que les meilleures armes, pour me délivrer de celui-ci, c'est dans le paganisme grec que le chrétien que je suis les cherche et trouve. (*Journal* 1: 1037)

De surcroît, ce conflit dont Gide est très conscient et auquel il ne cesse de réfléchir se trouve au cœur même de son œuvre.[18] Cette opposition met en lumière une dualité troublante que Gide ne tente pas de nier ni même de dépasser. Au contraire, il s'en nourrit, et il reconnaît la fécondité potentielle de ce heurt entre deux contraires. Dans le *Journal,* il précise que: "nous devons protéger en nous toutes les antinomies naturelles et comprendre que c'est grâce à leur irréductible opposition que nous vivons" (1: 801). Et plus tard, il revient sur cette idée: "Supprimer en soi le dialogue, c'est proprement arrêter le développement de la vie" (1: 842).

Cette contradiction philosophique se manifeste sur le plan psychologique par un affrontement entre plaisir et ascétisme, entre désir et refoulement. Gide reconnaît en lui-même "une aptitude égale" (*Journal* 1: 358),[19] à la vie sensuelle et à l'abstinence vertueuse. On retrouve dans l'écriture de Gide un certain mysticisme qui tend à la transcendance, à la tentation icarienne de voler trop haut. Mais à côté de cette présence, il y a aussi une passion féroce, un lien très fort avec le monde physique, les plaisirs de la chair et les joies de la réalité d'ici-bas. La jouissance et le renoncement sont ses compagnons constants. Ces deux tendances contradictoires ne cessent de s'affronter dans son esprit. C'est ainsi qu'il écrit dans son *Journal:* "tout s'achemine vers le meilleur et malgré tout, et à cause même du sacrifice perpétuel de ce meilleur. . . . C'est au renoncement qu'elle aboutit, joyeux et volontaire. C'est dans la négation de soi que bondit et se réfugie l'affirmation de soi la plus haute" (1: 591). Mais il y écrit aussi: "O sensation plus belle encore que la pensée!" (1: 309); et encore: "Ma joie a quelque chose d'indompté, de farouche, en rupture avec toute décence, toute convenance, toute loi" (1: 639).

Quoique cette opposition soit cause de bien des moments difficiles dans la vie de Gide, encore souligne-t-il la nécessité de leur coexistence pour parvenir à une vision équilibrée de la totalité de l'être. Lui-même met en scène ces deux versants de la nature humaine dans deux textes antithétiques:

> d'année en année j'ai reporté *La Porte étroite.* Qui donc persuaderai-je que ce livre est jumeau de *L'Immoraliste* et que les deux sujets ont grandi concurremment dans mon esprit, l'excès de l'un trouvant dans l'excès de l'autre une permission secrète et tous deux se maintenant en équilibre. (*Journal* 1: 365–55)

Comme le suggère Baudelaire, la nature compliquée de l'artiste témoigne souvent d'une telle dualité dynamique: "qui parmi nous n'est pas *homo duplex* . . . lieu d'une contradiction radicale et inguérissable?" (" 'La Double Vie' par Charles Asselineau" 658). Pour Gide aussi, la juxtaposition des contraires ne s'affirme pas seulement en tant que réalité indéniable, mais aussi comme facteur nécessaire à toute création artistique, à toute tentative de créer une œuvre authentiquement humaine.[20]

La moralité chrétienne opposée à la sensualité païenne, la Bible à la fable grecque, le mariage avec Madeleine aux rapports fugitifs avec de jeunes Arabes, voilà ce que veut exprimer l'œuvre de cet écrivain complexe. Ce message personnel, cette problématique gidienne, représente une sorte de fil conducteur qui peut guider le lecteur de texte en texte dans le corpus mythique que constituent les textes sur Narcisse, Prométhée, Œdipe et Thésée. On peut voir que dans le choix d'un cadre mythologique pour transmettre son message, Gide reconnaît la capacité naturelle du mythe à incarner la contradiction, le conflit et la rencontre des extrêmes. Comme le remarque Eigeldinger:

> le mythe favorise la *coincidentia oppositorum,* éprouvée par l'union de la masculinité et de la féminité, de la conscience et de l'imagination, du dessein et du langage comme la fin de l'acte poétique. . . . [L]e mythe est l'une des voies de la réconciliation, dans la mesure où il permet de recouvrer l'unité de la forme et du sens par la médiation de l'écriture poétique. (*Mythologie et intertextualité* 197)

C'est grâce à la découverte de cette matière qui reflète la dualité intérieure, la nature ambivalente de son esprit, que Gide réussit à exprimer, à traduire en discours littéraire, sa problématique personnelle.

Le Travail mythotextuel

Plus l'écrivain se livre à une interprétation personnelle du mythe, plus son œuvre débouche sur une mythotextualité originale et complexe. Dans les œuvres antérieures au Symbolisme apparaissent certains éléments disparates d'une mythotextualité sur le point de naître. Celle-ci demeure informe, floue et tâtonnante. On peut qualifier cette juxtaposition de sources, de styles et d'images de "mythotextualité implicite." Ce terme suggère un processus intertextuel presque inconscient, qui se présente sous un aspect équivoque. On relève souvent dans ce genre de texte une espèce de scriptible voilé, une puissance latente qui peut naître de la rencontre avec un scripteur futur. Car les voix discursives qui viennent d'un peu partout, des domaines esthétiques et culturels variés, même si elles restent silencieuses—et ce pendant très longtemps—ne perdent pas leur pouvoir de dire, de signifier toujours quelque chose de nouveau et d'inattendu.

C'est à travers la pratique expérimentale et provocante des écrivains fin de siècle que le travail intertextuel commence à prendre forme, qu'il devient conscient et voulu. Les Symbolistes et les Décadents donnent vie à une "mythotextualité explicite." Leurs œuvres représentent des manipulations et des déformations volontaires qui détournent le mythe de sa signification originelle. Ce sont des textes plus ouverts, plus actifs que ceux qui les précèdent. L'intertextualité chez ces écrivains devient une manière de penser, encouragée par la prolifération des revues, et par l'atmosphère stimulante des salons et des cénacles. Artistes et poètes mêlent leurs sources, confrontent leurs discours, s'influencent réciproquement, et se retrouvent de plus en plus souvent dans la sphère mythologique.

Gide est l'héritier direct de cette tradition littéraire. Mais dès ses premiers écrits mythologiques, il va plus loin dans l'élaboration d'une mythotextualité très personnelle, grâce à son écriture qui introduit la fragmentation, le renversement et le paradoxe dans la textualité.[21] Il réussit là où ses précurseurs n'avaient abouti qu'à une ébauche, dans l'aventure qu'est le mythe littéraire. Il parvient à fondre la matière mythique et sa propre subjectivité d'une manière subtile et novatrice, en utilisant des procédés intertextuels de plus en plus raffinés, pour créer une mythotextualité unique, moderne, gidienne.

L'évolution qu'on découvre dans ce corpus textuel d'inspiration mythique représente de la part de Gide une tentative pour résoudre la contradiction qu'il ressent au centre de son moi. Il importe de montrer comment Gide réalise son projet de compréhension de soi, en perfectionnant son discours mythotextuel, grâce à un emploi efficace et maîtrisé des figures intertextuelles, telles que le déplacement, la déformation, le renversement, la mise en abyme et l'enchâssement. De Narcisse à Thésée, en passant par Prométhée et Œdipe, un itinéraire se construit qui part d'un traitement trop conscient et trop esthétique de la matière mythique pour aboutir à la formulation du discours mythotextuel simple, pour ainsi dire transparent.

Chapitre trois

Narcisse

Un Mythe dans l'air du temps

Dans un jardin botanique de Montpellier se trouve un tombeau dans lequel, selon la légende, aurait été ensevelie la fille d'un poète anglais, et qui porte, gravé sur la pierre, le vers suivant: "Placandis Narcissae Manibus."[1] La présence de cette sépulture mystérieuse a certainement stimulé l'imagination poétique d'André Gide et de Paul Valéry, qui, au temps de leur jeunesse, parcouraient ensemble les allées du parc en discutant du mythe de Narcisse, de poésie et d'autres aspects essentiels de la sensibilité française de la fin du siècle.

En 1890, comme Gide le dira plus tard, "Narcisse était dans l'air" (cité par Marty, *André Gide, qui êtes-vous?* 156), et on n'a jamais su lequel de ces deux auteurs s'est intéressé le premier au personnage d'Ovide. Toutefois, là n'est pas le plus important, car bien que Gide et Valéry partent de la même fable, ils traitent très différemment le mythe de Narcisse.

L'histoire du beau jeune homme qui refuse orgueilleusement l'amour des nymphes, et qui tombe désespérément amoureux de sa propre image, reflétée dans l'eau d'une source, entre dans la littérature avec *Les Métamorphoses* d'Ovide (98–103). Le mélange de solitude et de sensualité qui caractérise la figure ovidienne attire l'attention de Valéry, pour qui le thème de Narcisse deviendra, selon ses propres termes, "une sorte d'autobiographie poétique" ("Sur les Narcisses" 1560).

En effet, ce thème est présent tout au long de la vie de Valéry. Il le reprend à maintes reprises: d'abord dans le "Narcisse parle" de 1891, ébauché l'année précédente dans un sonnet irrégulier inédit,[2] ensuite dans "Les Fragments du Narcisse" de 1919, et enfin dans "La Cantate du Narcisse" de 1939.

Dès le premier texte s'affirme la présence indéniablement sensuelle du corps de Narcisse:

> Voici dans l'eau ma chair de lune et de rosée,
> O forme obéissante à mes yeux opposée!
> Voici mes bras d'argent dont les gestes sont purs! . . .
> Mes lentes mains dans l'or adorable se lassent
> D'appeler ce captif que les feuilles enlacent,
> Et je crie aux échos les noms des dieux obscur! . . .
> ("Narcisse parle" 82)

A la différence de Gide, plus classique, plus abstrait, Valéry met l'accent sur la dimension érotique du mythe, avec un raffinement descriptif qui marque ses liens avec l'école symboliste.

Toutefois, Valéry ne se limite pas à cette évocation charnelle de la figure de Narcisse. Il suggère qu'en dépit du fait que le corps constitue les limites terrestres de l'être, ce n'est qu'à travers lui que la conscience peut se manifester. L'âme est au monde grâce au corps, dont elle dépend pour obtenir une dimension matérielle. Sans la corporalité, suggère Valéry, la conscience se dissiperait dans le vide, sans contact avec la nature. Mais la relation avec le corps est ambivalente; ce dernier offre à l'âme un cadre qui rend possible les rencontres de ce monde terrestre, et par ce même geste limite l'âme, en faisant de la transcendance totale une chimère. Qui plus est, le corps du jeune homme emprisonne son âme qu'il torture, en s'offrant comme objet de désir à jamais inaccessible. Ce corps qui est l'unique support existentiel du moi en train de se contempler, se trouve d'une certaine façon magnifié, loué comme une incarnation idéale de la sensualité:

> Et dans ce corps caché tout marqué de l'amour
> Que porte amèrement l'âme qui fut heureuse,
> Brûle un secret baiser qui la rend furieuse . . .
> ("Les Fragments du Narcisse" 128)

Valéry n'adhère pas à la signification morale de la fable ovidienne dont la leçon est que l'amour de soi est une folie dangereuse qui conduit immanquablement à la perdition. L'autoérotisme n'est pas condamné dans le texte de Valéry, qui ne suggère nullement que si Narcisse s'éprend de lui-même, il est coupable. Valéry pense plutôt que la conscience de soi représente la seule réalité que l'homme puisse réussir à éprouver. On ne possède que soi, et donc Narcisse ne se leurre pas dans l'illusion de l'amour d'autrui. Il se révèle à lui-même, il découvre sa propre existence dans la perception fascinée et contemplative de son corps. Dans "Les Fragments du Narcisse," Valéry écrit:

> Mais moi, Narcisse aimé, je ne suis curieux
> Que de ma seule essence;
> Tout autre n'a pour moi qu'un cœur mystérieux,
> Tout autre n'est qu'absence.
> O mon bien souverain, cher corps, je n'ai que toi!
> Le plus beau des mortels ne peut chérir que soi . . .
> (128)

En dépit de sa préoccupation philosophique de la connaissance de soi, Valéry n'altère pas profondément le sens général de la fable ovidienne. Le mythe ne sort pas de son cadre classique, et le Narcisse qu'il crée se comporte jusqu'à la fin comme son prédécesseur antique. Il s'épuise dans le même "désespoir contemplateur":

> Et moi! De tout mon cœur dans ces roseaux jeté,
> Je languis, ô saphir, par ma triste beauté!
> Je ne sais plus aimer que l'eau magicienne
> Où j'oubliai le rire et la rose ancienne.
> (82)

Malgré un éveil de la conscience, Narcisse ne peut dépasser l'expérience de la fontaine, qui le soumet à la tentation en lui offrant un amour impossible. Prisonnier de son image, il sombre dans le non-être, dans la spécularité infinie dont il n'arrive pas à questionner la validité, préférant "le paysage de l'âme" à la réalité de la nature. Ce Narcisse se cristallise dans son éternité, comme le Narcisse d'Ovide; il se fige dans son attitude traditionnelle, penché sur son reflet. C'est l'inactivité du Symbolisme qui se met en scène dans cette image de Valéry, dans ce Narcisse piégé par sa propre conscience. C'est surtout au drame métaphysique du mythe d'Ovide que s'intéresse Valéry, à la méditation solitaire et à la pure contemplation incarnée dans la figure antique de Narcisse.[3]

Condensation d'un référent mythologique

Au moment où Valéry conçoit sa première version du Narcisse, une tout autre interprétation de ce mythe s'élabore dans l'esprit de Gide. En 1891, son *Traité du Narcisse* paraît dans le premier numéro de la revue symboliste *La Conque*. Il est publié la même année sous la forme d'une plaquette, ornée d'un dessin de Pierre Louÿs. Ce petit ouvrage de dix pages, étonnant par sa densité et sa complexité, marque le début du travail mythotextuel gidien. Dans la correspondance qu'échangent les deux jeunes écrivains, Valéry fait de nombreuses allusions à Narcisse, mais Gide fait preuve d'une curieuse discrétion à l'égard de sa propre création. Ce silence significatif s'accompagne de réserves sur la poésie quasi-mallarméenne de son ami:

> je relis pour la ?ème fois votre *Narcisse;* il me faut vous avouer que je ne l'aime pas sans restrictions comme certaines autres de vos pièces. . . . Je regrette trop de diversité d'impressions, ou mieux de lumières; cela manque un peu d'unité d'éclairage et l'on ne sait plus très bien, par suite d'une absence d'ombres, d'où vient le jour, la nocturne clarté: de cette atmosphère un peu trop égale (prenez cela le plus symboliquement possible, ou ne le prenez pas du tout) résulte une apparence un peu fragmentaire; chaque vision paraît brève et module avant de s'être mélodieusement éployée; avec ce nombre de vers, vous auriez pu, il me semble, évoquer de plus lentes images. J'ai peur que vous ne vous soyez un peu pressé pour l'écrire. (*Correspondance André Gide et Paul Valéry* 56–57)

On peut imaginer que c'est par réaction à l'encontre de la version poétique de Valéry que le jeune Gide tente de recréer une figure de Narcisse plus originale, plus surprenante que la personnification des théories symbolistes qu'il entrevoit dans la poésie de Valéry. Car Gide reconnaît dans la perspective valéryenne une atmosphère de refus, de manque et de pessimisme qu'il ne partage pas. Le Narcisse de Valéry apparaît à Gide comme une étude cérébrale qui se borne à un portrait trop abstrait, trop renfermé sur lui-même. Car les poèmes valéryens mettent en évidence une conscience de soi tellement aiguë qu'elle devient une espèce d'hyperconscience, une conscience de la conscience. Le Narcisse de Valéry s'abîme dans la contemplation de soi, s'y enfonce comme dans des sables mouvants métaphysiques.

Il se transforme en ce que Vladimir Jankélévitch nomme avec justesse "un monstre narcissien d'introspection" (437):

> Avoir pour toute altérité le Soi—qui est le monstre du Moi devenu objet de lui-même—ceci est l'une des définitions du vice. La vicieuse conscience de conscience, délaissant la *via recta* qui la ferait se perdre en sa chose, revient circulairement à son point de départ: car son départ était un faux départ; car son voyage n'était même pas un voyage autour de la chambre de ses pensées. . . . C'est la secondarité qui est son malheur: au lieu que la conscience "primaire" s'enrichit en pensant ce qui est autre qu'elle-même, la conscience à la seconde puissance, de plus en plus raréfiée, sublimée, essentialisée par les distillations successives auxquelles elle se soumet, devient aussi . . . impalpable que l'ombre d'une ombre. (439)[4]

Dans son étude sur la mélancolie, Julia Kristeva perçoit aussi ce côté négatif implicite dans la figure de Narcisse et décrit le danger psychologique inhérent à "la contrée marécageuse du mythe narcissien," dans cette remarque perspicace: "La dépression est le visage caché de Narcisse, celui qui va l'emporter dans la mort, mais qu'il ignore alors qu'il s'admire dans un mirage."[5]

On a beaucoup discuté, dans le domaine critique, de la relation complexe qui existe entre Gide et le Symbolisme. Le ton du *Traité,* caractérisé par le mystère transcendantal et la présence de l'au-delà, a persuadé certains critiques d'y voir un texte franchement symboliste. Considéré comme "a defense and illustration of the symbolist view of the world and art" (Brosman, "Gide's Criticism" 602), le texte se voit souvent présenté sous cette perspective plutôt limitée: "Le *Traité* est dans sa théorie comme dans sa forme une mise en œuvre de l'idéalisme littéraire préconisé par Mallarmé" (Brée 42).[6] Cependant, on doit admettre la relation nettement ironique qu'entretenait Gide avec les idées philosophiques et poétiques du Symbolisme. Ses remarques diverses, provenant du *Journal,* de *Si le grain ne meurt* et de sa correspondance, témoignent d'une ambivalence profonde chez Gide. D'un côté, la jeunesse de l'auteur semble marquée par un désir presque juvénile de faire partie du cénacle symboliste, et dans une lettre à Valéry, Gide proclame avec fierté: "Je suis Symboliste et sachez-le. . . . Mallarmé pour la poésie,

Maeterlinck pour le drame, et quoique auprès d'eux deux, je me sente bien un peu gringalet, j'ajoute Moi pour le roman" (46; 26 janvier 1891). Mais Gide est revenu sur ses pas, et découvre dans la pensée symboliste la tendance dangereuse de préférer au monde concret et multiple un domaine idéalisé qui se veut supérieur et isolé, qui refuse la vie même. Dans *Si le grain ne meurt,* il formule cette critique de la fascination qu'il avait éprouvée pour l'école symboliste:

> Le mouvement se dessinait en réaction contre le réalisme, avec un remous contre le Parnasse également. Soutenu par Schopenhauer . . . je tenais pour "contingence" (c'est le mot dont on se servait) tout ce qui n'était pas "absolu," toute la prismatique diversité de la vie. . . . L'erreur n'était pas de chercher à dégager quelque beauté et quelque vérité d'ordre général de l'inextricable fouillis que présentait alors le "réalisme"; mais bien, par parti pris, de tourner le dos à la réalité. (535)

Or, la question n'est pas de savoir s'il faut considérer Gide comme symboliste ou non. Il semble bien plus pertinent d'examiner les modalités par lesquelles Gide manipule le référent que la poétique symboliste est devenue dans les années 1890, et d'analyser les façons dont il reformule le mythe de Narcisse en opposition à ce référent. Il s'agit enfin de voir comment son texte expérimente, d'une manière ironique, avec les idées, le style de l'écriture et les formes les plus caractéristiques du Symbolisme pour construire à la fin un nouvel espace textuel afin d'arriver à l'élaboration de sa propre voix esthétique.

Dans le *Traité,* Gide s'intéresse lui aussi au problème de la conscience, avec cette différence qu'il crée un héros qui dépasse son sort traditionnel, qui refuse de se perdre dans le piège circulaire que devient une conscience de soi trop limitée. On découvre dans le Narcisse gidien une conscience profondément différente de celle du personnage valéryen. Cette nouvelle conscience ne s'emprisonne pas dans une introspection infinie, puisqu'elle prend pour objet de contemplation, non plus sa propre activité, mais le dynamisme apparent du monde extérieur. La conscience de Narcisse reste spectatrice: Gide décrit un Narcisse qui s'oblige à "regarder," "voir," "percevoir," "deviner," "pénétrer"; ce n'est plus sa propre image qu'il regarde, ce sont plutôt les formes de l'univers. L'eau devient le miroir qui permet à Narcisse de s'ouvrir au monde, d'en devenir le réceptacle.

Gide souligne l'idée qu'il faut se montrer sensible au monde, et non pas s'isoler dans la contemplation de sa propre image. Il condamne avec force ce qu'il appelle "la préférence de soi," le péché narcissique par excellence: "Car la faute est toujours la même et qui reperd toujours le Paradis: l'individu qui songe à soi tandis que la Passion s'ordonne, et, comparse orgueilleux, ne se subordonne pas" (8). Dans la note très didactique qu'il ajoute à son traité, Gide réitère cette idée: "Tout phénomène est le Symbole d'une Vérité. Son seul devoir est qu'il la manifeste. Son seul péché: qu'il se préfère. . . . Tout représentant de l'Idée tend à se préférer à l'Idée qu'il manifeste. Se préférer—voilà la faute" (8). Le tort de l'homme pensant, de l'artiste créateur, serait de préférer la conscience de soi à celle du monde vivant et poétique. Manifester les vérités qu'il découvre en contemplant le monde, en décodant les symboles de l'univers, voilà la vraie tâche de la connaissance poétique.

Si l'on peut dire que le Symbolisme imprègne l'univers de ce texte, il faut cependant nuancer cette affirmation, en signalant que c'est au niveau sémantique qu'apparaissent certains motifs empruntés à ce mouvement littéraire. Il ne faut pas oublier que le *Traité* porte comme sous-titre "Théorie du symbole." La nature du rôle que joue le Symbolisme dans ce texte se présente de façon très claire. Il s'agit, dans le *Traité,* d'une *théorie* du symbole, et non pas d'une illustration de la poétique symboliste. Gide prend pour sujet une question esthétique qu'il se propose d'examiner, à savoir, la nature du symbole. Il entend analyser la théorie esthétique du Symbolisme, si populaire à l'époque, et choisit de le faire à travers l'image de Narcisse penché sur l'eau, image chère à la perspective symboliste. Gide établit un parallèle entre le jeune homme captivé par son image et le poète symboliste, le créateur qui cherche à travers les apparences d'ici-bas à atteindre les Idées originelles qui se cachent dans l'au-delà:

> Le Poète pieux contemple; il se penche sur les symboles, et silencieux descend profondément au cœur des choses,—et quand il a perçu, visionnaire, l'Idée, l'intime Nombre harmonieux de son Etre, qui soutient la forme imparfaite, il la saisit, puis, insoucieux de cette forme transitoire qui la revêtait dans le temps, il sait lui redonner une forme éternelle, *sa* Forme véritable enfin, et fatale,—paradisiaque et cristalline. (9–10)

L'atmosphère sémantique symboliste qui enveloppe le traité dissimule des intentions plus secrètes, une tentative de renverser les conceptions littéraires à la mode. Gide s'efforce de minimiser les excès de la rhétorique fin de siècle, et de proposer une esthétique plus sobre, plus concise, plus mesurée. Comme le fait remarquer Emily Apter:

> the language in the Treatise can be qualified as "insufficiently" Symbolist, its spare, quantitative description and structural reliance on the figure of condensation suggest a concerted effort to deflate Symbolism's Romantic heritage of hyperbole. Its erasure of adjectives which adumbrate or qualify reveals a will to metaphorical impoverishment. ("Gide's *Traité du Narcisse*" 189)

Pour exprimer cette nouvelle esthétique, pour la mettre en opposition avec les donnés théoriques du Symbolisme, Gide n'hésite pas à modifier le mythe de Narcisse. Le travail qu'il entreprend en ceci, sa première aventure mythotextuelle, repose sur des transformations voulues, bien examinées, du référent de l'Antiquité, aussi bien que sur la figure du Narcisse valéryen. Une analyse de cette mythotextualité permet de saisir les modalités du détournement qu'opère Gide, tant au niveau des contenus que de l'écriture.

La première page du *Traité du Narcisse* présente un court résumé du mythe de Narcisse, introduit dans sa forme la plus célèbre, comme un récit des *Métamorphoses* d'Ovide:[7]

> Ainsi le mythe du *Narcisse: Narcisse était parfaitement beau,—et c'est pourquoi il était chaste; il dédaignait les Nymphes—parce qu'il était amoureux de lui-même. Aucun souffle ne troublait la source, où, tranquille et penché, tout le jour il contemplait son image.* (3)

Ce passage, qui, par l'emploi de la citation directe, de l'imparfait et de l'italique, se démarque clairement, même sur le plan visuel, de la voix de Gide, fait ressortir dès le début du texte le désir de l'auteur de formuler un domaine discursif qui serait totalement le sien. Le choix, peut-être ironique, d'inclure sans ambiguïté la voix narrative d'Ovide dans un espace clairement éloigné de l'écriture gidienne, traduit à la fois les liens et les divergences de Gide avec le texte d'Ovide. "Le voilà," déclare-t-il, "c'est le sien. Maintenant, je vais vous montrer le mien."

Gide crée sa propre conception du mythe par une réduction radicale des données narratives fournies par Ovide. Son premier geste iconoclaste est de transformer le monde qui entoure le héros. Dans le texte d'Ovide, le paysage s'affirme clairement par un détail amplifié; le poète construit de la campagne tranquille de la pastorale une image d'une texture vive, une atmosphère essentielle au mythe qu'il relate:

> Il était une source limpide aux eaux brillantes et argentées, que ni les bergers, ni les chèvres qu'ils passaient sur la montagne, ni nul autre bétail n'avait jamais approchée, que n'avait troublée nul oiseau, nulle bête sauvage, nul rameau tombé d'un arbre. Elle était entourée de gazon qu'entretenait la proximité de l'eau; et la forêt empêchait le soleil de jamais réchauffer ces lieux. (100)

Grâce à l'accent mis sur les détails spatiaux, Ovide met en lumière la solitude, le calme et l'esprit vierge dans la scène qu'il crée pour Narcisse, un étang frais et immobile. Ovide colore son texte entier d'une description qualifiée: "marbre de Paros," "grappes tavelées," "grain encore vert," "rosée matinale," "feuilles blanches." De telles descriptions concourent à créer un espace multidimensionnel, isolé et idéalisé, protégé de tout autre créature vivante. Un tel style discursif accentue le caractère isolé de Narcisse lui-même, en reflétant sa séparation volontaire du monde de l'Autre.

Chez Gide, cependant, Narcisse se retrouve dans une atmosphère froide, dénuée de tout embellissement. On ne voit plus de montagnes ou de forêts; la beauté pastorale du référent classique est totalement supprimée: "Il n'y a plus de berge ni de source; plus de métamorphose et plus de fleur mirée;—rien que le seul Narcisse" (3).

Il n'y a pas non plus de mention directe dans le texte de Gide de la métamorphose de Narcisse en la fleur qui porte son nom. Plutôt, Gide transpose cette notion de métamorphose dans un nouveau registre, celui de la textualité même du récit. De cette façon, Gide rappelle au lecteur que le mythe originel s'est changé en mythe littéraire; la présence de l'écrivain s'affirme à chaque ligne du texte. Qui plus est, cette métamorphose s'opère aussi lorsque le mythe littéraire passe du domaine ovidien à celui de Gide. On voit en premier lieu que c'est la description de l'espace qui illustre la métamorphose inhérente au *Traité du Narcisse,* interprétant de façon unique la phrase d'Amiel, si chère aux Symbolistes, "le paysage est un état d'âme."[8] "S'isolant sur des grisailles" (3), Narcisse reste seul.

Le lecteur remarque aussitôt l'absence des nymphes dont parlait Ovide, notamment celle d'Echo. Dans la tradition classique, l'histoire d'Echo se présente toujours juxtaposée à celle de Narcisse. Chez Ovide, l'indignation des nymphes rejetées par Narcisse est essentielle, car c'est elle qui le précipite vers son destin fatal:

> Ainsi Echo, ainsi d'autres nymphes, nées dans les ondes ou les montagnes, avaient été déçues par Narcisse, ainsi avant elles nombre de jeunes hommes. Alors, une des victimes de ses dédains, levant les mains au ciel, s'était écriée: "Qu'il aime donc de même à son tour et de même ne puisse posséder l'objet de son amour!" La déesse de Rhamnonte exauça cette juste prière. (100)

On retrouve ici un procédé de dépouillement que Gide utilise à propos du mythe de Narcisse. Comme avec les détails physiques de l'environnement spatial, au niveau des personnages, aussi, Gide évacue le référent de tout ce qui n'est pas Narcisse. Dans *Le Traité du Narcisse,* l'éphèbe n'a plus affaire qu'à lui-même. Son origine grecque, qui fait de lui le fils du fleuve Céphyse et d'une nymphe des eaux, Liriopé, disparaît complètement. Il devient un être sans généalogie, sans passé, sans compagnon, dans un paysage sans nom. La négation du décor traditionnel fait ressortir la figure unique de ce Narcisse, seul habitant d'un paysage vidé de toute image.[9]

En vidant le mythe des éléments qui pourraient distraire l'attention du lecteur de la seule figure de Narcisse, Gide met en évidence la singularité du personnage. Il est évident qu'on n'a plus affaire au Narcisse classique, paradigme de la beauté grecque. Dans la perspective antique, Ovide avait peint un Narcisse ravissant, en train de se contempler:

> deux astres, ses propres yeux, et ses cheveux, dignes de Bacchus, dignes aussi d'Apollon, ses joues imberbes, son cou d'ivoire, sa bouche charmante, et la rougeur qui colore la blancheur de neige de son teint. (100)

Chez Gide, ce jeune homme, auparavant le plus beau de tous, se voit privé, non seulement de ses attributs grecs, mais de toute caractéristique physique. Narcisse se présente à nous sous une forme neutralisée, au degré zéro de la beauté. On ne connaît ni sa stature, ni son visage. On ignore même la manière dont il est vêtu.

Ce travail mythotextuel traduit, chez Gide, le désir de retrouver la figure pure du récit mythique, délivrée des éléments secondaires. Avant de se lancer dans la présentation de l'aventure que va vivre ce nouveau Narcisse, Gide le purifie en quelque sorte de ses antécédents historiques et légendaires, retenant pour son texte la seule image centrale du jeune homme penché sur sa propre image.[10] Comme le suggère Angelet: "Sous les anecdotes qui, depuis Ovide, obscurcissent la fable, sous toutes les versions existantes, l'auteur entend rejoindre le vrai Narcisse" ("La Littérature 17).

Dans l'atmosphère stérile et monotone du traité, Narcisse, insatisfait de la tranquillité de son homologue ovidien, s'agite, en proie à l'ennui: "En la monotonie inutile de l'heure il s'inquiète, et son cœur incertain s'interroge" (3). Il est intéressant de noter que dans le texte de Gide, ce n'est ni la vengeance des amants oubliés, ni la volonté divine qui influence le sort de Narcisse. Troublé, ce Narcisse de la fin du XIXe siècle se met en quête d'un miroir, non plus pour capter l'image de son visage, mais pour saisir la vraie nature de son être: "Il veut connaître enfin quelle forme a son âme. . . . [Il] ne doute pas que sa forme ne soit quelque part, se lève et part à la recherche des contours souhaités pour envelopper enfin sa grande âme" (3). C'est l'ennui, la maladie fin de siècle par excellence, qui le pousse à sa recherche. Paradoxalement, Narcisse ressemble en ceci au héros décadent Des Esseintes, qui cherche refuge contre l'ennui dans une pratique de l'excès. Le Narcisse gidien, entouré de stérilité, est atteint de la même maladie. Gide présente alors un tableau de décadence inversée, rempli d'un excès de manque.

Narcisse décide donc qu'il veut se connaître, motif qui fait allusion directe à la légende ovidienne, mais Gide manipule la signification de ce mythème. Chez Ovide, la mère de Narcisse, Liriopé, entend, lors de la naissance de son fils, une prophétie annoncée par Tirésias. Elle lui demande si Narcisse verra "de longues années d'une vieillesse prolongée." Le prophète, décrit par Ovide comme "le devin interprète du destin," répond que Narcisse aura une longue vie, "s'il ne se connaît pas" (98). On retrouve chez Gide le désir tentateur de se connaître, mais il ne reste aucune trace de la prédestination, du jugement divin qui décide du sort du jeune homme. Le geste de se chercher trouve son origine dans la seule volonté du personnage de Narcisse, et ne dépend nullement de forces extérieures. Par là, Narcisse ressemble fort à bien d'autres personnages de Gide, pour qui la quête de soi, la recherche d'une identité authentique, demeure essentielle.

Depuis sa naissance comme mythe littéraire dans l'Antiquité, la légende de Narcisse présente le jeune homme penché sur une fontaine. Chez Ovide et dans les poèmes d'amour courtois du Moyen Age, se retrouve constamment l'élément naturel de l'eau qui reflète l'image adorée. Louis Lavelle fait remarquer combien l'image de la fontaine est porteuse de signification; elle est constituée d'un élément naturel, l'eau, par rapport à l'image, plus limitée, plus artificielle, du miroir:

> Si l'on imagine Narcisse devant le miroir, la résistance de la glace et du métal oppose une barrière à ses entreprises. Contre elle, il heurte son front et ses poings; il ne trouve rien s'il en fait le tour. Le miroir emprisonne en lui un arrière-monde qui lui échappe, où il se voit sans pouvoir se saisir et qui est séparé de lui par une fausse distance qu'il peut rétrécir, mai non point franchir. Au contraire, la fontaine est pour lui un chemin ouvert. (11)

La métamorphose symbolique du miroir qui s'est transformé en fontaine ouvre la légende à des innovations, car elle permet à Narcisse de s'approcher de l'objet de son désir. Cependant, elle ne peut permettre la satisfaction de ce désir, et le "chemin ouvert" que décrit Lavelle reste mirage.[11] Comme le suggère Genette dans son étude "Complexe de Narcisse":

> Dans les pastorales, le sorcier à qui l'on s'adresse pour connaître la vérité sur son amour, c'est dans un miroir qu'il la montre, instrument d'élection du savoir magique. Dans l'*Astrée,* le miroir est devenu fontaine . . . où se reflète le visage de la bien-aimée absente: le miroir aquatique révèle les présences invisibles, les sentiments cachés, le secret des

> âmes. Aussi sa proximité incite-t-elle, par une vertu paradoxale de recueillement, à la méditation baroque par excellence, sur la fuite du temps et l'instabilité humaine. (25)

Dans son *Traité du Narcisse,* Gide garde l'image de l'eau et développe au niveau sémiotique la transformation du miroir en fontaine, mais à la place de la source "qu'aucun souffle ne trouble," Narcisse découvre le fleuve du Temps, "fatale et illusoire rivière où les années passent et s'écoulent":

> Simples bords, comme un cadre brut où s'enchâsse l'eau, comme une glace sans tain; où rien ne se verrait derrière; où, derrière, le vide ennui s'éploierait. Un morne, un léthargique canal, un presque horizontal miroir; et rien ne distinguerait de l'ambiance incolorée cette eau terne, *si l'on ne sentait qu'elle coule.* (3–4; c'est moi qui souligne)

En se penchant sur l'onde mouvante, Narcisse ne voit pas son visage, mais le reflet du monde: "Et voici que, comme il regarde, sur l'eau soudain se diapre une mince apparence.—Fleurs des rives, troncs d'arbres, fragments de ciel bleu reflétés, toute une fuite de rapides images qui n'attendaient que lui pour être, et qui sous son regard se colorent" (4). Son attention se concentre sur le passage des choses qui naissent, puis disparaissent: "Où Narcisse regarde, c'est le présent. Du plus lointain futur, les choses, virtuelles encore, se pressent vers l'être; Narcisse les voit, puis elles passent; elles s'écoulent dans le passé" (4).

En introduisant une dimension temporelle dans le mythe de Narcisse, Gide modifie sensiblement la fable classique, car, dans l'histoire que nous raconte Ovide, aucune allusion n'est faite à la fuite du temps. Au contraire, le poète antique représente Narcisse à jamais fixé dans son attitude traditionnelle: "Il reste en extase devant lui-même, et, sans bouger, le visage fixe, absorbé dans ce spectacle, il semble une statue faite de marbre de Paros" (100). Après sa métamorphose en fleur, le Narcisse ovidien persiste dans la quête obsessionnelle de son image, jusqu'aux Enfers: "Et, même quand il eut été reçu dans l'infernal séjour, il se contemplait encore dans l'eau du Styx" (103).

Non seulement Gide transforme la source immobile en une rivière dont le flot s'écoule, allusion héraclitéenne au fleuve du temps dans lequel on ne se baigne jamais deux fois, mais il fait aussi surgir dans la conscience de Narcisse l'inquiétude qui résulte de cette instabilité temporelle: "Quand donc cette eau cessera-t-elle sa fuite? . . . Quand donc le temps, cessant sa fuite, laissera-t-il que cet écoulement se repose?" (7).

A un moment donné, Narcisse se penche un peu plus et soudain découvre le reflet de son visage, mais il ne peut en capter qu'une image fragmentée: "sur la rivière il ne voit plus que deux lèvres au-devant des siennes, qui se tendent, deux yeux, les siens, qui le regardent" (10). Narcisse comprend qu'il s'agit de lui-même, et, contrairement au Narcisse classique, il ne se laisse pas séduire par le reflet de sa beauté. Après un instant de flottement, il se détourne de son image et se redresse: "Il se relève alors, un peu; le visage s'écarte. La surface de l'eau, comme déjà, se diapre et la vision reparaît. Mais Narcisse se dit que le baiser est impossible,—il ne faut pas désirer une image" (10).

Narcisse découvre surtout qu'il ne faut pas se désirer soi-même, illustrant la remarque théorique de la note du *Traité du Narcisse:* "Se préférer—voilà la faute." C'est ici que la subversion mythotextuelle gidienne atteint son point culminant, car Narcisse ne se contemple plus. Il quitte ainsi le chemin suivi par ses prédécesseurs, les laisse derrière lui, figés sur une chimère, sans possibilité de devenir autre chose qu'un symbole. Gide libère Narcisse en lui donnant une volonté indépendante de son cadre historique, culturel et légendaire, volonté qui prend d'autant plus de force que les autres éléments originels du mythe—cadre, personnages, détails secondaires—perdent leur puissance. De la sorte, Gide ouvre devant Narcisse une nouvelle voie, celle de la conscience, à la fois problématique et belle, de la modernité.

L'Enchâssement du double

Pour rendre plus explicite son interprétation de la figure de Narcisse, Gide insère dans la trame de son traité un épisode imprévu, pratique fréquente dans la littérature décadente. Narcisse, qui s'ouvre totalement à l'univers qui l'entoure, s'abandonne à la contemplation de la rivière, et en effet, c'est à travers un rêve qu'il trouve accès à un monde virtuel. Dans *L'Eau et les rêves,* Bachelard identifie le lien entre la réflexion et le rêve, l'inaction et l'imagination, comme une forme unique de narcissisme: "Le monde reflété est la conquête du calme.

Superbe création qui ne demande qu'une attitude rêveuse, où l'on verra le monde se dessiner d'autant mieux qu'on rêvera immobile plus longtemps. Un *narcissisme cosmique* . . . continue donc tout naturellement le narcissisme égoïste" (36–37). Ce monde virtuel, ce Paradis originel, est un Eden très différent de celui de la tradition chrétienne. Dans la vision gidienne, le jardin paradisiaque illustre une atmosphère plutôt grecque que biblique:

> Eden! où les brises mélodieuses ondulaient en courbes prévues; où le ciel étalait l'azur sur la pelouse symétrique; où les oiseaux étaient couleur du temps et les papillons sur les fleurs faisaient des harmonies providentielles. . . . Tout était parfait comme un nombre et se scandait normalement; un accord émanait du rapport des lignes; sur le jardin planait une constante symphonie. (5)

La parfaite musique qui émane de l'harmonie naturelle du jardin fait penser à la musique des sphères et à la philosophie de Pythagore. A partir de la perfection qui existe en chaque chose, aussi bien que dans leurs relations entre elles, Gide construit une image de l'unité primordiale, de l'unique principe d'harmonie qui gouverne tout dans le Paradis originel. Tout y est signe de ce principe directeur.

Gide accentue la structure pythagoricienne de ce monde parfait, en plaçant en son centre "Ygdrasil, l'arbre logarithmique," dont le nom, imprévu dans le cadre référentiel de l'Eden, est là pour surprendre et déconcerter le lecteur.[12] Cet arbre ne symbolise plus la connaissance du Bien et du Mal, mais incarne plutôt le principe d'équilibre mathématique. Gide établit alors l'équation entre l'unité parfaite du Paradis et la perfection abstraite du nombre, qui sert d'aune originelle à laquelle toute chose se mesure.

Le paradis gidien s'éloigne davantage encore de la représentation chrétienne de l'Eden, car l'auteur ajoute au pied de l'arbre "Le Livre du Mystère," dans lequel on lit, non pas l'Ecriture sainte, mais l'expression de "la vérité qu'il faut connaître." Avec un langage hiéroglyphique, c'est-à-dire, un nouveau registre de signes, la perfection originelle du Paradis se reflète de nouveau, dans un langage dont le sens a été perdu dans les temps modernes.

Cet enchâssement d'un monde paradisiaque dans l'univers de Narcisse, à travers un procédé de mise en abyme, permet à Gide de mettre en scène le personnage d'Adam, double originel de son Narcisse. La situation présentée dans le monde rêvé de Narcisse n'est pas seulement symétrique, mais inversée. Adam peut voir ce dont Narcisse rêve, le Paradis originel, alors que Narcisse parvient à se voir, ce qu'Adam n'arrive jamais à faire. Car, même au niveau figuratif, toute possibilité de spécularité est exclue dans le jardin parfait, aucune source, aucune fontaine, aucune rivière. Ce premier homme se trouve seul, "unique, encore insexué," contemplateur passif d'une réalité où tout est déjà réglé, où il n'a aucun rôle actif. Adam reconnaît alors la monotonie profonde de son existence, écho direct de la condition morne de Narcisse. Adam représente une sorte de pré-Narcisse, un être impliqué malgré lui dans un univers statique, un monde virtuel situé hors du temps: "Et comme aucun élan ne cesse, dans le Passé ni dans l'Avenir, le Paradis n'était pas devenu,—il était simplement depuis toujours" (5). Le nom donné à Adam, "Hypostase d'Elohim," fait référence à l'antériorité et à l'autorité absolues de cet univers—en hébreu, "Elohim" désigne la divinité dans un état premier, avant sa révélation sous le nom de Yahvé. L'allusion renforce ainsi la soumission et l'impuissance inhérentes à la vie d'Adam.

Assis à l'*omphalos* de cet Eden statique, d'où les animaux ont disparu et où la figure paternelle du Dieu judéo-chrétien est absente, Adam, comme Narcisse, est las de la neutralité constante de son environnement. Comme lui, Adam est aussi en proie au désir de se voir: "spectateur obligé, toujours, d'un spectacle où il n'a d'autre rôle que celui de regarder toujours, il se lasse.—Tout se joue pour lui, il le sait, . . . —mais lui-même il ne se voit pas. Que lui fait dès lors tout le reste? ah! se voir!" (6). Adam, solitaire, "inaffirmé," étouffe au milieu de cette harmonieuse perfection qui l'oppresse et l'accable. Il s'agite, s'énerve, se convainc de la nécessité de s'affirmer à tout prix:

> A force de les contempler, il ne se distingue plus de ces choses: ne pas savoir où l'on s'arrête—ne pas savoir jusqu'où l'on va! Car c'est un esclavage enfin, si l'on n'ose risquer un geste, sans crever toute l'harmonie.—Et puis, tant pis! cette harmonie m'agace, et son accord toujours parfait. Un

> geste! un petit geste, pour savoir—une dissonance, que diable!—Eh! va donc! un peu d'imprévu. (6)

L'Adam gidien n'a besoin d'aucun tentateur[13] extérieur; il incarne sa propre Eve, ou plutôt Pandore. Par ce geste d'affirmation de soi, qui préfigure l'acte gratuit, Adam brise pour toujours l'harmonie du jardin. Le fait de casser un rameau d'Ygdrasil est un acte de rupture qui provoque la chute dans le temps, laquelle apporte le changement et le déséquilibre du monde virtuel. A l'opposé de Narcisse, Adam n'a pas compris le pouvoir de la contemplation, et commettant sa plus grave erreur, il se lance dans l'action sans réfléchir.[14] Lorsqu'Adam accomplit ce geste, le monde autour de lui change radicalement. Pour souligner l'irruption du temps dans le jardin autrefois éternel, Gide décrit cette dramatique et irrémédiable rupture par un emploi du présent:

> Une imperceptible fissure d'abord, un cri, mais qui germe, s'étend, s'exaspère, strident siffle et bientôt gémit en tempête. L'arbre Ygdrasil flétri chancelle et craque; ses feuilles où jouaient les brises, frissonnantes et recroquevillées, se révulsent dans la bourrasque qui se lève et les emporte au loin,—vers l'inconnu d'un ciel nocturne et vers de hasardeux parages, où fuit l'éparpillement aussi des pages arrachées au grand livre sacré qui s'effeuille. (6)

Devant ce spectacle bouleversant, Adam s'épouvante, soudain conscient de n'être plus seul. Cet "androgyne qui se dédouble" voit à ses côtés une femme anonyme, avec qui il est condamné à passer le reste de ses jours dans,

> l'aveugle effort de recréer à travers soi l'être parfait et d'arrêter là cette engeance, [cette femme] fera s'agiter en son sein l'inconnu d'une race nouvelle, et bientôt poussera dans le temps un autre être, incomplet encore et qui ne se suffira pas. (6)

Cette malédiction rappelle la division de l'être originel que décrit Platon à travers les propos de la prêtresse Diotime. Selon l'auteur du *Banquet,* nous vivons en quête de la moitié perdue de notre être. Chez Gide, c'est le poète qui est à la recherche de l'unité perdue, du mystère originel:

> [L]e souvenir du Paradis perdu viendra désoler tes extases, du Paradis que tu rechercheras partout—dont viendront te reparler des prophètes—et des poètes, que voici, qui recueilleront pieusement les feuillets déchirés du Livre immémorial où se lisait la vérité qu'il faut connaître. (7)

Le dédoublement que Gide construit entre Narcisse et Adam représente un des aspects les plus originaux de la mythotextualité dans le traité. Ce procédé permet à Gide d'introduire un nouveau registre, tout en traitant le même thème, afin de rendre plus saisissante et plus explicite la figure de son héros. Cette dimension spéculaire de l'écriture mythotextuelle a été relevée par Eigeldinger:

> L'intertextualité mythique est une écriture-miroir où le spectacle du monde transfiguré et le langage conjuguent leurs reflets à travers la fulgurance des rencontres les plus insolites. (*Mythologie et intertextualité* 229)

Gide utilise alors l'espace structural de la composition même de son texte pour construire une image qui dédouble la figure centrale de Narcisse. Dans une interprétation unique de la figure de mise en abyme, Gide met en scène un drame qui reflète et qui renverse celui du premier plan sémantique de son traité. L'espace d'Adam, clôturé dans le cadre metatextuel du rêve de Narcisse, accentue une dualité non seulement entre deux figures, Narcisse et Adam, mais aussi entre deux formes de conscience, l'éveil et le rêve, et entre deux univers référentiels, mythique et biblique. Comme l'a remarqué Genette:

> En lui-même, le reflet est un thème équivoque: le reflet est un *double,* c'est-à-dire à la fois un *autre* et un *même*. Cette ambivalence joue dans la pensée baroque comme un inverseur de significations qui rend l'identité fantastique (*Je est un autre*) et l'altérité rassurante (*il y a un autre monde, mais il est semblable à celui-ci*). ("Complexe de Narcisse" 21)

A travers la présentation du monde idéal (le Paradis originel), dans un rêve de Narcisse, Gide incorpore dans une sphère textuelle la dynamique du narcissisme psychanalytique, comme Freud l'a élaboré dans son essai "Pour introduire le narcissisme." Dans ce trouble mental, Freud argumente que la répression procède du respect de l'ego pour lui-même et que le sujet s'établit une image idéale, qui devient le facteur qui conditionne la répression:

> C'est à ce moi idéal que s'adresse maintenant l'amour de soi dont jouissait dans l'enfance le moi réel. Il apparaît que le narcissisme est déplacé sur ce nouveau moi idéal qui se trouve, comme le moi infantile, en possession de toutes les perfections. . . . L'homme s'est ici montré incapable de renoncer à la satisfaction dont il a joui une fois. Il ne veut pas se passer de la perfection narcissique de son enfance. . . . Ce qu'il projette devant lui comme son idéal est le substitut du narcissisme perdu de son enfance; en ce temps-là, il était lui-même son propre idéal. (98)

Chez Gide, cette dynamique se renverse, car bien que Narcisse perçoive dans son rêve un double qui pourrait représenter son propre être dans un espace idéal, une espèce d'enfance perdue qui fait partie d'un passé mythique, ce double ne reconnaît pas la valeur de la contemplation. Il interrompt alors l'harmonie du monde parfait à cause de son impatience. Mais il existe également une interprétation autre du geste d'Adam, considéré en tant qu'acte de l'affirmation de la volonté individuelle, face au système trop cohérent de l'univers paradisiaque. Dans cette perspective, Adam achève une action morale d'indépendance et d'affirmation. Quoique les résultats de cette action puissent paraître désastreux, en catapultant l'homme loin du jardin dans le courant chaotique du temps, du hasard, et ultimement, de la mort, peut-être la perte du Paradis vaut-elle plus finalement qu'une existence sûr mais statique, et c'est peut-être nécessaire à l'expérience humaine totale et autonome. La moralité du geste d'Adam peut s'interpréter de diverses façons, pour suggérer par exemple l'indépendance de l'esprit humain, dans le même sens que le symbole de l'aigle dans *Prométhée mal enchaîné* reste délibérément ambigu. L'une des plus remarquables interprétations vient d'Apter, qui suggère que le désir d'Adam représente le signe d'un érotisme homo- et autocentré, présent à travers le *Traité:*

> Displacing the fixation on his own phallus to the phallus of other men, the Narcissist seeks to satisfy his desire of self-as-other. In the *Traité,* Adam enacts this complex by

> seizing a branch of the Tree of Life (recalling medieval woodcuts representing Adam lying horizontally with the tree protruding from his body like a giant phallus). The sexual connotations of Adam's gesture are reinforced by the reaction of the Tree: its body opens, . . . it emits a cry, . . . it sways, cracks, trembles, convulses and scatters its symbolic seed (the leaves of the Book of Mystery). (*Codes* 30)

Une telle lecture de la "déviance" d'Adam comme un acte positif qui démontre la manifestation de soi est soutenue par la remarque célèbre couchée dans la note au *Traité:* "Malheur à celui par qui le scandale arrive," mais aussi, "*Il faut que le scandale arrive*" (9; c'est moi qui souligne). Comme l'explique Apter, la transformation d'une certaine faiblesse érotique en une puissance morale représente un motif préféré de Gide dans sa défense de l'homosexualité à travers de telles œuvres comme *Corydon* et *Les Faux-Monnayeurs.*

Une Ecriture minimalisée

La transformation du récit de Narcisse, sa distanciation par rapport à la légende conventionnelle, s'opère également au niveau stylistique, et dans ce domaine aussi, on retrouve l'effort calculé de la part de l'auteur pour distinguer son texte de la poétique symboliste. Dès le début du texte, on remarque que Gide se sert d'un langage très différent de celui de Valéry. Alors que ce dernier se livre à une débauche d'images, à une métaphorisation raffinée, Gide laisse affleurer au niveau de son écriture la neutralité d'un "paysage sans lignes." Gide ne cherche pas à séduire le lecteur par la richesse de sa palette verbale, mais l'invite plutôt à réfléchir en utilisant une prose sobre, raisonnée. Ses phrases sont simples, sa syntaxe directe. Sa rhétorique est faite pour convaincre, non pour distraire. Il évite systématiquement l'emploi de métaphores pour recourir le plus souvent à la figure de la litote.[15] Bien plus, Gide n'hésite pas à se servir de formules anti-poétiques, empruntées à la langue familière, telles que: "Tant pis!" "Eh! va donc!" et "Que diable!" Ces expressions rompent les cadences d'une prose trop équilibrée et apportent une petite note ironique.

Un des procédés auxquels Gide a recours pour déformer le récit mythologique classique consiste à introduire dans son texte une terminologie abstraite. Il emploie des termes philosophiques tels que *prétexte, induction, théorie, doctrine, règles;* ou linguistiques, comme *mots, parole;* ou encore esthétiques, comme *symbole, harmonie, symphonie.* L'utilisation de ces mots a pour effet de saboter l'écriture narrative traditionnelle. Gide n'a pas pour préoccupation de raconter une histoire séduisante, ni de créer encore une version poétique ou lyrique de Narcisse. Il construit un récit démétaphorisé autour d'une représentation minimale. Cette tentative amorce le retour à un certain classicisme qui marquera toute son œuvre. Sa future femme, Madeleine Rondeaux, s'étonne du changement stylistique qui se manifeste entre *Les Cahiers d'André Walter* et le nouveau traité:

> S'il y a un mois tu m'avais dit comme ce matin: "Je suis au fond tellement classique! ," j'aurais ri et parlé de vaste imagination. Mais non, maintenant je dis "peut-être." Le sentiment m'en était venu en avançant dans *Narcisse*—en étant sensible à la justesse des proportions, à la parfaite eurythmie de l'ensemble.[16]

Dans la note jointe au *Traité,* Gide exprime clairement sa conception d'un art consciemment maîtrisé: "L'artiste, le savant, ne doit pas se préférer à la Vérité qu'il veut dire: voilà toute sa morale; ni le mot, ni la phrase à l'Idée qu'ils veulent montrer: je dirais presque que c'est là toute l'esthétique" (8). Cette nouvelle perspective se verra confirmée plus de trente ans après, dans la réponse de l'auteur à une enquête sur le classicisme:

> La perfection classique implique, non point certes une suppression de l'individu (peu s'en faut que je ne dise: au contraire) mais la soumission de l'individu, sa subordination, et celle du mot dans la phrase, de la phrase dans la page, de la page dans l'œuvre. C'est la mise en évidence d'une hiérarchie.[17]

Le classicisme gidien est encore souligné par l'équilibre de la structure narrative. Le *Traité* est construit en trois parties, avec un prologue et un épilogue,[18] harmonieusement proportionnées et organisées selon une progression qui va de l'évocation d'Adam dans le Paradis originel, au poète contemporain, en passant par la figure médiatrice de Narcisse. Chacune des trois parties principales se distingue bien visiblement des autres par des blancs dans le texte et des chiffres romains qui introduisent chaque section. On a l'impression que Gide a voulu réaliser la pure œuvre d'art dont il est fait mention dans la description du Paradis perdu, et qui est symbolisée par le cristal, signe de l'unité parfaite:

> Car l'œuvre d'art est un cristal—paradis partiel où l'Idée refleurit en sa pureté supérieure; où, comme dans l'Eden disparu, l'ordre normal et nécessaire a disposé toutes les formes dans une réciproque et symétrique dépendance, où l'orgueil du mot ne supplante pas la Pensée,—où les phrases rythmiques et sûres, symboles encore, mais symboles purs, où les paroles, se font transparentes et révélatrices. (10)

Le concept de "cristal" apparaît maintes fois dans le texte du traité, comme substantif: "le cristal"; comme adjectif: "cristalline"; ou comme verbe: "recristalliser." Comme le suggère Georges Poulet: "Le cristal est le signe de la transformation que subit l'univers en passant du maximum au minimum et du naturel à l'artifice. . . . Le globe est devenu globule, la forme . . . formule" (*Les Métamorphoses du cercle* 75). A travers de telles images, *Le Traité du Narcisse* met en scène un jeu de signes linguistiques et symboliques qui construisent un système de signification véritablement unique. En ceci, Gide s'écarte d'Ovide tout en restant classique, et de Valéry, tout en restant moderne.

Cette modernité se manifeste, entre autres, dans le prologue et l'épilogue qui encadrent les trois parties du traité. Gide s'y interroge sur le bien-fondé de la littérature mythologique et il prend une certaine distance ironique vis-à-vis de sa propre création. On peut lire dans le prologue:

> Les livres ne sont peut-être pas une chose bien nécessaire; quelques mythes d'abord suffisaient. . . . Puis on a voulu expliquer; les livres ont amplifié les mythes;—mais quelques mythes suffisaient. (3)

Et dans l'épilogue:

> Ce traité n'est peut-être pas quelque chose de bien nécessaire. Quelques mythes d'abord suffisaient. Puis on a voulu expliquer. (12)

Cette répétition volontaire qui ferme le cercle de la narration est peut-être une allusion littéraire à la nymphe Echo, figure féminine qui, si elle ne figure plus au niveau du contenu du *Traité du Narcisse,* ne disparaît pas complètement du discours du texte et se manifeste par exemple à travers la figure linguistique de la mise en abyme.

Gide semble mettre en doute l'activité scripturaire de celui qui prétend renouveler la matière mythique. Apter insiste sur l'aspect négatif du commentaire gidien:

> A metacritical gloss that challenges the value of the interior text opens and closes the Treatise. . . . These cynical commentaries suggest that all postmythic writings, including the treatise itself, are inferior forms of literature because they are superfluous. Myths have already said it all; they are models of what is referred to at the end of the prologue as the "déjà dit." ("Gide's *Traité du Narcisse*" 190)

Cette appréciation nous paraît excessive, et nous pensons plutôt que le recul pris par Gide est de nature ironique. Le traité après tout existe, et Gide ne renie pas son œuvre. Comme le Paradis, l'œuvre d'art est "toujours à refaire," et même s'il s'agit du "déjà dit," comme c'est forcément le cas dans un mythe littéraire, le poète doit poursuivre inlassablement le travail créateur. Comme le *Traité* nous le rappelle dans la présentation de la version ovidienne du mythe de Narcisse: "Vous savez l'histoire. Pourtant nous la dirons encore. Toutes choses sont dites déjà; mais comme personne n'écoute, il faut toujours recommencer" (3). A travers le cadre que forment ensemble le prologue et l'épilogue, le lecteur du *Traité* reconnaît dès le début que le texte comprend non seulement le récit du célèbre jeune éphèbe, mais aussi un enquête philosophique sur la nature de l'écriture, une exploration des espaces réciproques d'un texte animé.

La nature dynamique de l'énonciation gidienne du mythe de Narcisse s'illustre même dans le titre double que l'auteur donne à son texte, *Le Traité du Narcisse: Théorie du symbole.* A la fois présentation narrative du mythe antique de Narcisse et discussion formelle théorique du symbole esthétique, le texte de Gide incarne un double de lui-même, une expérience dans le domaine de la mise en abyme. Newmark décrit le *Traité* comme une "narrative reflection of its own 'genre' of theory" (156), et suggère que la nature ambivalente du texte naît de sa lutte à se situer entre les deux espaces génériques que Gide lui impose. Le *Traité* n'est totalement ni un texte critique ni une version symbolique des motifs archétypiques du mythe; le texte s'approprie l'identité des deux styles d'écriture. Newmark continue en précisant que le *Traité:*

> is a hybrid or monstrous genre that is simultaneously a representation of the symbol in the form of a myth *and* a theoretical reflection on the way that myth is able to function symbolically. As such, it is a kind of *mise en scène* of one particular symbol as well as of the power to symbolize in general, and it therefore opens up a theatrical space between "myth" and "theory." (156–57)

Gide joue dans cet espace théâtral créé par le mariage de deux genres habituellement présentés comme distincts pour construire un spectacle narratif multiple, dont les éléments reflètent la présence d'une variété d'autres espaces discursifs. La mise en abyme se fait voir dans cette double implication du titre, car tandis que le corpus du texte raconte le récit de Narcisse (le véritable "Traité du Narcisse"), la "théorie du symbole" s'élucide d'une manière très forte dans la note complexe qui accompagne la partie narrative. Le lien entre ces deux espaces textuels illustre ce que Newmark décrit comme la "specular relationship between what a text says (its theme) and the way a text must say it (its rhetorical structure)" (159). Apter, pour sa part, suggère que la note, "like the 'motto' traditionally placed at the heart of a noble escutcheon, contains the most condensed and minimized form" (*Codes* 23) des motifs centraux du texte. Ceux qui semblent alors des remarques marginalisées, isolées dans un espace séparé du texte principal, en réalité comprennent les principes les plus importants du *Traité du Narcisse:*

> Les Vérités demeurent derrière les Formes—Symboles. Tout phénomène est le Symbole d'une Vérité. Son seul devoir est qu'il la manifeste. Son seul péché: qu'il se préfère.
>
> Nous vivons pour manifester. Les règles de la morale et de l'esthétique sont les mêmes: toute œuvre qui ne manifeste pas est inutile et par cela même, mauvaise. . . .
>
> Tout représentant de l'Idée tend à se préférer à l'Idée qu'il manifeste. Se préférer—voilà la faute. . . .
>
> La question morale pour l'artiste, n'est pas que l'Idée qu'il manifeste soit plus ou moins morale et utile au grand nombre; la question est qu'il la manifeste bien. (8–9)

Par la présentation directe des intérêts moraux et esthétiques de l'auteur dans la note, le texte se regarde d'une manière ouverte, en examinant sa propre capacité à signifier et à symboliser de la même façon qu'il traite du niveau théorique. Comme si Gide voulait s'assurer que le lecteur comprenne la dualité de son texte, il ajoute entre parenthèses cette remarque plutôt franche: "(Cette note a été écrite en 1890, en même temps que le traité.)" (9). Sur ce sujet, Apter commente: "Just as Narcisse achieves self-consciousness through self-replication . . . , so the text of the *Traité* projects the cognizance of its own mimetic status as a symbolic form through the replication of itself 'en abyme'" (*Codes* 20). Barthes montre que cette autoréférentialité du texte représente un aspect essentiel d'une certaine modernité qui commence à s'affirmer dès la deuxième moitié du XIXe siècle: "probablement avec les premiers ébranlements de la bonne conscience bourgeoise, la littérature s'est mise à se sentir double: à la fois objet et regard sur cet objet, parole et parole de cette parole, littérature-objet et méta-littérature" ("Littérature et méta-langage" 106). Peu à peu, le texte crée un cadre pour une multiplicité d'espaces qui reflètent l'œil moderne, une galerie de miroirs labyrinthienne dans lequel auteur, narrateur, personnages, lecteur et écriture peuvent se regarder sous une variété infinie de perspectives, dans une exploration des possibilités également infinies de la création esthétique. Comme l'écrit Newmark: "This text makes theoretical use of the mythological self by having it serve as an emblem for the figural dimension of *all* poetic activity, including its own writing. In particular, it makes use of Narcissus as an emblem for the possibility of a specular relationship" (158).[19]

Avec un langage soigneusement dépouillé d'embellissements symbolistes, Gide se sert de la figure de Narcisse pour présenter, expliquer et examiner le problème esthétique de la nature du symbole. En s'emparant d'une image mythologique traditionnellement présentée dans un contexte et un ton radicalement différents, Gide reformule la potentialité de ce symbole, en le subvertissant, en le modernisant. A travers la condensation, la minimalisation et la concentration ironique, Gide renouvelle le pouvoir de signification de la légende narcissienne. Dans cette œuvre, le contenu thématique de la narration se reflète dans l'énonciation même de ce contenu, et l'idée de l'auteur s'en trouve exprimée avec d'autant plus de force.

Une Attitude schopenhauerienne

Après les deux sections du *Traité du Narcisse* qui se concentrent sur Narcisse et sur Adam, il reste à considérer la troisième section, celle qui traite de la figure du poète moderne.

Comme Narcisse qui cherche la pureté de son âme, cachée sous des symboles dans le monde naturel, comme Gide qui dégage les éléments principaux du mythe des maintes versions littéraires qui les encombrent, le poète soulève le voile des associations conventionnelles, des signes imparfaits d'ici-bas, pour découvrir l'Idée qui s'y cache. Le Narcisse de Gide ne s'absorbe pas, comme les héros d'Ovide et de Valéry, dans le reflet de sa propre image; plutôt, il médite sur les formes mouvantes du monde. Le poète fait de même en se penchant sur les symboles de l'univers:

> Le Poète, lui, qui sait qu'il crée, devine à travers chaque chose—et une seule lui suffit, symbole, pour révéler son archétype; il sait que l'apparence n'en est que le prétexte, un vêtement qui la dérobe et où s'arrête l'œil profane, mais qui nous montre qu'Elle est là. . . .
>
> [Les œuvres d'art] ne se cristallisent que dans le silence; mais il est des silences parfois au milieu de la foule, où l'artiste réfugié, comme Moïse sur le Sinaï, s'isole, échappe aux choses, au temps, s'enveloppe d'une atmosphère de lumière au-dessus de la multitude affairée. En lui, lentement, l'Idée se repose, puis lucide s'épanouit hors des heures. Et comme elle n'est pas dans le temps, le temps ne pourra rien sur elle. (9–10)

Pour pouvoir saisir l'image du Paradis, le poète, "visionnaire," doit se placer dans une attitude calme et silencieuse pour pouvoir contempler le monde et communiquer avec lui. C'est une fusion entre la conscience individuelle et la réalité des objets qui l'entourent qu'il faut que le poète s'efforce d'atteindre pour pouvoir pénétrer les symboles qui cachent la vérité. Comme avec le "Livre du mystère," du paradis d'Adam, ces symboles représentent une espèce de langage, des hiéroglyphes que le poète doit apprendre à traduire. Vu sous cette perspective, *Le Traité du Narcisse* prend une dimension de drame métaphysique dans lequel l'esprit consent à se mêler profondément à l'univers sensible.

Le Narcisse gidien apprend à regarder au-delà de sa propre image pour examiner les images du monde naturel, et à travers la contemplation, il vise à arriver aux formes pures qui se cachent derrière les images. Comme l'esprit qui perçoit les ombres du monde reflétées sur le mur de la grotte de Platon, Narcisse entre dans une certaine communication avec ce monde, en unifiant sa conscience individuelle à la présence de la nature. Du fait qu'il se donne entièrement à cette contemplation, Narcisse réussit à éviter le piège de la conscience de soi trop aiguë élaborée par Valéry et à abolir la dualité entre lui-même (le spectateur) et le monde de la nature (l'objet perçu). Angelet décrit cette communication comme un procédé de l'unification du soi: "Cette fusion se situe à l'extrême pointe de la conscience. Elle engage l'être dans toute sa profondeur, lui donne un sentiment de plénitude incomparable—le sentiment de l'existence pure, tandis que le monde, animé par Narcisse, semble tout entier procéder de lui et s'unifier en lui" ("La Littérature" 24). Le Narcisse gidien se délivre alors du narcissisme même de Narcisse, en choisissant de regarder la myriade de formes naturelles au lieu de continuer son obsession de lui-même. L'espace qui l'entoure prend le pas sur la sphère interne et close; ce Narcisse cherche et déchiffre le sens de son existence dans un domaine extérieur. Comme Narcisse, le poète moderne doit examiner les images du monde pour parvenir à cet état d'unification ultime avec l'espace qui l'environne. Le produit de ce procédé, le poème même, représente enfin un guide pour le lecteur, une espèce de phare qui mène vers le domaine des formes secrètes. Cette relation ressemble à celle que décrit Umberto Eco entre le créateur et sa création dans *L'Œuvre ouverte:* "L'œuvre d'art est le fruit, chez le *créateur,* d'un processus d'organisation en vertu duquel expériences personnelles, faits, valeurs, significations s'incorporent à un matériau pour ne plus faire qu'un avec lui, s'*assimiler* à lui" (46). Dans son désir de regagner sa place comme forme parmi les Formes, Narcisse illustre le principe de la plénitude à travers l'expression de l'identité artistique.

Le texte nous dit d'Adam, qui regarde le jardin autour de lui, qu' "à force de les contempler, il ne se distingue plus des choses," mais à l'opposé de l'acte hâtif du premier homme, pour qui cet état de fusion représente une existence passive et morne, le poète moderne accepte volontairement de se voir mêlé aux formes du monde, car il sait que c'est la seule voie qui peut lui permettre d'arriver à une communication véritable avec l'univers.

On peut relever dans cette attitude philosophique l'influence évidente de Schopenhauer, dont le *Monde comme représentation et comme volonté* a paru en français juste avant la publication du *Traité du Narcisse.*[20] Gide a lu cette œuvre avec avidité. En 1891, il écrit à Valéry: "Je lis Schopenhauer encore; c'est lui, je pense qui, dans mon esprit, aura creusé le plus vaste et le plus fructueux sillon" (118). Dans *Si le grain ne meurt,* Gide évoque longuement l'importance du philosophe allemand dans sa formation intellectuelle:

> Je pénétrai dans son *Monde comme représentation et comme volonté* avec un ravissement indicible, le lus de part en part, et le relus avec une application de pensée dont, durant de longs mois, aucun appel du dehors ne put me distraire. . . . Mon initiation philosophique, c'est à Schopenhauer, et à lui seul, que je la dois. (518–19)

La conception gidienne du poète qui doit renoncer à la préférence de soi afin de s'ouvrir au monde est directement empruntée à la philosophie de Schopenhauer. Par exemple, dans cette page du philosophe allemand, on retrouve un motif fondamental du *Traité du Narcisse,* la relation dynamique qui s'établit entre le monde des objets et l'esprit qui les contemple:

> Lorsqu'on ne permet plus ni à la pensée abstraite ni aux principes de la raison, d'occuper la conscience, mais qu'au lieu de tout cela, on tourne toute la puissance de son esprit vers l'intuition; lorsqu'on s'y plonge tout entier et que l'on remplit toute sa conscience de la contemplation paisible d'un objet naturel actuellement présent . . . ; du moment qu'on s'abîme dans cet objet, qu'on s'y perd, . . . c'est-à-dire du moment qu'on oublie son individu, sa volonté et qu'on ne subsiste que comme sujet pur, comme clair miroir de l'objet . . . , sans personne qui le perçoive, qu'il soit impossible de distinguer le sujet de l'intuition elle-même et que celle-ci comme celui-là se confondent en un seul être, en une seule conscience entièrement occupée et remplie par une vision unique et intuitive, lorsque enfin l'objet s'affranchit de toute relation avec ce qui n'est pas lui et le sujet, de toute relation avec la volonté; alors, ce qui est ainsi connu, ce n'est plus la chose particulière en tant que particulière, c'est l'Idée, la forme éternelle. (Cité par Henry 231)

On retrouve dans le texte de Gide des échos étonnants de ce passage; la recherche de l'Idée, de la Forme qui précède la chose, la pureté ultime qui devance la diversité infinie du monde temporel, et l'attitude calme et contemplative qu'il faut posséder pour pouvoir atteindre ces vérités, tous ces aspects animent aussi la pensée gidienne. Dans *Le Traité du Narcisse,* le poète se rend compte qu'un regard tourné exclusivement vers son propre esprit, vers l'intérieur, ne peu mener qu'à une subjectivité trop étroite, enfermée dans son propre processus de réflexion. Pour obtenir une connaissance plus profonde, plus vraie, il faut, comme Narcisse le fait, tourner les yeux vers le monde.[21] Dans un certain sens, le Narcisse de Gide incarne le sujet connaissant, immergé dans la temporalité, dont l'existence dépend des impressions que le monde imprime sur lui. Comme l'écrit Bachelard: "La philosophie de Schopenhauer a montré que la contemplation esthétique apaise un instant le malheur des hommes en les détachant du drame de la volonté" (*L'Eau et les rêves* 40–41). Pour le poète qui sait rester assis—ou plutôt penché—et contempler, le monde dévoile ses mystères.

Bien que la philosophie de Schopenhauer ait profondément marqué la pensée de Gide, le contenu métaphysique du *Traité* ne se limite pas à une répétition des idées de ce penseur. Angelet suggère que, dans le *Traité,* Gide crée une espèce de "symbolisme schopenhauerien": "Pour Narcisse qui 'descend profondément au cœur des choses,' le monde retrouve l'authenticité du Paradis. Les *apparences* se font *symboles* de leur réalité supérieure, elles manifestent 'l'Idée.' Le *Narcisse* marie ici le symbolisme et la doctrine de Schopenhauer" ("La Littérature" 26). Gide se sert ainsi de la philosophie de Schopenhauer pour amorcer la critique d'une réalité transcendantale. Dans un commentaire très perspicace, Angelet montre comment le refus de la transcendance se diffuse subtilement dans le texte du *Traité:*

> L'idéalisme de Schopenhauer, qui conclut à l'inexistence de toute réalité qui transcende le sujet connaissant, ne rejoint-il pas . . . l'esprit du mythe gidien? Le nouveau Narcisse remonte vers un double qui n'est pas attesté par l'histoire, mais dont il affirme l'urgence: le Paradis n'est lui-même qu'une représentation mythique, il n'a de réalité que relative à la conscience dont il tire son origine. . . . Et

> sans doute y a-t-il, à ce refus de la transcendance, une raison plus secrète. Le syncrétisme surprenant dont fait preuve le *Narcisse,* que côtoient Adam et le Christ, et où la *Genèse* se mêle aux *Eddas* et à Schopenhauer, ce syncrétisme ne tend-il pas à réduire le christianisme à une mythologie parmi d'autres? (29–30)

Sans se compromettre, à travers une manipulation mythotextuelle, Gide met de côté la religion chrétienne. Pour la première fois dans un de ses textes, on peut déceler un éloignement vis-à-vis du christianisme. La figure du Christ est traitée d'une manière détachée, voire désinvolte. Le geste inefficace du Christ fait écho à un motif romantique, illustré chez Vigny, où le sacrifice du Sauveur ne change rien à la condition de l'homme. Notre faute est "toujours la même." Cela ne veut pas dire que Gide rejette l'enseignement du christianisme, mais plutôt qu'il substitue à l'ascèse chrétienne le renoncement schopenhauerien. Les allusions bibliques qui s'infiltrent dans le récit mythologique ovidien se présentent avant tout comme un procédé littéraire destiné à faire ressortir la réflexion contemplative de son Narcisse.[22]

La figure de Narcisse, telle qu'on la rencontre dans le *Traité* gidien, se dégage de son héritage traditionnel à bien des niveaux. Elle n'est plus la représentation statique que proposent les versions antérieures. Cependant, le Narcisse gidien, en dépit d'une prise de conscience du monde extérieur, reste à la fin passif. Toujours hésitant sur la rive du fleuve, il ne peut se lever et partir, il reste solitaire et immobile, figé à sa place. "Que faire?—Contempler" (10). Le *Traité* nous laisse avec un Narcisse qui se satisfait du *reflet* des choses pour nourrir sa pensée: "Si Narcisse se retournait, il verrait, je pense, quelque verte berge, le ciel peut-être, l'Arbre, la Fleur—quelque chose de stable enfin, et qui dure, mais dont le reflet tombant sur l'eau se brise et que la fugacité des flots diversifie" (7).

En réalité, Gide laisse planer sur son texte un certain doute au sujet de son Narcisse, qui arrive à contempler en toute tranquillité l'image du monde, mais qui reste au bord de ce monde, incapable de se jeter dans l'eau du Fleuve du Temps. Il n'est pas encore prêt à se lancer dans l'aventure de la jouissance, où l'on existe pleinement, corps et âme. Le Narcisse schopenhauerien du *Traité* reste en deçà du Nathanaël nietzschéen des

Nourritures terrestres, qui ressemble plus à l'Adam du *Traité du Narcisse* déclarant: "cette harmonie m'agace." Toutefois ce texte, le premier à porter le nom de Gide, représente un premier pas dans le chemin mythotextuel qui mène enfin à la figure de Thésée, celui qui s'engage dans la vie sociale plus profondément que tout autre héros gidien.[23] Son aventure est loin d'être inutile, car Narcisse ouvre la porte de la conscience à d'autres possibilités. Il perçoit dans la rêverie le pouvoir de l'action, que ce soit l'indépendance de l'intellect ou l'affirmation de la sexualité. Dans une première étape de rêve, ce Narcisse explicite une nouvelle sorte de voyage qui se réalisera plus tard dans l'écriture de Michel Serres, Kenneth White, Bruce Chatwin et les poètes "beat" des années 1950 et 1960.

Chapitre quatre

Prométhée

D'Eschyle à Gide

L'histoire du Titan enchaîné à son rocher par Zeus a engendré dans la culture occidentale un nombre considérable de versions qui en font l'un des exemples les plus frappants d'un mythe littéraire riche et complexe. Le mythe est rapporté pour la première fois au VIIIe siècle avant Jésus-Christ par Hésiode, dans *La Théogonie* et *Les Travaux et les jours.*[1] Dans le texte du poète grec, la révolte de Prométhée est condamnée sans ambiguïté. Prométhée a l'idée de tromper Zeus, en lui offrant un sacrifice dont l'apparence appétissante dissimule un gros tas d'os. En punition, le dieu refuse le feu aux hommes que protège le Titan. Prométhée se révolte et dérobe lui-même la flamme de l'Olympe. La colère de Zeus éclate. Il châtie les hommes en leur envoyant Pandore et enchaîne Prométhée au sommet du Caucase, où il a pour seul visiteur un aigle qui dévore quotidiennement son foie renaissant. Dans le *Dictionnaire des mythes littéraires,* Raymond Trousson résume ainsi la conception hésiodique du châtiment olympien: "Bienfaiteur maladroit, Prométhée a causé le malheur des hommes, dont le sort est conçu en termes de chute et de décadence, sans nulle apologie de la révolte: la leçon d'Hésiode est la soumission à la volonté divine" (1141).

Dans l'histoire dynamique que connaît la légende de Prométhée pendant des siècles, c'est très souvent pour reprendre cette première conception du héros, ou bien pour s'y opposer, que se créent les versions postérieures. Hésiode formule la vision d'un Prométhée rebelle, incarnation d'un égoïsme extrême qui exige la punition divine; tel se définit le premier référent sous forme écrite, le mythème qui débute une longue histoire esthétique.

A travers les âges, de nombreuses versions du mythe littéraire prométhéen voient le jour, dont surtout celles de Goethe et de Shelley qui ont eu une grande influence sur la conception gidienne du héros.[2] Pour donner une idée de la vaste variété de rôles prêtés au Titan dans la littérature, il faut signaler celui de l'initiateur de la civilisation chez Eschyle, de la préfiguration du Christ chez les premiers Pères de l'Eglise, de l'amant torturé par la flamme d'amour chez les poètes de la Pléiade, de l'impie raisonneur chez Voltaire, du pervertisseur de l'homme naturellement bon chez Rousseau, et chez les Romantiques, du modèle du titanisme, défini par Trousson comme "le rejet d'une éthique de soumission et de foi aveugle au nom d'une exigence de liberté et de responsabilité" ("Prométhée" 1150). C'est surtout au XVIIIe et au XIXe siècle, dans les versions de Goethe (dans un drame inachevé de 1773),[3] qui dépeint Prométhée comme le fondateur d'une société juste, équilibrée et autosuffisante, et de Shelley ("Prometheus Unbound" de 1820), qui le présente comme le vainqueur du mal, que Gide trouve la matière première pour le héros singulier qu'il crée dans *Le Prométhée mal enchaîné.*

Gilbert Durand a remarqué, dans le développement progressif de la figure de Prométhée comme mythe littéraire, une certaine nature positive, constamment présentée comme bienfaiteur de l'humanité, tantôt en qualité de porte-parole provocateur de la race humaine, tantôt sous l'aspect d'un martyre qui souffre pour les hommes:

> La victoire de Prométhée s'affirme. Chez Hegel comme chez ses successeurs philosophiques un messianisme balaye la dialectique et la présence de l'antithèse. Il s'agit d'une fausse synthèse qui culmine finalement comme une thèse unique et victorieuse. Prométhée est chez Herder, Goethe, Balzac et Hugo, l'artiste de génie, le "voyant" qui domine enfin la légende des siècles. Chez Quinet, Pasquet ou Grenier, il est le précurseur païen du Christ. Chez Byron, Coleridge, L. Ménard, il est le Révolté contre l'ordre du mauvais Dieu. Mais il exprime toujours la victoire de l'homme historique, quels que soient les moyens de cette victoire. (*Figures mythiques* 249).

En publiant en 1881 son *Prometheus und Epimetheus,* Carl Spitteler bouleverse la conception positive de ses prédécesseurs et renouvelle l'approche du référent mythologique. Son héros s'intéresse moins à la science et au progrès de l'humanité qu'à son propre destin. Au lieu de représenter la race humaine dans la lutte éternelle entre le ciel et la terre, le Prométhée de Spitteler décide de mener sa propre bataille et ignore les soucis de l'humanité pour concentrer son énergie sur son propre être. Il se découvre un Moi qu'il cultive pour manifester de façon éclatante sa volonté de décider et d'agir par lui-même. Ce nouveau Prométhée rejette la conscience collective au bénéfice de sa propre conscience. Il préfigure le Zarathoustra de Nietzsche qui paraîtra deux ans plus tard:

> Son Prométhée échappe au dilemme Science-Dieu qui tourmente ses contemporains. De science, il n'en a cure, puisque la foi en son Ame n'est pas affaire de connaissance, et le ciel peut rester vide, puisqu'il est son propre Dieu, par-delà le bien et le mal. . . . [L]e Titan de Spitteler n'a perdu ni la Foi ni la Révolte, mais il ne cultive l'une et ne mène l'autre qu'en son nom. (Trousson, *Le Thème de Prométhée* 435)

Face au ciel vide d'autorité et de sens, Prométhée divinise son propre être. Sa conscience nie toute contrainte extérieure et s'affirme en toute indépendance. L'approche libertaire de Spitteler laisse entrevoir les préoccupations morales et philosophiques de Gide, dont *Le Prométhée mal enchaîné* paraît en 1899, d'abord dans trois numéros successifs de la revue *L'Ermitage,* ensuite, la même année, sous forme de plaquette.

On sait que pour l'auteur du *Journal,* la question centrale est de savoir quel est le degré de liberté de l'homme solitaire et fragile dans le labyrinthe spirituel et moral que suppose l'existence de Dieu:

> Dieu est l'amour, dit saint Jean. Non! ce n'est pas cela qu'il faut dire. Dites "l'amour est notre Dieu," mais alors quel est le Dieu qui a créé la terre? Qu'il soit de Prométhée ou du Christ, l'acte de bonté est un acte de protestation contre Dieu—que Dieu punit.[4]

C'est ainsi que dans la figure de Prométhée, Gide découvre l'expression d'une problématique qui le tourmente depuis longtemps. Il y voit la représentation d'une personnalité unique en constante lutte, soit contre les dieux, soit contre la société, soit contre sa propre incapacité à agir. Gide a aussi retrouvé chez Prométhée la très forte tentation du sacrifice de soi, du martyre au service d'une cause ou d'une idée. La culpabilité que ressent Gide face à sa formation protestante s'illustre dans la figure du Titan, ainsi que la joie qu'éprouve le jeune Gide devant sa propre volonté de s'affirmer. Prométhée, comme Satan, a défié la divinité; comme le Christ, il se sacrifie pour l'humanité. Gide se retrouve dans cette double nature du Titan.

Les considérations précédentes permettent d'apprécier la richesse du contexte mythotextuel dans lequel s'inscrit *Le Prométhée mal enchaîné* de Gide. Elles ne font que rendre plus évidente la complexité d'une œuvre qui constitue une des réussites les plus surprenantes de son auteur. On a rarement l'occasion de lire un texte qui utilise avec autant de diversité et de maîtrise les procédés d'une écriture moderne.

L'Inversion du mythe

Pour commencer, une parabole, biblique peut-être, grecque peut-être, mais sans doute française: Sur un grand boulevard parisien des années 1890, un homme corpulent flâne. Il laisse tomber son mouchoir, et demande à l'homme qui le lui rend—un homme maigre—d'écrire un nom au hasard sur l'enveloppe qu'il lui tend. Après avoir accédé à cette demande, l'homme mince est tout surpris de recevoir une gifle de la main de l'homme corpulent.

Nous apprenons que l'homme corpulent—Zeus, dit "le Miglionnaire"—avait mis dans l'enveloppe un billet de 500 francs, et la surprise de l'homme mince—Coclès—est égale à celle d'un troisième homme—Damoclès—à qui appartient le nom que Coclès avait écrit sur l'enveloppe. Ces deux récipients du geste excentrique de Zeus se retrouvent dans un café, où un serveur plutôt dogmatique les met à la même table, pour qu'ils puissent se raconter leurs aventures respectives, dont on découvre qu'elles s'entremêlent. Au milieu de cette scène, dont il ignore tout, survient Prométhée, à qui l'on demande d'interpréter ces événements bizarres. Par la suite, Prométhée donne une conférence publique pour discuter du sujet en détail.

Telle est la trame centrale du *Prométhée mal enchaîné* de Gide. Ce qui frappe à la première lecture de ce texte étonnant, c'est un renversement systématique des symboles présentés dans le récit mythologique. Selon ce procédé, les symboles élaborés dans le référent sont repris dans un nouveau contexte avec des significations opposées.[5]

Puisqu'il s'agit d'une technique subversive qui renverse les éléments symboliques de l'écrit originel, le nouveau texte déplace la signification pour la situer dans un registre insolite et surprenant. Dès le début, le texte de Gide diffère radicalement du *Prométhée enchaîné* d'Eschyle, lequel s'ouvre par un discours hautain dans lequel Pouvoir, un des exécuteurs de la volonté de Zeus, expose avec véhémence le châtiment de Prométhée:

> Nous voici arrivés sur le sol d'une contrée lointaine, au pays des Scythes, en un désert sans humains. C'est à toi, Hèphaistos, d'exécuter les ordres que t'a donnés ton père, d'enchaîner ce scélérat sur les roches escarpées dans d'infrangibles entraves et liens d'acier. Car c'est ton apanage, l'éclat du feu, père de tous les arts, qu'il a dérobé et donné aux mortels. C'est cette faute-là, il faut qu'il la paye aux dieux et qu'il apprenne à se résigner au règne de Zeus et à renoncer à favoriser ainsi les hommes. (102)

Gide prend le contre-pied de cette version solennelle du mythe. Avec une facilité déconcertante, Prométhée brise ses liens dont l'auteur se plaît à faire une énumération ironique:

> Quand, du haut du Caucase, Prométhée eut bien éprouvé que les chaînes, tenons, camisoles, parapets et autres scrupules, somme toute, l'ankylosaient, pour changer de pose il se souleva du côté gauche, étira son bras droit et, entre quatre et cinq heures d'automne, descendit le boulevard qui mène de la Madeleine à l'Opéra. (304)

Prométhée prend son sort en main. C'est de sa propre initiative qu'il abandonne les sommets escarpés du Caucase, pour se retrouver en habits bourgeois dans un paysage urbain. Il semble que le Titan ne soit plus qu'un simple flâneur de boulevard. Dans le référent antique, la situation de Prométhée—sa captivité aux mains de Zeus—se présentait comme l'épitomé de toute condamnation. Mais le héros gidien s'ennuie de son sort et pour soulager cet ennui, décide de s'en aller. Le monde des dieux s'évanouit pour faire place à la société parisienne de l'époque, frivole et superficielle.

Zeus lui-même est désacralisé. Si le maître de l'Olympe est absent de la scène eschyléenne, sa puissance ne cesse de se faire sentir tout au long de la pièce. Il y a entre Zeus et les autres protagonistes une distance qui impose le respect et la crainte. Chez Gide, il en va tout autrement. Introduit comme "un monsieur gras, entre deux âges, et que rien ne signalait que sa peu commune corpulence" (303), Zeus est décrit de façon parodique, sous les traits d'un banquier, qui traite les hommes avec désinvolture et se joue de leur destin pour son propre plaisir, en habitué de casino plutôt qu'en dieu souverain.

Dans cette perspective renversée, le Titan se voit dépouillé de ses qualités héroïques. L'orgueilleux et rebelle voleur de feu se métamorphose en un être modeste et timide, qui révèle une nature sensible, coquette. Interrogé sur sa profession par le garçon, il répond "en rougissant" qu'il ne fait rien. Sa lassitude et sa timidité se manifestent dans ses hésitations, ses balbutiements, ses excuses. Son hypersensibilité le fait "éclater en sanglots" à la moindre insulte. Au restaurant, Coclès lui reproche vivement son silence: "Nous sommes venus ici pour causer. Tous deux, Damocle et moi, avons déjà sorti notre histoire; vous seul n'apportez rien; vous écoutez; ce n'est pas juste. Il est temps de parler, Monsieur" (313). Maladroitement, Prométhée essaie de s'expliquer:

> Messieurs, ce que je pourrais dire a si peu de rapport . . . Je ne vois même pas comment . . . Et même, plus j'y songe . . . Non vraiment, je ne saurais rien dire. Vous avez chacun votre histoire; je n'en ai pas. Excusez-moi. Croyez que c'est avec un intérêt sans mélange que j'entends raconter à chacun de vous une aventure que je voudrais . . . pouvoir . . . Mais je ne peux même pas aisément m'exprimer. (313)

Dans son projet délibéré de subvertir les données principales du mythe prométhéen, Gide met en scène une transformation radicale du personnage; on est loin du Prométhée viril qui dans la tradition s'affirme par un discours véhément.

Non seulement Gide modifie la psychologie de son héros, mais encore il dévalorise le symbole majeur du mythe: le feu. Dans le récit classique, cet élément primordial recèle une puissance redoutable, identifiée à la nature du Titan.[6] Mais le feu n'est présent dans le texte gidien que sous la forme parodique d'une allumette. Le ravisseur de la flamme divine se verra condamné comme "fabricant d'allumettes sans brevet" (315), et jeté dans un cul-de-basse-fosse, au fond d'une tour. Le feu est encore évoqué de façon parodique pendant le discours de Prométhée. Pour distraire son public qui a l'air de s'endormir, le Titan fait d'abord circuler des photographies obscènes et doit enfin recourir à des fusées qu'il lance pour créer "une diversion pyrotechnique" (327). Le feu qui, dans le référent ancien, représentait la puissance même de l'Olympe, symbolisée par la foudre de Zeus, est ici réduit au rôle d'accessoire de fête foraine.

Dans la tradition du mythe prométhéen, on retrouve toujours aux côtés du Titan l'aigle qui dévore son foie. L'oiseau gidien ne ressemble guère au rapace altier, symbole de la puissance divine. Dans le *Dictionnaire des symboles,* sous *aigle,* on lit:

> Roi des oiseaux, incarnation, substitut ou messager de la plus haute divinité ouranienne et du feu céleste, le soleil, que lui seul ose fixer sans se brûler les yeux. Symbole si considérable qu'il n'est point de récit ou d'image, historique ou mythique, dans notre civilisation comme dans toutes les autres, où l'aigle n'accompagne, quand il ne le représente pas, les plus grands dieux comme les plus grands héros.

De cette symbolique solaire, l'aigle de Gide ne retient que quelques allusions météorologiques. Au début de la captivité de Prométhée, il apparaît à la fin du jour, "dans la dorure du couchant" (318). Plus loin, il surgit au point du jour: "Le lendemain, dès l'aube, Prométhée souhaita son aigle; il l'appela du fond des rougeurs de l'aurore, et, comme le soleil paraissait, l'aigle vint" (318).

Chez Gide, le rapace féroce se transforme en volatile pitoyable, qui accourt à l'appel de Prométhée: "Le fait est que le grand aigle était piteux; maigre, battant de l'aile et dépenné, à voir comme il s'acharnait goulûment sur sa douloureuse pitance, le pauvre oiseau semblait n'avoir pas mangé de trois jours" (314).

Pendant le discours de Prométhée dans la salle des Nouvelles Lunes, l'aigle est ridiculisé au point de devenir un animal de cirque qui exécute des pirouettes sur demande et salue l'auditoire. Il n'a plus rien à voir avec l'oiseau vengeur du mythe, métamorphose qui implique le renversement comique du référent antique.[7] Mais l'aigle de Gide dépasse le stade de la parodie pour devenir progressivement le symbole central du récit. Il est pour le Titan un partenaire, on pourrait dire "un double," à la fois indispensable et tyrannique. Quand Prométhée est en bonne santé, l'aigle dépérit; inversement, quand l'aigle prospère, Prométhée s'étiole. La réciprocité de cette relation est illustrée par l'adage maintes fois répété: "S'il augmente, je diminue."

Dans le mythe classique, la puissance de Prométhée se manifeste dans sa capacité de défi. Il s'oppose au dieu suprême de l'Olympe pour protéger et faire progresser l'espèce humaine. Cet antagonisme entre le Titan et les dieux constitue le noyau central et permanent du mythe. Le Prométhée gidien, quant à lui, n'intervient qu'une fois auprès de Zeus, pour le bénéfice d'un seul homme. Face au "Miglionnaire" obsédé par le pouvoir, le Titan plaide en faveur de Damoclès, qui souffre dans les ténèbres de l'ignorance: "Par pitié, montrez-vous! . . . ou du moins faites-vous connaître. Le malheureux meurt dans l'angoisse. Je comprends que vous le tuiez, puisque c'est pour votre plaisir; mais qu'il sache au moins Qui le tue—qu'il s'y repose" (333). Cette prière dérisoire reste inutile. Prométhée ne peut empêcher la mort de l'homme qu'il a voulu sauver. L'action chez lui se réduit à la parole. C'est par la persuasion que le Prométhée gidien tente d'intervenir dans la destinée des hommes. C'est dans le transfert de l'action à la parole que réside sans doute la contribution majeure de Gide dans le processus mythotextuel auquel se trouve soumis le récit prométhéen;[8] c'est une technique qui se discerne non seulement au niveau de la composition du récit, mais aussi à celle de sa construction.

Le Perspectivisme narratif

En abordant *Le Prométhée mal enchaîné,* le lecteur se rend vite compte qu'il a affaire à une structure complexe. L'œuvre entière s'organise à partir d'une déconstruction du système narratif qui caractérise le récit au XIXe siècle. Gide met l'accent sur une nouvelle esthétique centrée sur la notion de composition. Dans un essai de 1897 dont la rédaction précède la publication du

Prométhée mal enchaîné, “Réflexions sur quelques points de littérature et de morale,” Gide écrit:

> En étudiant la question de la raison d'être de l'œuvre d'art, on arrive à trouver que cette raison suffisante, ce symbole de l'œuvre, c'est sa composition. Une œuvre bien composée est nécessairement symbolique. Autour de quoi viendraient se grouper les parties? . . . sinon l'idée de l'œuvre, qui fait cette ordonnance symbolique. L'œuvre d'art est une idée qu'on exagère. Le symbole, c'est autour de quoi se compose un livre. (424)

Non seulement l'auteur s'écarte intentionnellement du récit mythique primitif et des œuvres qui dans le passé ont abordé le même sujet, mais il prend ses distances vis-à-vis de l'ensemble des figures, des techniques et des structures conventionnelles qui constituent le cadre esthétique traditionnel de son époque. Il s'adonne à un travail à la fois ludique et déstabilisateur qui s'oppose au désir de cohérence du lecteur.

L'auteur brouille délibérément les repères qui d'habitude orientent et guident la narration. Gide vise le système narratif caractéristique des romans traditionnels du XIXe siècle, système qui se voulait ordonné, logique et réaliste. Le temps, par exemple, s'avère problématique. Dans *Le Prométhée mal enchaîné,* comme dans un grand nombre de textes gidiens de cette époque,[9] l'histoire se passe en “189 . . . ,” date vague qui permet cependant de situer approximativement l'action dans la dernière décennie du siècle. Cette indication, précise sans l'être vraiment, permet à Gide de parodier la littérature romanesque de son temps, dans laquelle cette technique, comme celle qui consistait à doter un personnage d'un anonymat trompeur (passer l'été, par exemple, dans le domaine du comte ***), représentait une manière très populaire de donner un certain air réaliste à une œuvre de fiction.

Plus loin, Damoclès rencontre Prométhée en automne, et lui raconte l'épisode de la lettre qu'il a reçue “il y a 30 jours.” Le lecteur reconnaît en cette missive celle qui avait “fortuitement” reçu l'adresse de Damoclès. Mais cette lettre semble avoir pris un temps étrangement long pour traverser Paris, puisqu'elle a été envoyée au mois de mai. Au moment où le lecteur est ravi de découvrir un ordre chronologique, Gide brouille de nouveau les repères temporels. On est constamment obligé de ressaisir le fil chronologique, si on ne veut pas se perdre dans la narration. Comme l'exprime fort bien Masson:

> Gide laisse le temps de son livre s'effilocher, devenir de plus en plus élastique et inconsistant; . . . Le temps du *Prométhée mal enchaîné* est ainsi également distant de la précision chronologique de *La Symphonie pastorale* que du flou artistique qui baigne *Le Voyage d'Urien,* il révèle une désorganisation concertée, refusant les artifices du symbolisme comme du réalisme, mêlant les références aux rougeurs du couchant avec des indications d'horaire très précises, afin de faire s'annuler ces deux temporalités, ne permettant pas au lecteur d'installer à côté de son texte une pseudo-réalité qui supplanterait la sienne. (15)

Les données spatiales sont aussi indéterminées que les indications chronologiques. *Le Prométhée mal enchaîné* présente un espace étrange qui juxtapose des lieux apparemment précis. Il en résulte un univers flou, difficile à visualiser. L'action débute sur "le boulevard qui mène de la Madeleine à l'Opéra." Gide cependant complique à plaisir la topographie, en mentionnant des espaces indéterminés, tels que le restaurant, la tour-prison, la chambre de Damoclès, la salle des Nouvelles Lunes, le cimetière. L'action passe d'un lieu à l'autre, sans transition ou explication aucune. Le pseudo-cadre topographique du récit se différencie aussi bien de l'espace mythique généralement neutre que d'une localisation réaliste. De surcroît, il peut par ce biais prendre à contre-pied le mythe, qui se présente toujours dans un contexte atemporel.

Au premier abord, la construction du *Prométhée mal enchaîné* apparaît confuse et déconcerte le lecteur. Les titres des chapitres et leur numération sont traditionnellement censés donner une cohésion à l'œuvre, comme dans les œuvres de Hugo, de Dumas et de Zola. Ce sont souvent des articulations qui relient les différentes parties du texte. L'auteur du *Prométhée mal enchaîné* s'attaque directement à cette convention littéraire, qu'il traite avec ironie. Le découpage traditionnel des romans de l'époque se faisait avec une régularité accablante, une technique stylistique dont Gide n'était pas dupe.

La numération des chapitres et les sous-titres sont bizarrement dissociés. Ils tombent parfois au beau milieu de l'action, l'interrompant de manière abrupte. A un moment donné, le garçon déclare: "Celui qui va parler, c'est Damoclès. Damoclès dit: HISTOIRE DE DAMOCLÈS" (308). Comme le suggère Walker (89), la nature disjointe de l'organisation structurale du texte peut se comprendre comme une des maintes interprétations du titre, la nature "mal enchaînée" de l'écriture même, libérée des cadres plus traditionnels.

A plusieurs reprises, on retrouve des titres insolites concernant l'organisation du texte, par exemple, "Chapitre pour faire attendre le suivant" (319). On trouve également d'autres titres qu'accompagne une remarque non moins surprenante, telle que: "La fin de ce chapitre ne présente qu'un intérêt beaucoup moindre" (315).[10] Le narrateur interrompt le courant narratif pour accentuer l'artificialité même du récit qu'il raconte: "Le lecteur nous permettra . . . de ne pas nous occuper plus, à présent, de quelqu'un qu'il reverra suffisamment dans la suite" (303). Tout de suite après, Gide sape l'omniscience sur laquelle se fondait le pouvoir de son narrateur. Par exemple, il crée un chapitre dont le texte entier est cité ici: "Ne l'ayant pas connu nous-mêmes, nous nous sommes promis de ne parler que peu de Zeus, l'ami du garçon. Rapportons simplement ces quelques phrases" (328).

D'ailleurs, le jeu textuel s'accompagne de subtilités typographiques: certains titres sont écrits en majuscules, d'autres en italique, et d'autres encore en caractères normaux, sans système particulier pour expliquer ces différences. L'épilogue offre un exemple particulièrement suggestif de cette technique de dissociation narrative en faisant suivre le commentaire didactique d'une "hypographe" inattendue:

ÉPILOGUE
POUR TACHER DE FAIRE CROIRE AU LECTEUR
QUE SI CE LIVRE EST TEL
CE N'EST PAS LA FAUTE DE L'AUTEUR.

On n'écrit pas les livres qu'on veut.
Journal des Goncourt.
(341)

Dans le texte de l'épilogue, Gide en évoquant la légende de l'origine du Minotaure décrit avec humour la mise au monde du texte. En effet, on n'est jamais sûr du résultat:

> L'histoire de Léda avait fait tant de bruit, couvert Tyndare de tant de gloire, que Minos ne s'inquiétait pas trop d'entendre Pasiphaë lui dire: "Que veux-tu? Moi, je n'aime pas les hommes."
>
> Mais plus tard: "C'est assez vexant (et ça n'a pas été facile!) j'espérais qu'un dieu s'y cachait.—Si Zeus s'en fût mêlé, j'eusse accouché d'un Dioscure; grâce à cet animal, je n'ai mis au monde qu'un veau." (341)

Ces divers artifices témoignent d'une écriture hyperconsciente dans laquelle la création du texte se confond avec la notion de composition.[11] Le lecteur se rend compte du fait qu'il doit se laisser aller dans le courant imprévisible du texte, guidé à travers cet espace labyrinthien par un narrateur bien conscient de la "réalité" de l'œuvre. Comme l'écrit Cancalon: "Le narrateur auto-conscient ne permet jamais au lecteur de se perdre dans l'illusion du réel, mais lui rappelle constamment qu'il s'agit . . . d'un livre, et d'un livre ironique" (37).

Lorsqu'on analyse non plus la répartition formelle des segments littéraires, mais la structure narrative proprement dite, on constate que Gide manipule avec dextérité la technique de l'emboîtement. *Le Prométhée mal enchaîné* se présente sous l'aspect d'une série de boîtes chinoises qui reprennent et amplifient le récit initial.

En général, l'emboîtement s'emploie pour relier entre eux des récits distincts qui ont en commun un thème ou une morale, comme dans *Les Mille et une nuits,* ou dans certaines œuvres d'Italo Calvino. Dans *Le Prométhée mal enchaîné,* Gide utilise ce procédé pour remettre en scène l'incident initial au cours duquel le Monsieur corpulent rencontre le Monsieur maigre. Cet épisode premier qui sert de ressort à la narration est répété par plusieurs interlocuteurs, de façon à multiplier les points de vue et à contraindre le lecteur à une activité de scripteur. Le lecteur rencontre de nouvelles versions de cette scène à travers le texte, où chaque personnage a l'occasion de prendre la parole: "Histoire du garçon et du Miglionnaire," "Histoire de Damoclès," "Histoire de Coclès," "Prométhée parle" et "Histoire de l'aigle."[12] Dans *Le Journal des Faux-Monnayeurs,* Gide s'expliquera sur cette technique:

> Je voudrais que les événements ne fussent jamais racontés directement par l'auteur, mais plutôt exposés (et plusieurs

> fois, sous des angles divers) par ceux des acteurs sur qui ces événements auront eu quelque influence. Je voudrais que, dans le récit qu'ils en feront, ces événements apparaissent légèrement déformés; une sorte d'intérêt vient, pour le lecteur, de ce seul fait qu'il ait à *rétablir*. L'histoire requiert sa collaboration pour bien se dessiner.[13]

De ce point de vue, le récit à tiroirs qu'est *Le Prométhée mal enchaîné* préfigure le roman cubiste *Les Faux-Monnayeurs.*

La pratique intertextuelle conduit Gide à recourir à un autre procédé déjà utilisé dans *Le Traité du Narcisse,* la mise en abyme.[14] Il est le premier, semble-t-il, à appliquer à l'art littéraire ce terme emprunté à l'héraldique. Dès 1893, il écrit dans son *Journal:*

> J'aime assez qu'en une œuvre d'art, on retrouve ainsi transposé, à l'échelle des personnages, le sujet même de cette œuvre. Rien ne l'éclaire mieux et n'établit plus sûrement toutes les proportions de l'ensemble. Ainsi dans tels tableaux de Memling ou de Quentin Metzys, un petit miroir . . . reflète à son tour, l'intérieur de la pièce où se joue la scène peinte. . . . En littérature, dans *Hamlet*, la scène de la comédie; Dans *Wilhelm Meister,* les scènes de marionnettes ou de fête au château. Dans *La Chute de la Maison Usher,* la lecture que l'on fait à Roderick, etc. Aucun de ces exemples n'est absolument juste. . . . Ce que j'ai voulu dans mes *Cahiers*, dans mon *Narcisse* et dans *La Tentative,* c'est la comparaison avec ce procédé du blason, qui consiste, dans le premier, à en mettre un second "en abyme." (1: 41)

Au cours des années qui suivent cette remarque, Gide emploie ce procédé avec un raffinement croissant. Dans *Le Prométhée mal enchaîné,* il l'utilise pour construire un espace textuel structuralement signifiant.

La mise en abyme assure une duplication de la voix narrative.[15] Le texte se dédouble, se faisant écho à lui-même. Comme dans l'art pictural, la mise en abyme littéraire permet d'insérer à l'intérieur d'un récit un autre récit apparemment étranger, qui, en fait, reprend sous une autre forme un contenu déjà présent dans l'œuvre. Cette relation de réciprocité entre le récit-cadre et le récit enchâssé permet une communication entre les deux niveaux. Chaque récit dans cette relation concourt à éclairer la signification de l'autre. Les deux textes se réfléchissent simultanément. Il en résulte un jeu de miroirs qui structure l'œuvre et favorise une pluralité de points de vue qui permet de dévaloriser le signifié traditionnel du mythe, en l'occurrence, l'action libératrice du Titan.

Dans ce texte, la mise en abyme est précédée d'une formule verbale qui fonctionne comme un signal dirigé vers le lecteur. Le narrateur introduit l'histoire de Prométhée par l'expression: "A ce propos, une anecdote" (304). Les mêmes termes sont utilisés par le garçon pour annoncer l'histoire du Miglionnaire (305). Prométhée lui-même, au bord de la tombe de Damoclès, reprend cette formule avant de se lancer dans sa parabole virgilienne (335). Par ce biais, le lecteur s'engage de plus en plus profondément dans le texte, jusqu'à "L'Histoire de Tityre," qui marque le point culminant de la mise en abyme.

Cette section du *Prométhée mal enchaîné* est doublement intertextuelle, car d'une part elle évoque un texte classique, et d'autre part elle fait référence à une œuvre gidienne antérieure. Tityre, dont le nom est sciemment emprunté à la tradition latine, est à l'opposé du personnage bucolique de Virgile. Là où chez Virgile Tityre fait l'éloge de son protecteur qui empêche qu'il ne soit dépossédé de ses terres, chez Gide ce sont ces possessions, son enracinement matériel et spirituel, qui rendent la vie de Tityre monotone et inutile.

On peut reconnaître par ailleurs dans cette figure l'homonyme du héros déjà décrit par Gide dans *Paludes*, paru en 1895.[16] Dans les deux textes, Tityre, prisonnier des marais indéterminés, tente de se soustraire à l'emprise du marécage, en compagnie d'Angèle, pour se retrouver abandonné par elle. D'une manière subtile, Gide retrouve ironiquement la nature originelle du titre latin, car le nom que donne Virgile à son héros, "Tityre recumbans," signifie étymologiquement "Tityre qui s'incline, se couche ou *s'enfonce*."

Par ce procédé, Prométhée devient à son tour narrateur. En se projetant dans un personnage, il peut se dévoiler à son public de manière indirecte. Son discours ressemble au texte de Gide, qui se sert d'un mythe non seulement pour construire une nouvelle œuvre artistique qui plaît au lecteur, mais aussi pour mettre en scène un discours personnel. Caché dans un double, Prométhée se met en scène derrière toute une gamme de divertissements qui captivent l'attention de son public: l'aigle, les photos libertines, la diversion pyrotechnique et l'histoire qu'il raconte, artifices qui lui servent de voile, comme le personnage de Tityre lui sert d'alias.

Il existe une certaine identification entre le Titan et Tityre dans la mesure où la situation de ce dernier se présente comme une image inversée de celle de Prométhée.[17] Des allusions multiples d'ordre aussi bien scénique que linguistique renforcent le parallélisme entre ces deux figures. Tityre, comme Prométhée, est prisonnier, mais au lieu d'être attaché au sommet d'une montagne, il se trouve enlisé dans un marécage. Ce n'est pas son aigle qui se nourrit de lui, mais ses scrupules: "S'ils augmentent, je diminue" (337). Lui aussi tente de se libérer en se débarrassant non de ses liens mais de ses obligations morales:

> Et peu de temps après, ayant bien éprouvé que, somme toute, les occupations, responsabilités et divers scrupules, non plus que le chêne, ne le tenaient, Tityre sourit, prit le vent, partit, enlevant la caisse et Angèle et vers la fin du jour descendit avec elle le boulevard qui mène de la Madeleine à l'Opéra. (337–38)

Angèle l'invite à se détacher. Il répond, parodiant le mot de Prométhée sur son aigle, "J'ai mon chêne," ce qui, phonétiquement, suggère une situation d'enchaînement.[18]

Au début de la parabole, Tityre apparaît d'une certaine façon plus prométhéen que le Titan lui-même. Il assume à sa manière l'attitude traditionnelle du héros grec, en fondant une société dans un espace conquis pour le bénéfice de l'homme, organisée autour de son chêne, le signe de son idée fixe: "Il s'adjoignit donc un sarcleur, un bineur, un arroseur, un émondeur, un astiqueur, un épileur, un échenilleur et quelques garçons fruitiers" (335). Il introduit le progrès au milieu de ses marais: "Industrieux, il excellait dans l'empirisme; il inventa même, pour accrocher ses éponges au mur, une petite patère acrostiche, qu'au bout de quatre jours il ne trouva plus commode du tout" (337).

Quand, déplacé soudain dans le territoire de Prométhée, Tityre s'attable devant un bock à la terrasse d'un café parisien, c'est Mœlibée et non un aigle qui apparaît: "comme issu des splendeurs du couchant, on vit enfin s'avancer Mœlibée, précédé du simple son de sa flûte" (338). Ce beau jeune homme nu, fier, narcissique, incarne le double d'un double. Ce pâtre qui parle latin et qui joue "une primitive mélodie" au pipeau se distingue radicalement de Tityre, engourdi dans sa crainte et son humilité prufrockiennes. Incapable de se libérer, Tityre se retrouve au milieu de ses marais.

La mise en abyme permet à celui qui raconte de se distancier, de ne pas s'impliquer dans le récit. Le passage de la première à la troisième personne offre une possibilité d'énoncer des propos sans qu'on en soit pour autant tenu pour responsable. Lucien Dällenbach désigne sous le terme de "métarécit" cette tentative de dissimulation que suppose la mise en abyme: "[Il s'agit d'un] . . . segment textuel supporté par un narrateur interne auquel auteur ou narrateur cède temporairement la place, dégageant ainsi leur responsabilité" (*Le Récit* 71). De même que Gide se sert de Prométhée pour raconter sa propre histoire, Prométhée a recours à Tityre pour se mettre en scène.

Le brouillage des repères, la technique de l'emboîtement, la mise en abyme constituent autant de procédés qui libèrent le texte de sa rigidité narrative, et offrent à l'écrivain la possibilité de construire une structure insolite et multidimensionnelle.[19] Ce perspectivisme narratif favorise une présentation des événements en fonction de la subjectivité propre à chacun des protagonistes.[20]

Les Codes détournés du discours

Dans *Le Prométhée mal enchaîné,* on peut repérer une quantité étonnante de codes discursifs et de formes techniques qui construisent ensemble une mythotextualité polysémique. Par cette variété de modes discursifs, la modernité de l'écriture gidienne s'impose dans cette œuvre de façon radicale. Le texte littéraire devient un domaine d'expérimentation formelle et de créativité ludique.

Il faut noter d'emblée que Gide classe *Le Prométhée mal enchaîné* dans le genre de sotie, appellation que cette œuvre partage avec deux autres textes gidiens, l'un antérieur, *Paludes* (1895), et l'autre postérieur, *Les Caves du Vatican* (1914).[21] Le terme *sotie* trouve sa source dans le vocabulaire dramatique de la fin du Moyen Age. Définie dans le *Grand Larousse Encyclopédique du XX*^e^ *siècle* comme "un genre bâtard situé à la jonction des récits et du roman," la sotie présente une satire énigmatique dans laquelle des personnages importants, déguisés en fous, peuvent parler de sujets normalement interdits ou censurés par les mœurs ou la politique de l'époque. Dans une sotie, la sagesse se dissimule sous le signe de la folie, le plus sot des personnages prononçant les propos les plus sensés. C'est un genre qui invite à l'ambiguïté, à l'ironie et à la satire.[22]

Longtemps, les auteurs qui traitent de l'histoire de Prométhée sont restés fidèles au modèle théâtral que constitue la tragédie d'Eschyle. Même les écrivains du XIXe siècle imitent plus ou moins le référent classique, en écrivant soit des pièces de théâtre destinées à la scène, comme le *Prométhée* de Goethe, soit des poèmes dramatiques, comme chez Byron et Shelley.

Gide, quant à lui, a recours à un genre tombé en désuétude qui lui offre une plus grande liberté formelle. Initialement, la sotie relève du genre théâtral, dans lequel elle introduit une dimension ironique. Toutefois, Gide n'a pas l'intention d'écrire une œuvre pour la scène, mais de se servir de la sotie pour faire entendre plusieurs discours. L'acteur est pour ainsi dire remplacé par un discours actant. De la notion de personnage, on passe à celle de langage.[23] Le discours se divise en une pluralité de codes: le reportage, la chronique, l'interview, la conférence, le chœur grec, l'éloge funèbre. Il en résulte une sorte de pêle-mêle apparemment naïf, à travers lequel l'auteur affirme sa maîtrise de la composition. Gide garde toujours en tête l'idée de l'écriture, et le jeu de langage renvoie constamment à la conception de l'œuvre. Ces codes se présentent d'une manière hyperconsciente; ce sont des codes informatifs et didactiques dont le but est traditionnellement d'instruire et de persuader, mais Gide les détourne radicalement de ce but pour jouer avec leurs structures et leurs implications sémantiques et symboliques. Les codes font écho aux acteurs d'une sotie médiévale, en qui le public ne pouvait pas avoir une confiance naïve car souvent, leurs discours étaient à double sens. Le texte de Gide agit de même, en changeant les masques sans avertissement. La présence même de la multiplicité de codes met l'accent sur l'importance primaire de la textualité de l'œuvre. Comme le suggère Cancalon: "L'imbrication des codes esthétiques est la technique principale par laquelle la sotie révèle la conscience qu'a le narrateur de l'écriture et grâce à laquelle elle renvoie constamment à sa propre création" (39). Les codes sont manipulés, détournés par l'auteur, afin de dépayser le lecteur et de l'obliger à s'interroger sur la signification véritable de l'œuvre.

Le Prométhée mal enchaîné débute par un court récit qui se présente sous la forme d'un article de journal. Le narrateur a été témoin d'un incident dont il rapporte les détails "objectifs." Son compte-rendu nous informe sur la date, l'heure, et l'endroit de l'événement. Il s'agit en effet de la rencontre de Zeus et Coclès, mais dans le langage distancié du reporter, nous apprenons qu'une rencontre étrange a eu lieu entre "un Monsieur gras" et "un Monsieur maigre."

Quand on examine ce fait divers de plus près, sa prétendue objectivité se révèle problématique. Le reporter laisse entendre qu'il possède une connaissance subjective de l'événement, dont il ne nous raconte que quelques détails bien choisis. Cette subjectivité se manifeste à travers des remarques à la première personne qu'il inclut dans le texte, par exemple: "J'ai su depuis que c'était Zeus, le banquier" (303). Un commentaire imprévu jette le doute dans l'esprit du lecteur: "Mais ici commence l'étrangeté de l'histoire, qu'aucun journal pourtant ne consigna" (303). Le texte met en question sa propre identité, et le lecteur quitte cette partie en se demandant de quel genre d'écrit il s'agit.

Le titre de la section suivante, "Chronique de la moralité privée," semble donner un ton historique au texte, puisque le terme *chronique* implique un recueil de faits historiques, rapportés dans un ordre chronologique. Cependant, une fois lancé dans cette section, le lecteur rencontre un groupe insolite de personnages, provenant de légendes variées et de l'histoire ancienne. Prométhée et son aigle font bien sûr penser à Eschyle et à la tradition classique du mythe grec. Damoclès est le nom d'un courtisan trop flatteur de Denys l'Ancien, qui pour le punir laisse planer sur son bonheur une menace, sous forme d'une épée. Son partenaire, Coclès, dont le nom signifie "borgne" en latin, est un héros légendaire. Ces personnages ne sont pas là pour faire penser à l'Histoire, comme le voudrait une chronique traditionnelle:[24] Coclès et Damoclès se trouvent à cent lieues de leurs contextes historiques, et se lancent dans une narration plus ou moins confuse de leurs aventures respectives. Le code de la chronique se désagrège et se transforme en conversation mondaine dans un restaurant à la mode.

Dans le chapitre intitulé "Interview du Miglionnaire," le texte prend la forme d'une interview journalistique, menée par le garçon de café auprès de Zeus. Ce code a quelque chose de paradoxal, car on n'interroge pas normalement un dieu tout-puissant comme on questionne un grand de ce monde. Cet entretien avec l'Etre suprême se métamorphose en une pseudo-maïeutique grâce à laquelle Zeus peut discourir sans contradiction. Le garçon par exemple lui demande: "N'est-ce pas que vous êtes très riche?" (328) et encore: "N'est-ce pas que vos actions sont gratuites?" (329). Cette interview qui débute de manière orthodoxe s'achève en une harangue pontifiante.

Quelque temps après sa captivité, Prométhée prononce une conférence préalablement annoncée par une affiche publicitaire fixant l'heure et le lieu. La conférence se tiendra à neuf heures dans la "salle des Nouvelles Lunes" (320), jeu de mots gidien destiné à souligner la réinterprétation du mythe par rapport aux histoires anciennes, aux "vieilles lunes."

Le discours du Titan se présente comme un exercice oratoire, fondé sur les règles de la rhétorique. Dans son exorde, baptisé "Pétition de principes," Prométhée dévoile, non sans pédantisme, la structure du discours qu'il entend prononcer: "Messieurs, mon discours a 3 points; (je n'ai pas cru devoir repousser cette forme qui plaît à mon esprit classique)" (321).

Malgré la solennité plutôt sévère qu'annonce cette structure du discours, Prométhée, tout au long de sa conférence, rompt le fil de sa pensée par des pauses inattendues et des questions superflues qui sont censées souligner la logique de l'argumentation, mais qui en réalité brisent la continuité du discours. Prométhée reconnaît son incompétence; il avoue qu'il se sert d'un "raisonnement qui porte un nom particulier dont je ne me souviens plus, dans la logique, que je n'étudie d'ailleurs que depuis huit jours" (322). Son discours à peine commencé, Prométhée perd ses moyens. Craignant d'ennuyer ses auditeurs, il s'embarrasse et s'excuse. Il est si peu sûr de sa parole qu'il a recours à des procédés de music-hall pour divertir son public: "Messieurs . . . n'ayant point la prétention, hélas! de vous intéresser par ce que je vais dire, j'ai eu soin d'amener cet aigle avec moi. Après chaque passage ennuyeux de mon discours, il voudra bien nous faire quelques tours" (321). Plus loin, Prométhée dévalorise lui-même la valeur significative de ses propos:

> Hélas! je vois, Messieurs, que je vous ennuie; certains bâillent. Je pourrais, il est vrai, placer ici quelques plaisanteries;

> mais vous les sentiriez factices; j'ai l'esprit irrémédiablement sérieux.—Je préfère laisser circuler quelques photographies libertines; elles feront tenir tranquilles ceux que mes paroles ennuient. (322)

De façon prévisible, la conférence se termine en fiasco. Les auditeurs ne peuvent réprimer leur agitation, et ils se pressent vers les sorties. Le narrateur nous dit que: "la voix de Prométhée disparut presque dans le tumulte" (327).

Les interventions répétées du garçon, à la fois metteur en scène et commentateur de l'action, offrent un équivalent parodique du chœur grec. Alors que celui-ci est censé exprimer l'opinion générale, le garçon se livre à une véritable manipulation du lecteur. Il oriente son attention en lui fournissant des repères: "C'est Coclès. Celui qui va parler, c'est Damoclès" (308). Ses commentaires empêchent le lecteur de se laisser emporter par le contenu, en le rappelant à l'ordre. Il insiste lui-même sur son rôle médiateur:

> Ainsi moi (un exemple), tel que vous me voyez, vous jureriez que je suis garçon de café. Eh bien! Monsieur, non; c'est par goût. Vous me croirez si vous voulez: j'ai une vie intime: j'observe. . . . [J]e mets en relation; j'écoute; je scrute, je dirige la conversation. . . . Mon goût à moi, c'est de créer des relations . . . (304–05)

A l'instar du chœur grec, le garçon est omniprésent dans le récit.[25] On le voit même surgir inopinément dans la parabole finale:

> Angèle et Tityre s'installèrent devant deux bocks et demandèrent au garçon:
>
> —Qu'attend-on?
>
> —D'où Monsieur revient-il? dit le garçon. Monsieur ne sait-il pas qu'on attend Mœlibée? C'est entre cinq et six qu'il passe . . . et tenez—écoutez: il me semble déjà que l'on entend ses flûtes. (338)

L'éloge funèbre prononcé par le Titan aux funérailles de Damoclès donne à Gide une nouvelle occasion de pervertir un code traditionnel. Le lecteur s'attend à des paroles compatissantes, mais Prométhée tourne le dos à la tombe de Damoclès, et fait face à l'auditoire, "souriant à ce point que sa conduite fut jugée presque peu décente" (334). Il se débarrasse promptement du souvenir du défunt, en prononçant de façon ironique la parole biblique: "Laissons les morts ensevelir les morts," et dans une atmosphère à la limite du scandale, se lance dans le récit d'un parabole peu évangélique, qui s'inspire quasi-littéralement d'un autre texte gidien.

En parodiant systématiquement les codes répertoriés du discours, Gide réduit la matière mythique à l'histoire personnelle d'un non-héros qui cherche sa propre vérité à travers hésitations et louvoiements. L'écriture fait écho à cette quête d'authenticité, dans sa nature multiple et plurivoque, toujours à la recherche d'une nouvelle voix. Gide se propose de faire parler le mythe, et à travers sa manipulation habile d'une variété de formes de langage, il illustre les multiples manières dont le mythe peut continuer à "dire," dans le langage contemporain. Aux niveaux formel et linguistique, les motifs fondamentaux du *Prométhée mal enchaîné* se répètent, comme pour souligner leur vérité et leur nécessité.

Le Secret de Prométhée

La virtuosité esthétique du *Prométhée mal enchaîné* masque une intention, un besoin inconscient de révéler quelque chose. Au début de *Paludes,* Gide écrit:

> Avant d'expliquer aux autres mon livre, j'attends que d'autres me l'expliquent. Vouloir l'expliquer d'abord c'est en restreindre aussitôt le sens; car, si nous savons ce que nous voulions dire, nous ne savons pas si nous ne disions que cela.—On dit toujours plus que CELA. (89)

On peut prendre Gide au mot et tenter d'expliciter le message implicite du *Prométhée mal enchaîné.*

Dans la tradition classique du mythe, le Titan détient un secret qui menace le règne de Zeus. Il sait que si le dieu épouse la Néréïde Thétis, leur fils fera choir Zeus de son trône. Dans sa tragédie, Eschyle confère au héros une dignité puissante qui se fonde sur la possession de ce secret. Le Titan est sûr de pouvoir prendre sa revanche puisqu'il est seul à connaître le danger qui menace Zeus:

> Je ne me laisserai point prendre aux charmes des discours mielleux de la Persuasion et, si dures que soient ses menaces, elles ne me feront pas trembler, et je ne révélerai pas mon secret, qu'il n'ait d'abord relâché ces liens sauvages et qu'il n'ait consenti à me payer la peine de ses outrages. (106)

Shelley, dans son poème dramatique, souligne également l'importance du secret qui représente la force du Titan, l'arme qui le protège de la colère du maître de l'Olympe. Mercure s'adresse à Prométhée en ces termes:

> . . . there is a secret known
> To thee and to none else of living things,
> Which may transfer the sceptre of wide Heaven,
> The fear of which perplexes the Supreme.
>
> (43)

Ce secret qui touche à la filiation divine représente une des composantes universelles de l'âme humaine. Gide reformule le secret de Prométhée, en lui confiant une signification privée. A travers des jeux de miroirs et de pièges linguistiques, il nous initie à son propre secret. Gide reprend la notion traditionnelle de la "filiation divine" et lui prête une signification personnelle. Car dans un sens, le personnage de Prométhée dans le texte gidien peut être vu comme un fils de l'auteur, résultat de la puissance créatrice canalisée par le texte. Qui plus est, le texte que crée Prométhée, la parabole de Tityre, peut se concevoir comme un texte-fils qui est né du texte-père écrit par Gide. L'auteur place Prométhée non seulement dans la situation de celui qui redit les mythes, mais il lui prête aussi son propre secret. Ce que dissimule la complexité formelle du *Prométhée mal enchaîné* est l'homosexualité.[26]

La présence cachée de ce thème provocateur se manifeste d'abord dans une identification entre Prométhée et Oscar Wilde, déjà révélée par Masson. Gide rencontre le poète irlandais à Paris en 1891, dans le salon littéraire de la Princesse Duroussof. Les idées esthétiques et la vie scandaleuse du célèbre dandy, âgé alors de 37 ans, ont beaucoup marqué le jeune Gide. L'affichage de ses mœurs libertines l'effrayait. A l'époque, il prenait grand soin de cacher sa propre orientation sexuelle. Les pages du manuscrit du *Journal* qui correspondent à cette période (novembre et décembre, 1891) ont été déchirées.[27] Un jour, pendant un voyage en Afrique en 1895, Gide découvre qu'il séjourne dans le même hôtel que Wilde. Il est pris de panique:

> Le temps était affreux; j'avais fui d'Alger vers Blidah; j'allais laisser Blidah pour Biskra. Au moment de quitter l'hôtel, par curiosité désœuvrée, je regardai le tableau noir où les noms des voyageurs sont inscrits. Qu'y vis-je?—A côté de mon nom, le touchant, celui de Wilde. . . . J'ai dit que j'avais soif de solitude: je pris l'éponge et j'effaçai mon nom. Avant d'avoir atteint la gare, je n'étais plus bien sûr qu'un peu de lâcheté ne se fût pas caché dans cet acte; aussitôt, revenant sur mes pas, je fis remonter ma valise, et récrivis mon nom sur le tableau. (*Oscar Wilde* 29)

On peut sentir dans cette anecdote que Gide éprouve à la fois attirance et répulsion pour la figure flamboyante et osée de Wilde. Il est probable qu'en 1899, l'année de la publication du *Prométhée mal enchaîné,* Gide avait déjà passé bien du temps à réfléchir à la figure de Wilde.[28] A vrai dire, l'ombre de l'écrivain irlandais surplombe le texte entier.

Un examen attentif du *Prométhée mal enchaîné* révèle de nombreuses allusions au thème de l'homosexualité. Présentée par une remarque ambiguë du narrateur ("on vit ceci qui put paraître étrange" [303]), l'œuvre s'ouvre sur un incident qui ressemble fort à une scène de séduction, avec une suggestion sadomasochiste qui plane dans l'atmosphère. En laissant tomber son mouchoir, le Monsieur gras exécute un geste codé. Le narrateur nous explique avec discrétion que le Monsieur maigre, "débonnaire puisqu'il a ramassé" (306), remet le mouchoir au premier "sans songer à mal, croyons-nous" (303). Ce même personnage, dont nous apprendrons plus tard le nom, Coclès, forme avec Damoclès (nom qui pourrait se lire "Dame Oclès") un couple singulier. Quand Gide présente ces deux figures ensemble pour la première fois, il les fait entrer dans le café "par deux portes" (307), précision qui manifeste un souci de discrétion de leur part, bien qu'ils insistent sur le fait qu'ils ne s'étaient jamais vus avant ce jour-là. Plus tard, à la conférence de Prométhée, ils s'assoient délibérément loin l'un de l'autre. A deux reprises, leur conversation prend des apparences d'une dispute entre deux amants, que le garçon veut interrompre, lorsqu'il constate que "[l]a conversation devenait désagréablement personnelle" (312).

La relation entre Coclès et Damoclès et l'incident au cours duquel l'aigle crève l'œil du premier, s'éclairent à la lecture d'une lettre que Wilde a écrit en 1900 à son ami Robert Ross, à propos de son frère Aleck Ross:

> Only an hour after I, with "waving hands" like Tennyson's Vivian, had evolved a new evangel of morals, dear Aleck passed before the little café behind the Madeleine, and saw me with a beautiful boy in grey velvet—half rough, all Hylas—Alas, the eye he turned on me was not the sightless one. (*Selected Letters of Oscar Wilde* 354–55)

L'étonnante ressemblance entre Coclès et cet Aleck, borgne depuis l'enfance, qui fréquentait le quartier de la Madeleine et qui était probablement un familier des cercles homosexuels de la capitale, est trop évidente pour être le fruit du hasard. Après tout, le Titan gidien s'intéresse beaucoup plus aux ennuis de Damoclès qu'à ceux de Coclès; peut-être ce dernier serait-il jaloux de l'attention de Prométhée? Bien sûr, ce n'est pas que Coclès représente Aleck Ross, pas plus que Prométhée ne représente Oscar Wilde; plutôt, ce lien avec le monde homosexuel que connaissait Gide permet d'établir la sphère référentielle, l'atmosphère sémantique et symbolique de son texte.

L'homosexualité se présente indirectement à nouveau dans la parabole que raconte Prométhée. L'apparition soudaine de Mœlibée, tout nu, sur le boulevard offre un modèle de la beauté homosexuelle selon la tradition grecque ancienne, bien que ce soit une femme qui apprécie ouvertement le beau corps du jeune éphèbe: "—Oh! dit Angèle, penchée sur Tityre, qu'il est beau! que ses reins sont dispos! que ses flûtes sont adorables!" (339).[29] Les rapports évidents entre ce jeune homme et l'Antiquité, rapports que souligne le fait qu'il parle latin, la mélodie primitive qu'il joue, et sa destination ultime, "Roma," accentuent cette allusion homosexuelle. Quand Angèle remarque la beauté de Mœlibée, le lecteur ne peut s'empêcher de penser que c'est plutôt Tityre (ou Prométhée, ou Gide) qui se montre le plus sensible à ses charmes. Angèle, dans son rôle vague et ambigu, devient de plus en plus un alibi qui sert à apaiser "la moralité publique."[30]

La relation intime entre Prométhée et son aigle n'est pas dénuée d'une résonance pédérastique. A plusieurs reprises, la nature ambiguë de leurs rapports est mise en évidence, notamment lorsqu'ils se retrouvent seuls dans la tour. Les commentaires ironiques du narrateur soulignent l'ambiguïté de leur relation singulière. Il décrit leur amitié en ces termes: "Il occupait de ses morsures le prisonnier qui l'occupait de ses caresses, qui maigrissait et s'épuisait d'amour, tout le jour caressant ses plumes, sommeillait la nuit sous son aile et le repaissait à loisir —L'aigle ne le quittait plus ni la nuit ni le jour" (319). Leurs confidences prennent souvent un tour suggestif et langoureux:

> —Bel oiseau, que racontes-tu ce matin?
> —J'ai promené ma faim dans l'espace.
> —Aigle! tu ne seras jamais moins cruel?
> —Non! Mais je peux devenir très beau. (318)

Plus loin, le dialogue devient celui de la tendresse passionnée:

> —Doux aigle! qui l'eût cru?
> —Que quoi?
> —Que nos amours seraient charmantes.
> —Ah! Prométhée . . .
> —Tu le sais, dis, toi, mon doux aigle! pourquoi suis-je enfermé?
> —Que t'importe? Ne suis-je donc pas avec toi?
> —Oui; peu m'importe! Au moins es-tu content de moi, bel aigle?
> —Oui, si tu me trouves très beau. (319)

La captivité de Prométhée s'achève sur son enlèvement par l'aigle, enlèvement qui, bien entendu, fait penser à un rapt homosexuel célèbre, celui de Ganymède par l'aigle de Zeus.

D'autre part, l'attachement quasi-incestueux de Prométhée pour Asia qui, d'après certaines légendes, serait sa propre mère, est tout à fait révélateur:

> Jours charmants! Sur les flancs ruisselants du Caucase, heureuse et nue aussi la lascive Asia m'embrassait. Ensemble nous roulions dans les vallées; nous sentions l'air chanter, l'eau rire, les plus simples fleurs embaumer. Souvent nous nous couchions sous les larges ramures, parmi des fleurs où les essaims murmurants se rôlaient. Asia m'épousait, pleine de rires; puis doucement les bruissements d'essaims, de feuillages où celui des ruisseaux nombreux se fondait, nous invitaient au plus doux des sommeils. (323)

Cette existence idyllique dans le paradis infantile de la relation maternelle semble prévenir chez Prométhée tout amour pour les femmes, d'ailleurs curieusement absentes de sa vie. Le seul personnage féminin qui soit évoqué dans le texte est celui d'Angèle, compagne ambiguë de Tityre, personnage qui reste extrêmement flou.

Plus loin, le Titan proclame avec une curieuse emphase un amour pour les hommes, dont il est permis de penser qu'il ne relève pas simplement d'une bienfaisance désintéressée: "Messieurs, je me suis occupé des hommes beaucoup plus que je ne le disais. . . . Messieurs, j'ai passionnément, éperdument et déplorablement aimé les hommes" (323–24). On est loin de l'idéal de la fraternité universelle prônée par le héros de Shelley, qui voit en l'humanité: "A legioned band of linkèd brothers / Whom Love calls children—" (49).

Prométhée reconnaît dans une parole qui semble contredire ce qu'il affirmait auparavant, et qui fait écho aux mots de Pasiphaë dans l'épilogue, son peu d'intérêt pour l'humanité: "Je n'aime pas les hommes; j'aime ce qui les dévore" (322). Ce qui le préoccupe, c'est l'homme, "une humanité sans histoire" (324), objet de son désir, non les êtres socialement organisés. Comme le Prométhée de Spitteler, le Titan gidien s'intéresse peu au progrès, aux arts et à la civilisation humaine. Comme Gide l'écrit explicitement dans son *Journal:* "Question sociale? Certes. Mais la question morale est antécédente. L'homme est plus intéressant que les hommes" (1: 93).[31]

Cependant, comme pour brouiller les pistes, ce même discours glisse dans l'évocation du rôle traditionnel du Titan, apportant aux hommes le feu et le progrès:

> non satisfait de leur donner la conscience de leur être, je voulus leur donner aussi raison d'être. Je leur donnai le feu, la flamme et tous les arts dont une flamme est l'aliment. Echauffant leurs esprits, en eux je fis éclore la dévorante croyance au progrès. (324)

On voit dans cette superposition du discours mythologique et du discours personnel un des procédés par lesquels Gide traite indirectement de l'homosexualité. Car la subversion gidienne s'infiltre dans cette affirmation alors même qu'elle ressemble au discours du Prométhée de la légende. Sous-entendu dans l'image de la flamme, présent qu'offre le Titan aux hommes, se trouve le thème provocateur de la passion. Mais cette passion est sublimée, parce qu'elle est réprimée, cachée dans un œuf d'aigle, "inéclose." Prométhée, qui "échauffe" les esprits des hommes, veille à la naissance des aigles, ce qui suggère "la dévorante croyance" à la fois au progrès public et à un développement privé. Le discours de Prométhée met l'accent sur l'espoir informulé de satisfaire une attente secrète:

> cette attente, je la croyais en l'homme; cette attente je la plaçais dans l'homme. D'ailleurs, ayant fait l'homme à mon image, je comprends à présent qu'en chaque homme quelque chose d'inéclos attendait; en chacun d'eux était l'œuf d'aigle . . . (324)

Chez Gide, cette image de la procréation fait aussi allusion à la création artistique, à la naissance des arts et métiers, en même temps qu'elle se réfère à une croyance secrète, à un progrès dissimulé. L'œuf de l'aigle, que Prométhée tente de faire "éclore" chez l'homme, promet une naissance future, si on ne le dévore, si on ne se laisse pas dévorer par lui, si on ne permet pas à l'aigle de se transformer en vautour. Dans cette vision où les œufs sont nourris dans l'âme masculine et non pas dans le sein féminin, l'œuf dépend de l'homme pour survivre, et l'homme dépend de l'œuf pour garantir sa propre authenticité, sa "raison d'être" en tant qu'artiste, en tant qu'homosexuel. Un texte esthétique, une sexualité authentique, voilà ce qui peut naître d'un aigle adoré.

La relation singulière qu'entretient Prométhée avec son aigle, formulée à partir de la maxime, "S'il augmente, je diminue," représente un sujet populaire dans la critique. Une conclusion commune prétend que l'aigle incarne la conscience humaine. C'est un don du Titan, et on doit la nourrir, même si souvent c'est aux dépens d'une position en société ou des relations personnelles.[32] Une telle interprétation semble expliquer au niveau littéral la réponse de la foule à l'arrivée maladroite de l'aigle: "Ça . . . un aigle! Allons donc!! tout au plus une conscience" (314), paroles prononcés par, comme le suggère le texte avec ambiguïté, "la plus importante rumeur" dans le café. Plus loin, Prométhée décrit l'interprétation la plus répandue de l'aigle: "c'est lui qu'alors on appellera conscience, indigne des tourments qu'il cause; sans beauté" (327). Prométhée lui-même suggère une interprétation subversive, cachée derrière les implications les plus évidentes, mais la critique s'en tient généralement là dans son interprétation. Je suggère cependant que derrière l'allégorie de la conscience se dissimule le symbole plus brûlant de la libido. Dans cette perspective, la relation de Prométhée avec son aigle se présente comme celle de l'homme avec son désir. Quand l'un croît, l'autre diminue. Au moment où Prométhée montre son aigle au groupe dans le café, on le censure immédiatement: "A Paris c'est très mal porté. L'aigle gêne . . . , on s'en débarrasse avant d'entrer" (315). Pendant la détention de Prométhée, le garçon décrit le "scandale" du Titan, remarque qui rappelle la déclaration frappante du *Traité du Narcisse:* " 'Malheur à celui par qui le scandale arrive,' mais 'Il faut que le scandale arrive' " (9). Le Titan gidien apprend progressivement à inverser sa relation avec son aigle, en d'autres termes, à reconnaître et à apprivoiser son désir. Lorsqu'à la fin du texte il mange son aigle, le texte suggère que Prométhée intègre son désir dans sa personnalité, dans son système à la fois biologique et artistique, qu'il admet enfin la dimension érotique de son idiosyncrasie.[33] Sans cette "nourriture terrestre," on ne peut pas réussir à mener une vie authentique.[34]

Prométhée donne l'impression d'être allé au bout de sa quête. Après avoir raconté l'histoire de Tityre, il déclare: "J'ai trouvé le secret du rire" (340).[35] Cette affirmation peut s'interpréter comme une réconciliation avec la jouissance, comme s'il s'autorisait enfin à laisser exploser en lui l'hilarité païenne de l'érotisme, dans un rire proche de la joie ironique et paillarde de Rabelais ou de Rimbaud. Dans la dernière scène du livre, après les funérailles de Damoclès, Prométhée prend le garçon par un bras et Coclès par l'autre, et leur propose d'aller déjeuner dans le fameux café du boulevard. Le narrateur avoue, sur un ton badin non sans provocation: "Le repas fut plus gai qu'il n'est permis ici de le redire, et l'aigle fut trouvé délicieux" (340). Comme le suggère Goulet, Prométhée dompte à la fin son aigle pour s'affirmer d'une manière plus puissante dans sa propre identité:

> Il sort de prison lorsqu'il comprend qu'il ne doit pas être au service de son aigle, mais au contraire l'utiliser pour sa propre délivrance. Il le nourrit, s'évade grâce à lui, après

> quoi il peut se nourrir de lui. Ainsi est détournée au profit de l'homme la maxime de Jean-Baptiste parlant du Christ: "Il faut qu'il croisse et que je diminue" (*Jean,* III, v. 30). Il a abandonné sa morale du dévouement aux autres pour être acquis à la morale du surhomme nietzschéen, de Zeus, la moralité de la gratuité, de l'action libre, au-delà du bien et du mal. Il a assumé son agressivité contre son Surmoi, s'est égalé à Dieu, s'est transformé en liberté pure. ("*Le Prométhée mal enchaîné:* Une Etape vers le roman" 51)

Le Devoir et la jouissance

Une fois que le lecteur a repéré la piste qui lui permet de cheminer à travers *Le Prométhée mal enchaîné,* à savoir le thème de l'homosexualité, il peut mesurer l'évolution de la problématique gidienne. Le conflit qui oppose l'indépendance individuelle et l'arbitraire divin prend dans ce texte une nouvelle acuité.

Le christianisme n'est nullement absent de l'univers multiforme du *Prométhée.* La religion, dont l'influence fut si forte sur l'éducation de Gide, est présentée de façon parodique dans le personnage de Zeus. Sous les traits du Miglionnaire, Gide vise moins le Zeus grec que le Dieu judéo-chrétien:

> —Savez-vous ce qu'on dit? demanda le garçon au banquier.
> —Qu'est-ce qu'on dit?
> —Que vous êtes le Bon Dieu!
> —Je me le suis laissé dire, fit l'autre. (330)

Ce Zeus christianisé se présente comme une caricature de la Providence. C'est un dieu qui se cache derrière un masque de banquier, qui intervient de manière irresponsable, uniquement pour son plaisir:

> Moi seul, celui-là seul dont la fortune est infinie peut agir avec un désintéressement absolu; l'homme pas. De là vient mon amour du jeu; non pas du gain, comprenez-moi—du jeu; . . . Mon jeu c'est de prêter aux hommes. . . . je prête, mais c'est avec l'air de donner. . . . Je joue, mais je cache mon jeu. J'expérimente. . . . ce que je plante en l'homme, je m'amuse à ce que cela pousse; je m'amuse à le voir pousser. (329)

Le Miglionnaire disparaît après avoir mis en mouvement les rouages de l'action. Il se désintéresse des conséquences de ses actes. Il entend garder son incognito et refuse d'assumer la moindre responsabilité. Gide introduit à nouveau l'image de la procréation ici, à travers l'irresponsabilité égoïste de Zeus qui aime "planter" en l'homme des graines qu'il abandonne par la suite. Quand Prométhée insiste auprès de lui pour qu'il rende visite à Damoclès, qui se meurt de ne pas savoir la cause de son malheur, Zeus se dérobe de nouveau en disant: "Je ne veux pas perdre mon prestige" (333).

Le conflit entre Zeus et Prométhée trouve ses origines dans le mythe antique et se manifeste dans toute l'histoire de ce mythe littéraire. Cependant, on retrouve chez Gide une certaine identification entre Prométhée et le Christ, qui prête à la version gidienne une singularité importante: "La façon dont Gide rapproche Jésus-Christ de Prométhée est étonnante. Beaucoup d'esprits avaient déjà rapproché Prométhée enchaîné du Christ souffrant, mais personne n'avait identifié Prométhée, dieu du progrès, et Jésus-Christ. Gide oppose même ce Christ-Prométhée au Dieu-Zeus" (Prémont 26). En 1949, Gide précise cette idée dans un passage important des *Feuillets:*

> Il ne peut être question de deux dieux. Mais je me garde, sous ce nom de Dieu, de confondre deux choses très différentes, différentes jusqu'à s'opposer. D'une part l'ensemble du Cosmos et des lois naturelles qui le régissent; matières et formes, énergies; cela, c'est le côté Zeus; et l'on peut bien appeler cela Dieu, mais c'est en enlevant à ce mot toute signification personnelle et morale. D'autre part, le faisceau de tous les efforts humains vers le bien, vers le beau; la lente maîtrisation de ces forces brutales et leur mise en service pour réaliser le bien et le beau sur la terre; c'est le côté Prométhée; et c'est le côté Christ aussi bien; c'est l'épanouissement de l'homme et toutes les vertus qui y concourent. Mais ce Dieu n'habite nullement la nature; il n'existe que dans l'homme et par l'homme; il est créé par l'homme, ou, si vous préférez, c'est à travers l'homme qu'il se crée. . . . Le drame constant de l'humanité, c'est celui qui se joue entre Prométhée et Zeus, entre l'esprit et la matière, entre l'amour et la force brutale, entre le Christ et l'indifférence du ciel. (247–53)

L'accent que place l'auteur sur la figure de Zeus met aussi en lumière le motif de l'acte gratuit. Dans le sens où on peut considérer les actions de Zeus non pas comme celles du Dieu judéo-chrétien, derrière lesquelles s'implique les notions de justice divine et de prédestination, mais plutôt comme l'illustration du hasard, de la chance infinie de la nature, ce Zeus incarne un agent, si l'on peut dire, de l'acte gratuit. Comme l'écrit Walker: "as his Greek name indicates, [Zeus] represents the forces working in Nature—which is what the Greeks had in mind when they evoked their deities. The Christian error is to suppose that behind Nature is a power whose chief interest is in the fate of human beings" (91). Cette interprétation semble exprimer fidèlement l'avis de Gide lui-même qui accentue le lien Zeus-Nature dans sa propre conception de la divinité. Walker suggère aussi que la personnalité frivole de Zeus met en scène l'importance de la contingence dans la vie humaine. Cette contingence se retrouve dans le texte, illustrée notamment par le fait que Zeus aurait pu ne pas donner à Coclès l'enveloppe, et qu'il était même sur le point de continuer sa route quand il a changé d'avis et choisi Coclès comme "victime." Le texte abonde en exemples de ce caractère: Pasiphaë aurait pu donner vie à un Dioscure; Damoclès aurait pu être sauvé; Coclès aurait pu finir en ruine. Walker conclut en suggérant: "the narrative presents forking paths leading from the same initial ingredients, implying that for one set of events which occurs there is an equally possible though diametrically opposed alternative. The plot of *Le Prométhée,* then, is conceived in such a way as to highlight the contingency governing human affairs" (93).

Dans le domaine critique, le motif de l'acte gratuit est beaucoup discuté et souvent disputé. Albouy place au centre du texte le problème suivant: "si l'acte divin est gratuit, c'est qu'il n'est point de fondement métaphysique absolu" (*Mythes et mythologies* 167). Trousson est d'accord avec cet avis et décrit *Le Prométhée mal enchaîné* comme "une 'fable' de la destinée humaine" (*Le Thème* 435), et Brée suggère même que des personnages, "tous agissent ou vivent avec la plus parfaite gratuité" (109). Cependant, Ireland soutient un avis contraire, et suggère qu'aucune action dépeinte dans le texte n'est sans motivation. Toutes sont "manifestly premeditated, . . . clearly calculated to gratify a form of curiosity" (*Gide* 259). Qui plus est, Ireland interprète les idées du garçon sur l'acte gratuit (304–05) comme preuve de l'incertitude de l'auteur sur ce même sujet: "The incoherence of the waiter's speech . . . seems faithfully to reflect a certain confusion in the mind of his creator" (259). Weinburg, pour sa part, place au premier plan la figure de l'acte gratuit, et s'en sert pour expliquer le texte entier comme une illustration de la rupture de l'auteur avec le Calvinisme, mise en scène dans un spectacle textuel fondé sur les thèmes de la prédestination, de la grâce et du libre arbitre (41–56).

L'intervention arbitraire du Miglionnaire déclenche chez Damoclès et Coclès deux attitudes opposées. Damoclès, qui a reçu "fortuitement" un billet de 500 francs, souffre horriblement de ne pas savoir à qui il doit être reconnaissant de ce don trop généreux. Sur son lit de mort, il délire:

> Dans les cauchemars de mes nuits, je me réveille en sueur, m'agenouille, crie à voix haute: "Seigneur! Seigneur! à qui devais-je?—Seigneur! à qui devais-je?" Je n'en sais rien, mais je devais.—Le devoir, Messieurs, c'est une chose horrible; moi, j'ai pris le parti d'en mourir. (331–32)

Obsédé par l'idée fixe du devoir, Damoclès meurt dans une solitude désespérée, sans avoir pu s'acquitter de sa dette.

De son côté, Coclès, qui a subi les effets "gratuits" de la Providence, une première fois en recevant la gifle du Miglionnaire, une deuxième fois en se faisant éborgner par l'aigle de Prométhée, ne se désespère pas pour autant. Au contraire, il prospère, ainsi que le constate le garçon: "Il y voit mieux depuis qu'il n'y voit plus que d'un œil. . . . Mais il est devenu très riche" (316–17). Qui plus est, Coclès est si heureux de son sort qu'il se met évangéliquement en quête d'un nouveau soufflet: "Il ne parle plus que de se dévouer et passe tout son temps à chercher partout dans les rues une nouvelle gifle qui vaille quelque argent à quelque nouveau Damoclès. Il tend en vain son autre joue" (328).

Il est inutile de tenter de comprendre les motifs de l'action divine, et ceux qui cherchent à y voir clair sont destinés à se perdre dans la confusion et le désespoir. Comme le constate Brée: "Zeus vient heurter en Coclès et Damoclès, ces deux hommes faibles, . . . le besoin de 'comprendre,' d'établir des liens de cause à effet à portée morale. . . . Zeus représente ce que Coclès et Damoclès ne sauraient comprendre; donc son existence est pour eux, qui, par définition, réduisent tout à la compréhensibilité, . . . que ce soit à son profit ou à son détriment, paraît à chacun injustice" (112).[36]

Lors de la conférence tenue dans la salle des Nouvelles Lunes, Prométhée relève les faiblesses de comportement de ces deux protagonistes:

> Inutile de rappeler ici l'histoire de Coclès et Damoclès. Vous tous ici la connaissez; eh bien! je le leur dis en face: le secret de leur vie est dans le dévouement à leur dette; toi, Coclès, à ta gifle; toi, Damoclès, à ton billet. Coclès, il te fallait creuser ta cicatrice et ton orbite vide, ô Coclès; toi, Damoclès, garder tes cinq cents francs, continuer de les devoir sans honte, d'en devoir plus encore, de devoir avec joie. Voilà votre aigle à vous; il en est d'autres; il en est de plus glorieux. Mais je vous dis ceci: l'aigle de toute façon, nous dévore, vice ou vertu, devoir ou passion. (327)

Coclès et Damoclès semblent incapables de comprendre et d'accepter les deux explications possibles de l'acte de Zeus, c'est-à-dire la gratuité ou la grâce. Ils illustrent l'idée du garçon que l'homme est "le seul être incapable d'agir gratuitement" (305), car ils ne peuvent même pas concevoir un acte qui serait complètement gratuit. Damoclès, qui essaie de comprendre la motivation derrière le don de Zeus, ne peut confronter le problème qu'avec une attitude "rationnelle": "Je réfléchis beaucoup, d'après la meilleure méthode: *cur, unde, quo, qua?*" (309). Coclès, quant à lui, cherche toujours à déduire logiquement quels seraient les résultats d'un acte. Il voit en toute affaire une question de justice et se met en quête du responsable, sûr de pouvoir retrouver la raison première de son sort. Comme l'écrit Brée: "Quant à Coclès et à Damoclès, ce qui les définit c'est précisément d'être incapables de concevoir la gratuité. Mais cette tendance en eux est entièrement gratuite. Par définition ce sont des êtres moraux raisonnables qui établissent soigneusement des liens de cause à effet parmi les événements. Ils sont cartésiens par excellence" (109). A la différence de ces deux victimes, Prométhée ne se trouve pas sous l'influence de cette Divinité. Il mène lui-même son propre combat. Il affronte la moralité publique, en y introduisant le doute. Il ose questionner, mais il ne trouve pas de réponse: "Tout se tait! tout se tait! J'ai vainement interrogé . . . sur la terre, j'ai vainement . . . j'ai vainement interrogé" (325–26). Prométhée doit lui-même prendre en main sa destinée individuelle, sans attendre un quelconque secours d'une puissance divine. A lui de se débrouiller avec son aigle.

Le Prométhée mal enchaîné reflète enfin la position de Gide à cette époque, partagé entre l'envie d'afficher publiquement une homosexualité déjà pratiquée clandestinement, et la prudence qu'il s'impose pour des raisons sociales et spirituelles. Dans la figure mythique du Titan, il incarne sa propre rébellion contre l'ordre établi:

> L'on t'a dit: la crainte de Dieu est le commencement de la sagesse; plus, Dieu absent, la crainte t'est restée pour compte. Comprends aujourd'hui que la sagesse commence . . . avec la révolte de Prométhée. L'on t'a dit, tu t'es laissé dire, qu'il s'agissait d'abord de croire. Il s'agit d'abord de douter. (*Journal* 1: 1193)

Cependant Gide, comme son héros, refuse de s'engager publiquement. Il semble vouloir suivre le conseil négatif de son Prométhée, qui déclare dans la préface et dans la conclusion à l'histoire de Tityre: "Mettons que je n'ai rien dit" (335, 339). Il hésite parce que, selon Roger Martin du Gard, "il a toujours eu la hantise de la tragique destinée d'Oscar Wilde" (*Notes* 45), en qui il voit pourtant un précurseur: "Ses apologues les plus ingénieux, ses plus inquiétantes ironies étaient pour confronter les deux morales, je veux dire le naturalisme païen et l'idéalisme chrétien, et décontenancer celui-ci de tout sens" (*Oscar Wilde* 21).

Mais Wilde ne peut réaliser son rêve subversif. Aux yeux de Gide, il est allé à la fois trop et pas assez loin dans le conflit qui l'opposait à la société anglaise. Trop loin, car il a succombé à son goût du martyre. Pas assez, car il a perdu dans cette bataille son charme provocant. A la fin de sa vie, il ne parlera plus de l'art, mais du regret et de la rédemption. Gide écrira à son sujet: "c'est par défaut d'individualisme, non par excès d'individualisme, qu'il avait succombé" (*Oscar Wilde* 63).[37]

Oscar Wilde s'est laissé dévorer par son aigle devenu vautour, par son désir brûlant, par son obsession. Il n'en va pas de même du Prométhée gidien. Si celui-ci n'ose pas encore s'affirmer dans la plénitude dionysiaque de sa personnalité, il se différencie nettement de Narcisse, mis en scène sous une forme critique dans le personnage de Tityre, incapable de sortir de sa passivité, et contraint de réintégrer la mélancolie contemplative de son marécage. L'individu ne peut s'épanouir que s'il est capable de reconnaître le désir interdit qu'il porte en lui, c'est-à-dire, en termes de morale, le mal. Trente ans après la publication du *Prométhée mal enchaîné,* Gide verra dans cette œuvre le germe de sa future libération:

> je crois maladroit, improfitable, ininstructif, de se mettre (uniquement) sur le plan du *bien* et du *mal* pour juger les actions humaines, ou plus exactement: pour apprécier leur valeur. Cette idée de *progrès* de l'humanité qui maintenant domine ma vie . . . nous amène à comprendre que l'idée du *bien*, confortable, rassurante et telle que la chérit la bourgeoisie, invite à la stagnation, au sommeil. Je crois que, souvent, le *mal* (certain mal qui n'est pas le fait d'une simple *carence*, mais bien une manifestation d'énergie) est d'une plus grande vertu éducative et initiatrice—que ce que vous appelez le *bien*. Oui, je crois cela fermement, et de plus en plus. . . . Déjà j'entrevoyais (et faisais même plus qu'entrevoir) dans ma jeunesse, avant d'avoir été si longtemps distrait de moi-même par la sympathie; . . . [que] nous cotons aujourd'hui beaucoup trop haut l'humanité; que l'homme n'est pas intéressant, important, digne d'être adoré, pour lui-même; que ce qui invite l'humanité au progrès est précisément de ne pas se considérer (et son confort et son repos satisfait) comme une fin, mais bien comme un moyen par lequel atteindre et réaliser quelque chose. C'est là ce qui me faisait dire, à travers mon Prométhée: "Je n'aime pas l'homme; j'aime ce qui le dévore," et mettre ma sagesse en ceci: savoir préférer à l'homme l'aigle qui se nourrit de lui. (*Journal* 1: 953)

L'individu ne peut s'épanouir dans son authenticité la plus complète que s'il reconnaît et intègre son désir caché. Il faut éviter le péché de "se préférer" à cette nature authentique et souvent difficile qui anime l'homme. Le Prométhée gidien applique finalement ses attributs légendaires du héros de l'individualisme, du porte-parole de la liberté et de l'incarnation de la volonté authentique. En effet, ce Prométhée est "mal enchaîné"; libéré de la convention, il se met en quête de sa propre vérité. La beauté de la condition humaine, suggère *Le Prométhée mal enchaîné,* se trouve dans la relation polémique, dangereuse et enfin très belle que l'homme entretient avec son désir intime, son œuf d'aigle.

Chapitre cinq

Œdipe

Du mythe au complexe

L'histoire d'Œdipe représente aujourd'hui un des thèmes majeurs de la culture occidentale. Depuis la plus haute Antiquité jusqu'à nos jours, la littérature s'est emparée à maintes reprises de la figure tragique du roi de Thèbes.

Les premières traces de la légende apparaissent chez Homère, dans *L'Iliade* (chant 4) et *L'Odyssée* (chant 11), au VIIIe siècle avant Jésus-Christ. Le poète grec ne fait que quelques brèves allusions à Œdipe et met l'accent sur la lutte fratricide entre les fils du roi, Etéocle et Polynice.

Le destin fatal du roi de Thèbes est selon toute vraisemblance mise en scène pour la première fois par Eschyle, dans une tétralogie dont il ne reste que *Les Sept contre Thèbes* (vers 467 avant Jésus-Christ). Dans cette pièce, la malédiction divine frappe successivement trois générations, celle de Laïos, celle d'Œdipe, et celle d'Etéocle et Polynice.

Du fait de la disparition des œuvres d'Eschyle qui traitent de la légende d'Œdipe, le référent initial est constitué par la tragédie de Sophocle *Œdipe Roi* (430 avant Jésus-Christ) et son prolongement, *Œdipe à Colone* (406 avant Jésus-Christ). Ces deux tragédies forment le point de départ d'un mythe littéraire qui éclipse la légende originelle. La figure d'Œdipe a connu une carrière unique dans l'histoire des mythes. A travers les âges, les textes de Sophocle sont tenus de plus en plus pour constituer la véritable origine de la légende. Bien que certains éléments principaux de la légende, tels que le meurtre du père, l'inceste avec la mère et le suicide de cette dernière, s'affirment dès l'époque homérique et appartiennent au cycle thébain, ce n'est pas avant l'apparition des tragédies de Sophocle, notamment avec le châtiment d'Œdipe, que se fixe la légende. Le mythe se confond ainsi avec la tragédie à un point tel que toute distinction disparaît.

Dans *La Naissance de la tragédie,* Nietzsche met en évidence le pouvoir cathartique de la tragédie dans la civilisation grecque, en soulignant l'importance du mariage entre le texte et le mythe: "Grâce à la tragédie, le mythe parvient à son contenu le plus profond, à sa forme la plus expressive" (72). La parole théâtrale se saisit de la matière mythique pour l'animer, lui donner une plus grande force. Gide lui-même reconnaît le rôle essentiel que joue le dramaturge dans l'interprétation d'une légende ancienne:

> La fable grecque, à partir de Troie, perd sa signification symbolique, mais se charge de valeur psychologique et poétique, pour le profit des dramaturges. Il n'y a plus lieu de chercher le sens secret de ces histoires; elles n'ont plus rien de mythique; leur pathos admirable doit suffire au poète ingénieux. (*Journal* 2: 283–84)

Grâce à l'écriture, les éléments disparates et flous de la légende se rassemblent dans un ensemble cohérent qui fonde l'identité du héros. Désormais, il s'agit de la destinée de l'homme.[1]

C'est avec la psychanalyse que se manifeste de nouveau la puissance et la violence du mythe, tel qu'il apparaissait initialement dans l'œuvre de Sophocle. En 1897, Sigmund Freud écrit à son ami Wilhelm Fliess: "le pouvoir d'emprise d'*Œdipe Roi* devient intelligible. . . . Le mythe grec met en valeur une compulsion que chacun reconnaît pour avoir perçu en lui-même des traces de son existence" (*Correspondance*). Comme le suggère Jacques Scherer: "Si le mythe d'Œdipe joue dans la pensée de Freud un rôle essentiel, c'est parce que le fondateur de la psychanalyse a vu dans la destinée d'Œdipe une image de la condition humaine en général. Tout homme tue son père, au moins métaphoriquement, puisqu'en général, il lui survit. Tout homme épouse sa mère, ou rêve de l'épouser, puisqu'il l'aime" (17).

Le héros grec devient ainsi la figure centrale d'un complexe psychologique caché dans notre inconscient. Si l'histoire tragique d'Œdipe continue à nous toucher, ce n'est peut-être pas seulement à cause du rôle fondamental que joue la fatalité dans cette légende opposant la puissance des dieux à la faiblesse des hommes. Dans la perspective psychanalytique, la force de cette légende vient plutôt du fait que nous nous retrouvons tous en Œdipe; nous discernons dans son destin la réalisation de nos rêves les plus troublants.[2] La tragédie, en révélant à Œdipe la vérité aveuglante de sa vie, peut aussi révéler au lecteur moderne son propre désir caché. La matière de cette tragédie serait donc les songes humains, universellement partagés par des êtres de tous temps. Œdipe se voit ainsi transformé en symbole, en "complexe," métamorphose qui renouvelle sa légende en l'approfondissant et en élargissant encore son champ de signification.[3] Grâce à la psychanalyse du XXe siècle, Œdipe se renouvelle dans un contexte jusque-là insoupçonné, ce qui donne au mythe une force sans doute plus profonde. Non plus seulement utilisé pour expliquer le monde, le mythe peut aussi expliquer l'homme.[4] L'interprétation de Freud a suscité chez les philosophes et les écrivains un intérêt considérable qui a gagné peu à peu le grand public. D'une certaine façon, Freud banalise la figure d'Œdipe, qui désormais appartient à tout le monde. On doit admettre aussi que la diffusion de la légende œdipienne dans le grand public grâce à la psychanalyse a crée en France un regain d'intérêt pour le mythe chez les littérateurs de l'entre-deux-guerres.[5]

Avec son *Œdipe,* publié en 1931 et joué pour la première fois en 1932,[6] Gide revient au théâtre après 23 ans de silence; entre 1897 et 1906, il avait beaucoup expérimenté avec la forme dramatique, et cette activité a donné naissance à de multiples pièces, telles que *Saül, Philoctète, Le Roi Candaule* et *Bethsabée.*[7] Les passages du *Journal* de l'époque entre 1927 et 1933 abondent en réflexions sur la figure d'Œdipe qui montrent que Gide réfléchissait à une variété d'approches possibles envers ce héros ambivalent de l'Antiquité. En 1927, il annonce son désir d'analyser le sujet de plus près: "Je voudrais écrire . . . mon *Nouvel Œdipe* et un *Dialogue avec Dieu*" (833).[8] En effet, Gide semble être arrivé à un niveau de compréhension de soi, de calme, d'équilibre et d'harmonie avec son identité, position dans laquelle on peut voir une certaine volonté d'affirmer le Gide plus sensuel des *Nourritures terrestres.*[9] C'est aussi pendant cette époque que Gide s'intéresse de plus en plus aux problèmes sociaux, bien que les problèmes moraux restent à ses yeux encore prioritaires.[10] Il se laisse tenter un moment par ce qu'il considérera par la suite comme une illusion dérisoire, le communisme de la Russie stalinienne. Gide semble chercher une voix pour exprimer sa propre philosophie morale et métaphysique. Dans les années 1930, il semble avoir laissé de côté la tentation de la conversion, et il se met en quête d'autres chemins d'expression. A côté de cette recherche de médium pour sa voix, Gide poursuit aussi une nouvelle forme de création. C'est ainsi qu'il se relance dans l'univers du théâtre, univers qui peut être plus accessible au public, pour mettre en scène ses idées plutôt progressistes sur la condition humaine.[11]

C'est dans la conférence "L'Evolution du théâtre," de 1904, que Gide s'explique sur sa conception du développement historique et esthétique du théâtre. Il y exige du théâtre de son temps une transformation radicale, fondée sur une réévaluation des valeurs morales et esthétiques. Aux dramaturges réalistes, il lance la critique que dans le désir de se conformer à ce que la société considère comme "normal," le théâtre réaliste perd toute portée morale. Au lieu de défendre le statu quo, suggère Gide, le théâtre doit essayer d'offrir au public une œuvre d'art qui se présente comme telle, qui fournit des modèles d'individualisme authentique, et qui bouleverse les idées reçues, l'étroitesse des mœurs et la cécité des idéologies sociales:

> Mesdames et Messieurs, c'est une extraordinaire chose que le théâtre. Des gens comme vous et moi s'assemblent le soir dans une salle pour voir feindre par d'autres des passions qu'eux n'ont pas le droit d'avoir—parce que les lois et les mœurs s'y opposent. Je propose à votre méditation une phrase de Balzac . . . : "Les mœurs, dit-il,—les mœurs sont l'hypocrisie des nations." (150)

En harmonie avec ses idées sur l'importance de l'affirmation du tempérament individuel, présentes à travers son œuvre, le théâtre de Gide vise à mettre en scène l'unique nature de l'homme, le pouvoir inhérent à chaque être humain de s'affirmer dans une plénitude cohérente et la quête de l'identité authentique. Pour cela, il faut aller au-delà des frontières des institutions sociales et religieuses, afin de laisser éclater "le caractère" exclusivement humain. Gide explique: "Qui dit drame, dit: caractère, et le christianisme s'oppose aux caractères, proposant à chaque homme un idéal commun" (151). Pour Gide, le théâtre a besoin de conventions de genre, car "l'art est toujours le résultat d'une contrainte" (148). Sous cette perspective, Gide propose comme modèle le théâtre grec:

> Le grand artiste est celui qu'exalte la gêne, à qui l'obstacle sert de tremplin. . . . C'est par le nombre restreint de voix dont pouvoir à la fois disposer sur la scène que, contraint, Eschyle dut d'inventer le silence de Prométhée lorsqu'on l'enchaîne au Caucase. La Grèce proscrivit celui qui ajouta une corde à la lyre. L'art naît de contrainte, vit de lutte, meurt de liberté. (148)

Le dramaturge peut ainsi se servir de certaines conventions théâtrales, provenant du drame grec, pour créer un art plus pur et une action plus simple, à partir d'un modèle archétypique. Pour Gide, la liberté paradoxale de l'artiste qui travaille dans un espace ainsi limité dépasse à la fin le travail parfois flou de celui qui crée dans un espace illimité.[12]

C'est dans ce cadre théorique que Gide se met à la création de son *Œdipe;* les questions de morale et d'esthétique s'y joignent dans la présentation d'un héros qui ne croit qu'à sa propre vérité, et qui joue devant un public, de manière hyperconsciente, le drame de sa propre existence.

Gide et le freudisme

Comme la plupart de ses contemporains, Gide se trouve confronté à l'œuvre de Freud. On ne saura probablement jamais quand ni sous quelle influence Gide a été initié à la psychanalyse, car il règne sur cette question un curieux mystère. Gide lui-même affirme qu'il n'a rencontré que tardivement la nouvelle théorie d'analyse. Dans une lettre datée du 21 décembre 1921, il explique au critique André Lang la nature de sa relation avec le freudisme:

> Permettez-moi d'apporter une petite rectification à l'une de vos dernières interviews. Monsieur Lenormand, après avoir parlé de Freud éloquemment et rendu au grand psychanalyste viennois l'hommage qu'il mérite, me fait l'honneur de citer mon nom, disant ou laissant entendre . . . que je suis le seul littérateur de France, jusqu'à présent, à avoir su tirer profit de ses nouvelles théories. Il est certain que, lisant *L'Introduction à la psychanalyse,* qui vient d'être traduite,

> je reconnais certaines idées qui me sont particulièrement chères et que je sais gré à Freud de préciser et formuler, souvent avec une netteté magistrale, ce qui n'était souvent en moi qu'ébauché; mais il n'y a là qu'une rencontre. J'ai entendu parler de Freud, pour la première fois, au printemps dernier; je ne lis pas l'allemand assez couramment pour avoir osé l'aborder dans le texte originel et ce n'est que grâce aux articles de lui, parus récemment dans *La Revue de Genève,* que j'ai pu prendre contact direct avec la pensée.[13]

Cependant, diverses indications permettent de penser que Gide aurait pu découvrir la théorie psychanalytique beaucoup plus tôt. André Breton, par exemple, déclare avoir discuté du freudisme avec Gide dès 1916:

> J'avais vingt ans quand, au cours d'une permission à Paris, je tentai successivement de représenter à Apollinaire, à Valéry, à Gide ce qui, à travers Freud—dont le nom n'était connu en France que de rares psychiatres—m'était apparu de force à bouleverser de fond en comble le monde mental . . . et je me rappelle que je tendis à chacune de mes victimes l'appât auquel elle me paraissait devoir le moins résister: à Apollinaire le "pansexualisme," à Valéry la clé des lapsus, à Gide le complexe d'Œdipe. ("Situation du surréalisme entre deux guerres" 66)

Il faut juger cette déclaration avec un certain scepticisme pour plusieurs raisons, tout d'abord parce que dans un texte de 1952, Breton lui-même avoue ne s'être vraiment rapproché de Gide qu'en 1919.[14]

En revanche, il est notoire que certains milieux que Gide fréquentait vers 1920 connaissaient les théories de Freud. Il aurait ainsi pu entendre parler de la psychanalyse soit par l'intermédiaire d'un de ses collaborateurs à la *Nouvelle Revue Française,* le critique Albert Thibaudet, soit plus vraisemblablement chez ses amis anglais, les Strachey, qui s'intéressaient vivement aux travaux de Freud et faisaient partie du groupe de Bloomsbury.

Il est intéressant de noter que Dorothy Bussy, avec qui Gide a entretenu une longue correspondance publiée sous le titre *Cahiers de la Petite Dame,* est la sœur de James Strachey, traducteur en anglais des écrits de Freud qui fait souvent le voyage à Vienne pour sa propre psychanalyse.[15] A plusieurs reprises,

Gide parle dans ses lettres à Bussy de son vif désir de rencontrer Freud:

> Votre frère le connaît, n'est-ce pas, et ne refusera pas de m'introduire auprès de lui? . . . Je rêve déjà d'une préface de lui à une traduction allemande de *Corydon* qui pourrait bien peut-être précéder la publication française. . . . Après tout, peut-être pourrais-je donner mon livre comme "traduit de l'allemand."[16]

Bussy accepte d'aider Gide à faire la connaissance du psychanalyste viennois, mais comme Roudinesco l'a bien noté (102), la lettre dans laquelle James Strachey aurait répondu à la demande de Gide semble avoir été perdue, et Gide ne reparle jamais plus de l'idée de préface. Qui plus est, Gide aurait écrit à Freud en 1921 (Roudinesco 100), mais cette lettre s'est également perdue, et aucune réponse de Freud n'a été retrouvée. L'imbroglio qui plane autour de la correspondance entre Gide et Freud semble bien symboliser l'ambivalence vague que ressent Gide à l'égard de Freud, aussi bien que l'hésitation constante qu'il éprouve en ce qui concerne la publication définitive de *Corydon,* qui ne voit le jour dans sa forme intégrale et signée de l'auteur qu'en 1924.

Quelles que soient les circonstances précises de sa rencontre avec la pensée freudienne, il est évident que cette nouvelle science ne le laisse pas indifférent. Il y fait allusion à plusieurs reprises dans son *Journal* et dans ses œuvres. Sa réaction est pour le moins mitigée. En 1922, il écrit:

> Freud. Le freudisme. . . . Depuis dix ans, quinze ans, j'en fais sans le savoir. Il est nombre de mes idées qui, l'une ou l'autre, exposée ou développée longuement dans un livre épais, eût fait fortune; si seulement elle était l'unique enfant de mon cerveau. Je ne puis fournir à l'entretien et à l'établissement de chacune, ni d'aucune en particulier. "Voici qui va, je le crains, apporter de l'eau à ton moulin," me dit Rivière, l'autre jour, en parlant du petit livre de Freud sur le développement sexuel. Parbleu! Il est grand temps de publier *Corydon!* (*Journal* 1: 729–30)

Il semble déplorer le fait que le penseur viennois traite d'un sujet qu'il considère un peu comme une chasse gardée.

Toutefois, il admet que Freud a joué un rôle positif en contribuant au recul de certains préjugés moraux:

> [J]e lis divers articles dans le numéro du *Disque vert* consacré à Freud. Ah! que Freud est gênant! et qu'il me semble qu'on fût bien arrivé sans lui à découvrir son Amérique! Il me semble que ce dont je lui doive être le plus reconnaissant, c'est d'avoir habitué les lecteurs à entendre traiter certains sujets sans avoir à se récrier ni à rougir. Ce qu'il nous apporte surtout c'est de l'audace; ou plus exactement, il écarte de nous certaine fausse et gênante pudeur. (*Journal* 1: 785)

Toutefois, la pensée de Freud ne cesse de le préoccuper. Dans une scène de son œuvre majeure, *Les Faux-Monnayeurs,* parue en 1926, la doctoresse Sophroniska, personnage inspiré par la psychanalyste Eugénie Sokolnicka, venue à Paris l'automne 1921, évoque devant Edouard sa pratique psychothérapeutique avec le jeune Boris. Edouard, et sans doute Gide à travers lui, manifeste son scepticisme. Steel suggère:

> Malgré l'intérêt . . . que Gide porte à la psychanalyse en tant que méthode d'investigation psychologique capable d'éclairer certains aspects de son propre désarroi enfantin, il est évident que dans *Les Faux-Monnayeurs,* il lui accorde une efficacité moindre en tant que méthode thérapeutique. . . . Pour Gide, comme pour Edouard, l'analyse du garçon constitue une inquisition indiscrète qui, en meurtrissant la sensibilité de l'être, soit accule le moi à un refoulement plus intensif, soit le découvre entier, portant ainsi atteinte à l'intégrité secrète de l'âme. ("Gide et Freud" 69)[17]

Comme Roudinescou le fait remarquer (107), en 1921, le groupe de la *NRF* accueille Eugénie Sokolnicka, qui organise des séances hebdomadaires chez elle, pour discuter avec les écrivains français les aspects théoriques et cliniques de son travail. Gide assiste à ces réunions, et fait donc partie de ce groupe surnommé "Club des refoulés"; il commence même avec elle une cure, qu'il interrompt après six séances. Gide semble vouloir viser "la Doctoresse" en s'inspirant de l'un des cas réels qu'elle expose au groupe de la *NRF,* car dans *Les Faux-Monnayeurs* il transforme son succès en échec. En tous cas, il est clair que l'influence de la psychanalyse dans les années 1920 marque beaucoup Gide, dont l'*Œdipe* évoque l'ambivalence qu'il éprouve envers cette nouvelle et singulière théorie.

Par le biais de Freud, Gide atteint un nouveau stade dans son travail mythotextuel. Dans *Le Traité du Narcisse,* il avait expérimenté avec l'intériorisation d'une figure ancienne pour parler d'une vérité personnelle et intime. Dans l'*Œdipe,* cet aspect ne disparaît pas, mais Gide se sert également du référent mythique pour parler de son temps, pour mettre en scène une critique des mœurs, des idées reçues et des sujets à la mode pendant les années 1920 et 1930, comme le freudisme, par exemple. A travers Œdipe, il peut critiquer la vague de freudisme et de psychanalyse qui envahit la pensée de la plupart de ses contemporains, de façon purement gratuite parfois, sans grande réflexion critique de la part de ceux qui s'en réclament. Gide, toujours astucieux, choisit ironiquement Œdipe, la figure même sur laquelle se fonde une des notions les plus populaires de la pensée freudienne, le complexe d'Œdipe, pour attaquer le système tout entier.

Œdipe décomplexé

L'intérêt de Gide pour la légende d'Œdipe précède de loin son initiation à la psychanalyse. Dès 1911, il écrit dans son *Journal:*

> Il est digne de considération que les deux drames les plus solennels que nous ait légués l'Antiquité, *Œdipe* et *Prométhée,* nous présentent, l'un la notion du bien et du mal, ou pour mieux dire, du permis et du défendu, dans ce qu'elle a de plus arbitraire, l'autre la sanction, etc. (1: 342)

L'interprétation freudienne a pour effet d'accroître la fascination que Gide ressent pour le personnage d'Œdipe, interprétation dans laquelle il voit une confirmation tardive et partielle de ses propres idées. Aussi ne faut-il pas s'étonner si dans la pièce qu'il publiera en 1931, et qui sera jouée le 18 février 1932, il traite du freudisme avec une certaine condescendance ironique.

Il existe dans la pièce de Gide de multiples allusions à la psychanalyse, qui montrent à la fois qu'il connaît la théorie de Freud et qu'il refuse de la reprendre à son compte. Ainsi dans leur discussion, les fils d'Œdipe évoquent l'importance des rêves. Polynice déclare: "Il y a des tas de choses auxquelles nous pensons sans le savoir." Etéocle répond: "C'est de quoi nos rêves sont faits" (281). D'ailleurs, mythologie et psychanalyse s'entremêlent à plaisir. Le dragon dont, selon la légende, seraient issus Œdipe et ses fils, se métamorphose en monstre de l'inconscient:

> *Polynice:* Ne te demandes-tu jamais jusqu'où n'irait point la pensée? Dans ma dernière Ode, je la compare à un dragon dont nous ne connaîtrions le plus souvent que le corps et la queue, ce qui traîne dans le passé; un sphinx que je sens promener en moi son mufle invisible, flairant tout, reniflant tout, promener partout une curiosité attentatoire. Et le reste suit comme il peut. (281)

Si ces remarques peuvent être une sorte d'hommage à Freud, d'autres répliques manifestent une volonté ironique délibérée. La notion de refoulement, mécanisme essentiel de la psyché dans la théorie psychanalytique, est traitée avec désinvolture:

> *Polynice:* Jure-moi qu'entre Ismène et toi, il n'y a rien.
> *Etéocle:* Jusqu'à présent, non; je refoule.
> *Polynice:* Pas tant que moi. (281)

Dans une atmosphère comique, la conscience se substitue à l'inconscient, ce qui ne peut que gêner la psychanalyse, système dans lequel le refoulement conscient représenterait un non-sens, une violation de l'orthodoxie freudienne. Gide pousse à l'extrême les ramifications possibles du complexe, et ce faisant, donne à son œuvre un ton humoristique, parfois burlesque, en même temps qu'il exprime une opinion au fond très sérieuse. L'idée même d'inceste est abordée sur le ton de la plaisanterie par les deux frères, qui cherchent à légitimer la satisfaction d'un désir interdit:

> *Etéocle:* Ainsi, par exemple, à présent, j'y cherche quelque phrase qui m'autorise à coucher avec Ismène. . . .
> *Polynice:* Avec ta sœur?
> *Etéocle:* Avec notre sœur . . . Eh bien, quoi?
> *Polynice:* Si tu la trouves . . . dis, tu me le diras. (279)

Leur père ne semble pas prendre la chose trop au sérieux. Il fait remarquer à ses fils qu'en ce domaine, il est préférable de garder une certaine prudence: "Mes petits, respectez vos sœurs. Ce qui nous touche de trop près n'est jamais de conquête bien profitable. Pour se grandir, il faut porter loin de soi ses regards" (282).[18]

D'ailleurs, c'est toute la problématique de l'inceste qui se trouve minimisée par Gide. En plaçant l'accent sur l'éventualité d'une relation incestueuse entre frères et sœurs, il déplace le problème majeur de son héros. Œdipe lui-même ne semble pas se sentir culpabilisé par ses rapports avec Jocaste. La question de l'inceste, qui se trouve au cœur de ce que Freud nomme "le complexe d'Œdipe," est volontairement mise à l'écart par Gide. Celui-ci subvertit non sans malice le modèle freudien. Le héros gidien ne donne pas l'impression de souffrir du complexe qui porte son nom. C'est un homme honnête, équilibré, ouvert à la vérité, qui se croit victime d'une machination. Il clame son innocence: "Crime imposé par Dieu, embusqué par Lui sur ma route. Dès avant que je fusse né, le piège était tendu, pour que j'y dusse trébucher . . . J'étais traqué" (295). Œdipe ne ressent aucune culpabilité, aucune honte. Il ne manifeste aucun de ces symptômes par lesquels les pulsions refoulées trahissent leur existence. Même s'il témoigne comme Prométhée d'un certain mépris en ce qui concerne la logique, il raisonne, il argumente. Pour lui, la répercussion du passé n'est pas le retour du refoulement. Son inconscient ne nous dit rien; c'est sa conscience qui parle.

En 1935, Gide reviendra sur la question du freudisme dans *Le Treizième Arbre,* petite pièce psychanalytique qu'il considérait présenter comme intermède au cours de la représentation de l'*Œdipe.* Dans cette satire, il ridiculise l'engouement du public parisien pour la nouvelle psychanalyse. Il décrit son idée à Bussy:

> Un dessin obscène a été découvert sur le treizième arbre de l'avenue dans un domaine: château, personnages classiques: la comtesse, le curé, un jeune homme, un professeur, un docteur, une gouvernante, des enfants. Le sujet serait le retentissement de la découverte sur tous les personnages, mais surtout, il y aurait la manière. (*Cahiers de la Petite Dame, Cahiers André Gide* 4: 176)

Gide renonce à l'idée de présenter cette pièce en même temps que son *Œdipe,* voulant ainsi laisser à sa version de la figure héroïque toute l'attention du public.

Gide prend ses distances vis-à-vis de Freud. Il considère que le problème se trouve moins dans l'exploration des zones obscures du psychisme que dans la prise de conscience libératrice de l'individu. Il est rebelle aux réponses dogmatiques qu'une théorie prétend apporter aux interrogations existentielles. Comme le suggère Delay, la pensée gidienne se veut indépendante de tout mouvement idéologique:

> Cet ennemi de toutes les églises n'était pas moins réfractaire à l'église psychanalytique qu'à toutes les autres et jugeait les vues de Freud parfois géniales mais souvent sommaires. "Ils veulent," disait-il des analystes, "appliquer leur théorie à tous, au lieu de reconsidérer leur dogme, ou ce qu'ils tiennent pour tel, à propos de chaque cas particulier." ("Dernières années" 363)

Gide ne peut se satisfaire d'un système théorique qui catégorise les fonctions de la psyché sans tenir compte des exceptions, des irrégularités qui caractérisent une personnalité.

Il en va tout autrement pour certains de ses contemporains qui se sont laissés davantage influencer par le freudisme. L'exemple le plus évident est celui de Jean Cocteau, auteur d'une autre version de la légende d'Œdipe, *La Machine infernale,* qui date de 1934. Cette pièce, extrêmement différente de celle de Gide, se présente moins comme une variante du mythe ancien que comme une mise en scène de la théorie freudienne. L'Œdipe de Cocteau ne ressemble en rien à son homonyme grec. Ce n'est pas un héros orgueilleux et sûr de lui qui affronte le Sphinx. Il tremble devant le monstre Thébain, personnage infiniment plus subtil que lui-même. Le monstre n'est pas vaincu par Œdipe; il succombe de lui-même en fournissant au futur roi de Thèbes la réponse à l'énigme. Une fois qu'il est en possession du motclé, le héros prend ses jambes à son cou. Le Sphinx, déçu par cette lâcheté, déclare: "L'imbécile! Il n'a donc rien compris!" (*La Machine infernale* 71). Œdipe en effet n'a pas compris parce qu'il ne peut comprendre les forces mystérieuses et parfois terrifiantes de l'inconscient. Individu médiocre, il trébuche tout au long de sa vie, sans trop savoir où il va, en proie à des impulsions qu'il ne peut maîtriser.

A partir du moment où la machine se met en marche, personne ne peut y échapper. L'Œdipe de Cocteau ne tente même pas de se révolter. Il subit la tyrannie des dieux, ou si on préfère, de sa névrose. Cocteau n'a pas l'intention de redire le mythe originel. Ce qui l'intéresse, c'est la psychologie de son héros.[19] *La Machine infernale* se contente d'être un décalque du complexe décrit par l'inventeur de la psychanalyse. "Ne trouvez-vous pas," aurait dit Gide à Cocteau, "qu'il y a depuis Freud une vague d'œdipémie?"[20] L'auteur de *L'Immoraliste* est trop conscient de son originalité pour succomber à cette contagion. Son *Œdipe* s'inspire de préoccupations à la fois plus personnelles et plus universelles. La problématique de l'individu ne se ramène pas à un déterminisme sexuel, mais s'exprime plutôt par un conflit entre l'exigence de la liberté et les valeurs morales.

Un Théâtre négatif

Les premières décennies du XXe siècle voient une renaissance du théâtre français, dans laquelle l'esprit moderniste s'exprime sur la scène par un retour aux mythes grecs. Gide, Cocteau, Giraudoux, Anouilh et Sartre, parmi bien d'autres, puisent leur inspiration dans la mythologie antique. Ces auteurs ne se contentent pas d'imiter ou de suivre de près les modèles anciens. Ils n'hésitent pas à transformer la matière mythologique dans le but de renouveler le genre théâtral. En se référant à un récit bien connu de leur public, ces dramaturges se donnent par là même une liberté qui leur permet de mettre en scène leur propre interprétation.[21]

Ces nouveaux dramaturges bousculent les principes qui régissent le théâtre traditionnel, tels que les trois unités, la vraisemblance, une intrigue bien conduite et une progression dramatique qui s'achève par un dénouement logique. S'ils s'inspirent du mythe, ce n'est pas en raison d'une situation singulière ou d'un contexte social. C'est la signification universelle du sujet qui sert de ressort à leurs pièces. Il en résulte un théâtre insolite et imprévisible, du jamais-vu dans l'histoire dramatique. Comme le remarque Albouy: "Dispensant de tout souci de réalisme, de vraisemblance, d'analyse psychologique, le jeu avec le mythe libère le théâtre et laisse toute la place à la réflexion, à la pensée; grâce au mythe, le théâtre devient le lieu idéal où s'affrontent les idées" (*Mythes et mythologies* 128). Cette nouvelle approche s'appuie sur une volonté de désacralisation de la matière mythique. Il s'agit de débarrasser la légende de son contexte religieux, social et historique pour n'en retenir que la portée psychologique universelle. Le mythe s'allège de son passé.

Le dramaturge veut établir une distance—Bertold Brecht aurait dit "une distanciation"—entre le thème mythique et l'esprit moderne, entre l'espace scénique et l'auditoire, distance qui s'exprime essentiellement par un refus de traiter le mythe sur le mode tragique. Dans la plupart des pièces de cette époque, l'emploi de l'ironie permet de substituer une compréhension active à l'habituelle passivité du spectateur. Pierre Lachasse analyse ainsi le rôle unique du mythe dans la littérature moderne:

> Nous sommes . . . loin de ce divertissement pour lettrés, écrit par des lettrés, que certains ont cru déceler dans ce retour au mythe grec. Bien au contraire, la littérature moderne investit le mythe d'une charge profonde d'humanité et l'ironie, sans laquelle ici il ne saurait y avoir vraiment de création originale, marque le triomphe de l'intelligence sur une soumission passive aux modèles du passé. ("*Œdipe* d'André Gide, ou le mythe renouvelé" 8)

Parmi tous les mythes grecs régénérés dans le théâtre de l'entre-deux-guerres, l'histoire d'Œdipe occupe une place privilégiée et constitue un excellent exemple de cette attitude contestataire. Les Anciens la tenaient pour un mythe fondateur de leur société et de leurs mœurs. En s'emparant de cette histoire, située au cœur même de la civilisation antique, les dramaturges du XXe siècle opèrent une rupture encore plus forte. Ils arrachent le récit à son contexte religieux tragique et le manipulent de telle sorte qu'il parle à la société contemporaine, à cause, précisément, de ce déracinement. Cette tendance se fait voir clairement dans le choix d'Œdipe de la part de Gide: "Dans le cadre d'une histoire 'fermée' et qui ne comportait qu'un héros immobile (prisonnier des langes d'une tradition millénaire), il a su introduire un héros 'ouvert' et en mouvement, qui choisit son destin et qui se crée, matériellement, sous les yeux du spectateur" (Balmas 253). L'époque de l'entre-deux-guerres se caractérise par des notions telles que la rupture, le déracinement, le passé brisé. La figure d'Œdipe peut ainsi résumer et transmettre un message contemporain, non seulement dans son contenu sémantique, mais aussi dans sa carrière esthétique, dans sa métamorphose presque brutale de mythe en littérature.

L'*Œdipe* de Gide constitue un exemple radical de cette neutralisation, de cette réduction du sacré. Son projet commence par un dépouillement extrême du décor de manière à effectuer la rupture entre la fascination qu'exerce le mythe et l'attitude critique que souhaite l'auteur. La pièce ne comporte aucune indication scénique. L'austérité du spectacle facilite l'accès à une nouvelle interprétation, en même temps qu'elle dégage la figure centrale d'Œdipe, procédé déjà établi dans *Le Traité du Narcisse.* L'idée essentielle de la pureté de l'art, fondamentale à la notion du classicisme gidien, se fait surtout sentir dans le théâtre de Gide. L'auteur s'efforce de suivre l'idée d'Edouard présentée dans *Le Journal des Faux-Monnayeurs:* "Le seul théâtre que je puisse supporter est un théâtre qui se donne simplement pour ce qu'il est, et ne prétende être que du théâtre" (57). Et dans "L'Evolution du théâtre," Gide ajoute: "le dépaysement que l'artiste cherche à produire en éloignant de nous ses personnages, indique précisément ce désir: nous donner son . . . drame pour un drame, simplement—et non courir après une illusion de réalité qui, lors même qu'elle serait obtenue, ne servirait qu'à faire avec la réalité pléonasme" (147).

Cette esthétique se trouve en accord avec le classicisme gidien, soucieux de bannir tout détail superflu. Une représentation de sa pièce à Darmstadt, pour laquelle le metteur en scène avait imaginé un décor ambigu, suggère à Gide ce commentaire explicatif:

> Le directeur, Hartung, eut la très ingénieuse idée de soutenir et motiver tous les anachronismes de la pièce (qui, du coup, ne parurent plus forcés) par un décor mi-antique, mi-moderne, mêlant les colonnes d'un temple grec à une projection, sur la toile de fond, de Notre-Dame de Paris. Les acteurs mêmes portaient leurs oripeaux de tragédie sur un costume outrageusement contemporain. L'illusion scénique, dès lors, était nulle; mais ma volonté de ne point chercher à l'obtenir devenait du coup évidente, et, lorsqu'on entendit le chœur déclarer: "L'action de ce drame ne saurait s'engager, sans que . . . etc.," le public me sut gré de le mettre de mèche et comprit que l'intérêt de ma pièce était ailleurs: dans le combat des idées, et que le drame se jouait sur un autre plan que celui de la tragédie antique. (*Journal* 1: 1129)

Il est intéressant de noter qu'à l'opposé de Gide, Cocteau adopte pour *La Machine infernale* une mise en scène spectaculaire.

Son texte s'accompagne d'indications scéniques très détaillées. Il en résulte un montage baroque qui crée un effet visuel déconcertant. Mais l'objectif reste le même, et le spectateur sait dès le début de la représentation que l'œuvre n'a rien à voir avec le tragique.

Dans la pièce de Gide, le décalage entre le mythe et le nouveau texte est rendu manifeste par une pratique intertextuelle subtile et diversifiée. Gide évoque d'abord le théâtre grec sur le mode sérieux dans trois épigraphes, ce qui lui permet de placer le référent hors du texte proprement dit. Le premier acte est précédé de cette maxime, tirée du chœur d'*Antigone* de Sophocle: "Beaucoup de choses sont admirables; mais rien n'est plus admirable que l'homme" (253). De même, le troisième acte s'accompagne d'une citation de Sophocle, empruntée à *Œdipe à Colone:* "Ne me prenez pas, je vous en conjure, pour un contempteur des lois" (291). Comme pour souligner que l'auteur n'est pas tributaire du seul référent sophocléen, à ces deux épigraphes s'en ajoute une troisième, qui provient cette fois-ci de la pièce d'Euripide, *Les Phéniciennes:* "Œdipe, ô imprudemment engendré! fils de l'ivresse" (269). Gide peut ainsi recréer l'atmosphère sombre et tragique de l'Antiquité, atmosphère qu'il va s'empresser de détruire.

D'autres allusions moins évidentes à la tragédie de Sophocle apparaissent dans le texte même de la pièce. L'attitude de Créon concernant le pouvoir royal ressemble ainsi beaucoup à celle de son homologue sophocléen. Le personnage de Gide déclare: "fils de roi, frère de roi, je ne puis pas ne pas être conservateur. Sans être roi moi-même, j'aimais jouir à la cour de Laïus, j'aime jouir à la tienne, de tous les avantages de la couronne, sans en avoir le poids ni les soucis" (273). Paroles très voisines de celles du Créon de Sophocle: "Pour moi, je ne suis pas né avec le désir d'être roi, mais bien avec celui de vivre comme un roi . . . j'obtiens tout de toi, sans le payer d'aucune crainte: si je régnais moi-même, que de choses je devrais faire malgré moi!" (204–05). De même, l'irritation d'Œdipe face à Tirésias ("Il est plus fatigant encore que le Sphinx" [284]), rappelle l'exaspération du personnage grec: "ô le plus méchant des méchants. . . . [V]raiment, tu mettrais en fureur un roc" (196).

D'ailleurs, Gide ne se prive pas de retoucher le référent grec. Son Œdipe ne parle pas de ses pieds gonflés, comme le suggère son nom, mais de son engouement: "dans mon cas précisément, c'est assez difficile de n'être pas quelque peu gonflé par soi-même" (254).[22] L'enfant nouveau-né abandonné sur l'ordre de Laïos n'est pas simplement exposé sur le Cithéron, mais accroché à un arbre dans une posture pitoyable:

> Un berger, en faisant paître son troupeau, m'avait trouvé dans la montagne, pendu par un pied, comme un fruit, aux basses branches d'un arbuste (c'est pour ça que je boite un peu), nu, exposé au vent, à la pluie—comme un fruit d'amours clandestines. (271–72)

Ces allusions au théâtre de Sophocle s'inscrivent dans un réseau intertextuel fait de références littéraires multiples. Il est facile de reconnaître une citation de La Fontaine dans cette remarque du chœur: "La peste, puisqu'il faut l'appeler par son nom" (255). On entend Shakespeare lorsque Créon constate: "Il y a quelque chose de pourri dans le royaume" (256). Gide fait aussi référence à la littérature de son époque. L'exclamation d'Œdipe "Que m'importe, dès lors, si je suis Grec ou Lorrain" (272) renvoie à Maurice Barrès. L'allusion de Créon au livre d'Etéocle sur "le mal du siècle" (270) rappelle l'article de Marcel Arland sur le même thème.[23] Son sous-titre, "Notre inquiétude," se rapporte à une œuvre de Daniel-Rops.[24]

Ce jeu intertextuel renforce le climat moderniste de la pièce en éloignant le référent mythologique. L'auteur multiplie à l'adresse de son public des clins d'œil culturels. Comme l'écrit Walter Benjamin dans son essai "Œdipe, ou le mythe raisonnable":

> Il y est question de dimanche, de refoulement, de Lorraine, de décadents et de vestales. L'écrivain interdit à son public de s'accrocher aux particularités de lieu et de situation; il l'arrache lui-même à toute illusion et, dès le début de la pièce, appelle la scène par son nom. Bref, qui veut le suivre est forcé de "nager librement," de prendre comme ils viennent les crêtes et les creux de l'Océan légendaire en mouvement depuis deux millénaires, de se laisser soulever et retomber. (176)

La distanciation entre le mythe et le spectateur moderne est accentuée par une manipulation du langage qui tend à introduire dans le discours des expressions tantôt familières, tantôt triviales.

La parole envoûtante du théâtre grec fait place au parler quotidien d'un individu moyen. A Tirésias qui lui fait grief de ne pas trembler devant Dieu, Œdipe répond, avec une certaine désinvolture: "Je n'ai jamais été ce que l'on appelle un froussard" (259). Plus loin, quand il décrit sa vie heureuse à la cour de Polybe, il dit: "J'étais comme un coq en pâte" (271).

A l'occasion, Œdipe n'hésite pas à se servir d'une langue plus grossière qui souligne le décalage par rapport au tragique. "Si je connaissais le cochon qui . . ." (258), menace ironiquement Œdipe, lorsqu'il entend parler du meurtre de Laïos. Le chœur lui-même s'exprime de façon vulgaire, quand il reproche au roi de Thèbes ses anciens crimes: "Tu nous as fichus dedans" (260). Ailleurs, ce sont les fils du roi qui se disputent en employant la langue des bas-fonds:

> *Etéocle:* [M]oi, personnellement, je m'en fous.
> *Polynice:* Et si je te foutais mon poing sur la gueule, personnellement . . . tu t'en foutrais peut-être un peu moins? (280)

Gide va jusqu'à mettre dans la bouche de son héros des façons de parler qui banalisent le divin: "Qui ne se soumettrait volontiers à une sacrée puissance, dès qu'elle conduit où je suis?" (254).

Chez Cocteau, on trouve également une familiarité du langage qui contraste avec le discours solennel de "la Voix," personnage invisible qui introduit l'action. Par exemple, Jocaste donne à Tirésias le sobriquet de "Zizi" (*La Machine infernale* 25). Lui de son côté l'appelle "ma petite brebis" (27), "ma petite biche" (37), "ma colombe" (37). L'opposition qui en résulte constitue un des ressorts de la distanciation dans *La Machine infernale.* Claude considère "l'irruption de familiarités et de trivialités dans la langue théâtrale" (348) comme preuve d'une certaine ironie dramatique voulue de la part de l'auteur. Il explique:

> A sa façon, Gide détruit l'illusion scénique par une oscillation entre la distanciation que fait naître l'éloignement dans le temps et la proximité liée à un langage qui est loin d'être intemporel, d'autant que sont glissées dans l'œuvre d'explicites allusions à l'actualité littéraire. En mêlant étroitement "*le bouffon au tragique,*" il ramène la tragédie sur le plan strictement humain; il prévient qu'il traite de problèmes

> qui intéressent l'homme, l'individu, qu'il met en place un débat moral qui invite à la réflexion, qu'il privilégie l'actualité du mythe à son universalité et que seule compte sa propre interprétation. (352)

Comme le suggère Claude, le rire n'est pas gratuit chez Gide, mais joue un rôle principal dans le projet de désacralisation du référent mythique; aussi, il met en lumière la présence toujours puissante de la mythologie dans l'existence humaine contemporaine. La forte présence de la voix ironique de l'auteur dans la pièce n'a cependant pas pour effet de détruire l'effet tragique du héros central. Le mythe garde sa puissance derrière le masque de la comédie. Moutote suggère que "sans doute s'agit-il bien de la tragique question de la destinée humaine, mais dans la bonne humeur de la vie actuelle. . . . Le mythe est percé de part en part des traits d'une ironie jaillissante qui décontenance l'histoire fixée dans la tradition mythologique" (*André Gide: L'Engagement 1926–1939* 44–45).[25]

Gide va encore plus loin dans sa rupture avec le théâtre traditionnel. Il jette le doute sur l'identité de son héros, en créant un décalage entre sa parole et sa personne. La pièce s'ouvre par un monologue dans lequel le roi de Thèbes se présente sous l'apparence d'un personnage qui pourrait être Œdipe: "Me voici tout présent, complet en cet instant de la durée éternelle; pareil à quelqu'un qui s'avancerait sur le devant d'un théâtre et qui dirait: Je suis Œdipe" (253). L'identification du personnage qui se trouve sur la scène avec son modèle antique est constamment remise en question. Œdipe souligne à nouveau la signification étymologique renouvelée de son nom, et il se distancie de sa propre histoire, en s'apostrophant comme s'il était un autre:

> Allons, allons! Œdipe, ne t'embarque pas dans de trop longues phrases dont tu risques de ne pouvoir sortir. Dis simplement ce que tu as à dire et n'apporte pas à tes paroles ce gonflement que déjà tu prétends éviter dans ta vie. Tout est simple et tout vient à point. Sois simple toi-même et direct comme la flèche. Droit au but . . . (253)

Œdipe ne cesse de parler de son "cas." Son discours dédramatise le passé qui, dans la légende, accable le héros et détermine son destin. Il a une conscience de lui-même trop aiguë pour ne pas saboter l'action dramatique. Il se passe très peu de choses sur la scène; il n'y a pas d'intrigue à proprement parler. Les personnages ne font qu'entrer et sortir pour échanger des paroles. Tout s'achève dans un dénouement apparemment conforme à la légende, mais auquel l'auteur ne semble pas vraiment s'intéresser. L'atmosphère tragique et la catharsis dramatique disparaissent au profit d'un affrontement idéologique qui oppose le discours du prince à celui du prêtre. Le seul événement notable qui se produit dans la pièce est une confrontation verbale entre Œdipe et Tirésias. En un sens, cette priorité du langage sur l'action préfigure le théâtre de Sartre et même celui de Beckett.

La Déroute de l'individualisme

Plus de trente ans se sont écoulés depuis la parution du *Prométhée,* et les enjeux de l'auteur sont nécessairement différents. Le problème de l'homosexualité ne semble plus être au premier plan de ses préoccupations; *Corydon* a été publié définitivement en 1924. Toutefois, certains critiques ont cru pouvoir déceler dans la légende œdipienne une possible origine de l'homosexualité. Par exemple, Bernard Sergent suggère que le créateur de la pédérastie en Grèce n'est autre que Laïos, le père d'Œdipe:

> [L]a vraie faute initiale de Laios, la faute qui, étant sexuelle et stérile quant à la génération, se transpose dans la vie conjugale du héros sous la forme d'un interdit des relations sexuelles et de la reproduction, cette faute est l'homosexualité dont Laios est le fondateur paradigmatique. (89)

Dans la pièce de Gide, la seule allusion à une inversion sexuelle apparaît dans la relation ambiguë entre Etéocle et Polynice, qui masquent leurs désirs incestueux pour leurs sœurs. Etéocle fait à Ismène cette confidence:

> Polynice et moi, nés à la fois, élevés ensemble, nous avons eu tout en commun. Je ne goûte pas une joie et n'ai pas une pensée, je crois, qui ne soit aussitôt la sienne, et qui, par son reflet en lui, ne se trouve aussitôt renforcée. (276)[26]

Le thème uranien du double si fréquent dans l'œuvre de Gide se trouve ici discrètement évoqué au deuxième plan de la narration. Au lieu de mettre l'accent sur les contraintes morales qui entravent la sexualité, Gide s'interroge sur le rapport entre l'homme et la religion. La perspective païenne est ainsi remise en question. Dès 1920, Gide expose en détail à son ami Roger Martin du Gard son projet pour un *Œdipe* auquel il pense déjà:

> Mon intention, voyez-vous, serait de présenter au début un Œdipe rayonnant, fier de sa réussite, actif, ignorant tout souci: un Œdipe "goethéen." Et puis, sans qu'aucun événement nouveau ne se produise, simplement par l'intervention, par l'influence d'un prêtre, d'un Tirésias *chrétien,* cet Œdipe glorieux se trouverait totalement dépossédé de son bonheur. . . . Tout ce qui jusque là faisait de lui un monarque serein, équilibré, parfaitement satisfait, tout cela, brusquement, ne compterait plus pour rien, du seul fait que l'éclairage aurait été modifié par le grand prêtre. . . . Autrement dit, *du fait que l'optique chrétienne aurait remplacé l'optique païenne.* (*Notes* 21–22)

Le renversement de la problématique telle qu'elle apparaissait dans le *Traité* et le *Prométhée* se trouve confirmé dans une remarque du *Journal* de 1927: "Non pas: *Le Nouvel Œdipe*—mais bien *La Conversion d'Œdipe.* Le titre me paraît excellent" (1: 840). Après la publication de sa pièce, Gide précise sa conception dans une lettre à Martin du Gard, où il répond aux critiques de son ami. Selon lui, le nœud du drame réside dans le conflit entre Œdipe et les forces qui l'assaillent: "la déroute de l'individualisme. . . . [C]'est là le sujet profond du drame, son axe et ce qui fait son unité. . . . [L]a lutte d'Œdipe, et contre le Sphinx, et contre Tirésias, et contre lui-même" (*Correspondance* 441). Gide ne s'intéresse pas à la malédiction implacable qui poursuit le héros dans le mythe, mais à l'échec de l'individu bien à l'abri dans le cocon de son bonheur.

Son Œdipe se présente au début de la pièce comme un homme heureux. Il est satisfait de sa vie, il est installé dans une existence calme et confortable. Evoquant son passé, il pense avoir découvert le bonheur. Il ne représente aucune théorie, aucune cause sociale, aucune idéologie. Pour lui, c'est l'homme qui compte, l'homme solitaire qui puise sa force dans sa propre certitude. Tel est l'enseignement d'Œdipe à ses fils:

> Si j'ai vaincu le Sphinx, ce n'est pas pour que vous vous reposiez. . . . J'ai compris, moi seul ai compris, que le seul

> mot de passe, pour n'être pas dévoré par le sphinx, c'est: l'Homme. . . . [C]hacun de nous, adolescent, rencontre, au début de sa course, un monstre qui dresse devant lui telle énigme qui nous puisse empêcher d'avancer. Et, bien qu'à chacun de nous, mes enfants, ce sphinx particulier pose une question différente, persuadez-vous qu'à chacune de ses questions la réponse reste pareille; oui, qu'il n'y a qu'une seule et même réponse à de si diverses questions; et que cette réponse unique, c'est: l'Homme; et que cet homme unique, pour un chacun de nous, c'est: Soi. (283–84)

L'affirmation de cette liberté passe par la rupture avec la famille, qui incarne pour Gide la soumission, l'enracinement. Œdipe décrit à Créon son départ de la cour de Polybe, avec une nostalgie rimbaldienne:

> Comme si le bonheur était ce que j'avais jamais cherché! C'est pour m'en évader que je m'élançai de chez Polybe, à vingt ans, les jarrets tendus, les poings clos. Qui dira si l'aurore au-dessus du Parnasse était belle, quand j'avançais dans la rosée, vers le Dieu dont j'attendais l'oracle, ne possédant plus rien que ma force, mais riche de toutes les possibilités de mon être, et ne sachant encore qui j'étais. (288)

Les Nourritures terrestres de 1897 s'étaient déjà affirmées comme une apologie enjouée du déracinement. La même année, Gide avait écrit dans la revue *L'Ermitage* un article intitulé "A propos des *Déracinés*":

> Et peut-être pourrait-on mesurer la valeur d'un homme au degré de dépaysement (physique ou intellectuel) qu'il est capable de maîtriser.—Oui, dépaysement; ce qui exige de l'homme une gymnastique d'adaptation, un rétablissement sur du neuf: voilà l'éducation que réclame l'homme fort,—dangereuse il est vrai, éprouvante; c'est une lutte contre *l'étranger;* mais il n'y a éducation que dès que l'instruction modifie.—Quant aux faibles, enracinez! enracinez! (442)

La forme symbolique du déracinement sur le plan familial est la bâtardise. A Créon, qui lui fait remarquer combien il doit être pénible d'ignorer son origine, Œdipe répond avec vivacité:

> Oh! parbleu, non! Même il ne me déplaît pas de me savoir bâtard. Du temps que je me croyais fils de Polybe, je m'ap-

> pliquais à singer ses vertus. Qu'avais-je en moi qui n'eût d'abord été dans mes pères? me redisais-je. Ecoutant la leçon du passé, j'attendais d'hier seul mon ainsi-soit-il, ma dictée. Puis, soudain, le fil est rompu. Jailli de l'inconnu; plus de passé, plus de modèle, rien sur quoi m'appuyer; tout à créer, patrie, ancêtres . . . à inventer, à découvrir. Personne à qui ressembler, que moi-même. . . . C'est un appel à la vaillance, que de ne connaître point ses parents. (272)

Ces paroles font écho à celles d'Edouard des *Faux-Monnayeurs* qui déclare: "L'avenir appartient aux bâtards. Quelle signification dans ce mot: '*Un enfant naturel*'! Seul le bâtard a droit au naturel" (1022).[27] La notion de bâtardise se révèle doublement importante pour cette étude. D'une part, les écrits de Freud examinent avec soin cette idée, et il n'est pas impossible que Gide ait trouvé chez Freud un point de départ pour sa propre analyse de la bâtardise. Dans son livre *Totem et tabou* (dont la traduction française a paru en 1924),[28] Freud décrit la violence avec laquelle les fils d'un chef de tribu tuent et dévorent leur père qui détient la puissance. Il suggère qu'en consommant le père, les fils peuvent s'emparer de sa sagesse en même temps qu'ils contentent leur haine. Le bâtard chez Gide peut alors renverser les pouvoirs qui essaient de le définir, pouvoir du père, pouvoir de Dieu. Comme le propose Steel:

> The humanist ideal of the bastard-god, a man of good-will in the evangelical sense, yet free from social conformism and possessed of Greek dynamism and serenity, absorbs the religious ideal of God which had obsessed Gide as a child and adolescent. . . . The bastard finally carries Gide out of the family and allows him to re-approch it in a more mature frame of mind. Gide arms the bastard with the hereditary and social basis of illegitimacy that will permit him the utmost possible degree of social non-conformism and psychological independence. ("Gide and the Conception of the Bastard" 246)

Or, Œdipe tue son père, en un sens, le "mange," et il s'approprie son identité en tant que roi de Thèbes. Ce faisant, il réécrit l'histoire de Thèbes, il réinvente la nature du père, père de la ville, père de ses fils. Gide, de même, reprend la légende de ses pères pour la reformuler, pour la redéfinir. On peut dire qu'en réorganisant le récit, Gide choisit de "mal" lire le texte traditionnel. Il le prend pour point de départ, il s'en inspire, mais en développant les noyaux signifiants du texte classique, il proclame l'insuffisance de ce texte, il se pose en rival des auteurs anciens. Cette activité textuelle peut être éclairée par la terminologie de Harold Bloom, qui, dans *The Anxiety of Influence,* présente plusieurs pistes de relecture. Deux notions de Bloom, en particulier, me semblent s'appliquer à ce texte de Gide, d'abord:

> *Clinamen,* which is poetic misreading or misprison proper; I take the word from Lucretius, where it means a "swerve" of the atoms so as to make change possible in the universe. A poet swerves away from his precursor, by so reading his precursor's poem as to execute a *clinamen* in relation to it. (14)

Et ensuite:

> *Daemonization,* or a movement towards a personalized Counter-Sublime, in reaction to the precursor's Sublime. . . . The later poet opens himself to what he believes to be a power in the parent-poem that does not belong to the parent proper, but to a range of being just beyond the precursor. (15)

C'est dans le mélange de ces deux techniques que se trouve le travail scripturaire qui caractérise l'*Œdipe* de Gide. Ce texte met en scène une bâtardise libératrice non seulement par rapport au fils humain qui cherche à se distinguer de ses pères, mais encore en ce qui concerne l'écriture même. Gide se distancie du texte originel, mais il ne rompt pas complètement avec ce texte, qui fait partie intégrale de sa formation culturelle. Il va plus loin, il réinterprète les données narratives, dans un geste d'indépendance. Dans le refus de l'identité et de la parole des pères se retrouve le sous-texte homosexuel qui accompagne si souvent le discours gidien. Ce n'est pas que son Œdipe incarne l'homosexualité, ni qu'il la prône, mais plutôt que la situation d'Œdipe, comme celle de Gide, comme celle encore de Prométhée, fait écho à ce thème toujours présent dans les coulisses.

Œdipe s'est libéré, mais sa liberté s'est progressivement dégradée dans un nouvel enracinement, qu'il appelle son bonheur. L'individualisme triomphant s'est fossilisé en un égoïsme borné. Cependant, une menace plane sur sa vie heureuse, mais elle ne vient pas d'une révélation fulgurante due à un dieu ou à un de ses représentants. Le doute naît dans le cœur même du roi de Thèbes. Œdipe s'interroge et découvre son erreur à partir de sa propre réflexion:

> Qu'as-tu fait, Œdipe? Engourdi dans la récompense, je dors depuis vingt ans. Mais à présent, enfin, j'écoute en moi le monstre nouveau qui s'étire. Un grand destin m'attend, tapi dans les ombres du soir. Œdipe, le temps de la quiétude est passé. Réveille-toi de ton bonheur. (288–89)

Il veut connaître la vérité que déjà il pressent. Il déclare à Jocaste:

> Non, non! je veux savoir. Ne te dérobe pas comme une ombre. Je ne te tiens pas quitte. Tout ce qu'il peut y avoir en toi de vérité, tant que tu ne me l'aurais pas livré, je ne te laisserai pas repartir. Il y a là quelque chose de trouble que je veux éclaircir à tout prix. (291)

Une fois engagé sur le chemin de la vérité, Œdipe qui généralement se réfère tantôt "au dieu," tantôt "à un dieu," se heurte à Tirésias, porte-parole du Dieu chrétien. Dans sa pièce, Gide développe considérablement le rôle du prêtre, qui dans la tragédie de Sophocle, n'occupait que la place restreinte d'intermédiaire entre les dieux et les hommes. En 1932, à propos d'un article d'Haraucourt, Gide donne à ce sujet une explication personnelle:

> Il voit dans ma pièce, surtout, l'opposition du libre arbitre et de la prédestination. Beaucoup feront de même et par ma faute; car je sens bien . . . que j'ai indiscrètement accusé ce conflit évident—lequel me tourmentait beaucoup, au temps de ma jeunesse, mais qui, depuis longtemps, a cessé de m'inquiéter et qui, dans ma pièce même, me paraît moins important, moins tragique, que la lutte (qui du reste en dépend étroitement) entre l'individualisme et la soumission à l'autorité religieuse. (*Journal* 1: 1106)

Pour le roi, le prêtre n'est pas le voyant qui seul peut déchiffrer la vérité, mais plutôt le représentant d'une cécité métaphysique.[29] On est loin de la tradition sophocléenne qui fait du devin aveugle celui qui voit clair.

Bien que l'affrontement avec Tirésias trouble le roi de Thèbes, celui-ci refuse de se laisser impressionner par les propos du prêtre. Il affronte seul la révélation de son crime. De cette lutte avec lui-même, il sort vaincu, mais libre. Sa défaite à la fois tragique et salutaire marque la faillite de l'individualisme, c'est-à-dire, comme il est mentionné dans *Le Traité du Narcisse,* de la préférence de soi. L'illusion se dissipe, et Œdipe déclare: "Un bonheur fait d'erreur et d'ignorance, je n'en veux pas. Bon pour le peuple! Pour moi, je n'ai pas besoin d'être heureux. C'en est fait! Toute la nuée de cet enchantement doré se déchire" (293). Œdipe assume la responsabilité d'un crime commis en toute ignorance. Une sorte de folie s'empare de lui:

> Ah! Je voudrais échapper au dieu qui m'enveloppe, à moi-même. Je ne sais quoi d'héroïque et de surhumain me tourmente. Je voudrais inventer je ne sais quelle nouvelle douleur. Inventer quelque geste fou, qui vous étonne tous, qui m'étonne moi-même, et les dieux. (297)

Par un acte démesuré, il entend se soumettre à la loi qu'il a lui-même dictée pour se prouver sa "vaillance."

Un Rebelle existentiel

Comme dans la tragédie de Sophocle, Œdipe s'aveugle volontairement avec les agrafes d'or qui retiennent le manteau de Jocaste. Pour certains critiques, cette mutilation représente une autre manière de retomber dans l'ignorance. Une cécité en remplace une autre. Brée, par exemple, écrit:

> Son geste, lorsqu'il se crève les yeux, n'est pas comparable au geste désespéré de l'Œdipe grec; c'est un geste de rage, un geste d'insoumission inutile, de révolte devant les dieux qui l'ont pris au piège grâce à son manque de lucidité: et ironiquement, par ce geste d'insoumission, Œdipe tombe une fois de plus malgré lui, aveuglément, dans le rets du destin. (329)

Cette interprétation semble correspondre à la conclusion que Gide envisageait pour sa pièce en 1920:

> Et maintenant, j'entrevois ma fin: on verrait l'infortuné roi n'ayant plus qu'un désir: s'évader par la cécité hors du pré-

> sent, hors de ce présent qui lui a été gâté sans recours; entrer dans cette nuit, peuplée de souvenirs heureux, qui seule peut lui rendre sa vision optimiste du monde, et le goût de vivre.[30]

Gide réitère ce point de vue en 1927:

> Le palais de la foi . . . Vous y trouvez consolation, assurance et confort. Tout y est ménagé pour protéger votre paresse et garantir l'esprit contre l'effort. . . . On y entre les yeux fermés; les yeux crevés. C'est bien ainsi qu'y entre Œdipe. *Œdipe* ou le triomphe de la morale. (*Journal* 1: 837)

En fait, dans son *Œdipe,* Gide se libère de cette perspective théologico-morale. Son héros prend en charge son crime involontaire et s'affranchit de la tutelle cléricale de Tirésias. Œdipe doit dépasser l'autorité gouvernementale, sociale et religieuse de tout régime. Dans le sens où il "passe outre," expression favorite de Gide, Œdipe peut alors atteindre ce qu'il appelle "la réalité," le domaine de la vérité qui s'ouvre seulement pour ceux qui refusent l'aveuglement du monde sensible et de la mauvaise foi spirituelle. Loin de détruire sa capacité à voir, il l'augmente, il la dépasse dans un geste extrême d'affirmation de soi. Dans "Feuillets d'automne," Gide explique:

> Mais l'homme ne peut-il pas apprendre à exiger de soi, par vertu, ce qu'il croit exigé par Dieu? Il faudra bien pourtant qu'il y parvienne; que quelques-uns de nous, d'abord; faute de quoi, la partie serait perdue. Elle ne sera gagnée, cette étrange partie, que voici que nous jouons sur terre . . . que si c'est à la vertu que l'idée de Dieu, en se retirant, cède la place; que si c'est la vertu de l'homme, sa dignité, qui remplace et supplante Dieu. (261–62)[31]

Le libre choix d'Œdipe de se lancer dans une certaine cécité rend l'acte lui-même paradoxalement libérateur; Œdipe peut enfin "voir clair" quand il dompte les illusions du monde de Tirésias, quand il abandonne l'aveuglement de la religion pour retrouver sa propre lumière, pour atteindre ce qu'il appelle "la réalité." Comme le suggère Strauss, Œdipe refuse la cécité de la mauvaise foi pour s'affirmer dans un geste personnel:

> Ainsi il y a deux cécités. Celle de base, qui, en nous dérobant la réalité du péché, nous expose à y sombrer à notre insu,

> et qui entraîne donc un aveuglement fatal, lequel à son tour amène la catastrophe au contact de la réalité, et l'autre, celle qu'on s'inflige, qu'on choisit. . . . Œdipe s'explique là-dessus dans le *Thésée,* où il nous dit que ce n'était pas tant à ses yeux qu'il en voulait, qu'à *ce décor,* au *mensonge* auquel il avait cessé de croire. . . . Œdipe, après avoir dépassé la religion dans l'athéisme, dépasse celui-ci à son tour dans une sorte de religiosité ultérieure. (95)[32]

En choisissant pour guide Antigone, qui représente la religion "de la raison et du cœur," et non Ismène, qui incarne la joie païenne de sa propre jeunesse, Œdipe marque sa préférence pour une spiritualité personnelle dépourvue d'agressivité mais sans concession. Le châtiment d'Œdipe ressemble à un martyre qui prend tout son sens dans la mesure où son sacrifice ne débouche pas sur un salut personnel, mais sur un apport bénéfique pour les hommes: "Au prix de ma souffrance, il m'est doux de leur apporter du bonheur" (304). Cette attitude d'Œdipe se trouve confirmée par ces réflexions de Gide dans son *Journal* en 1930:

> Le grand grief que l'on peut avoir contre la religion chrétienne, c'est de sacrifier les forts aux faibles. Mais que la force cherche à s'employer au secours de la faiblesse, comment ne pas approuver cela? Cela vaut-il d'être sauvé? Drame auquel je reviens sans cesse; je voudrais qu'il transparût aussi dans le troisième acte de mon *Œdipe.* Le sacrifice du meilleur. Mais c'est dans ce don de soi, cet holocauste, que lui-même s'affirme le mieux et se prouve son excellence. Cette abnégation qui accompagne toute noblesse, ce ruineux besoin de se sacrifier à ce qui ne vous vaut pas. (1: 1006)

Gide renverse la signification du mythe. La malédiction antique se change en sacrifice volontaire dans une perspective plus humaniste que chrétienne. Tout en assumant la responsabilité de ses crimes, Œdipe se révolte contre les dieux qui lui ont tendu un piège dès sa naissance. La cécité qu'il s'inflige est l'affirmation de son indépendance, la forme suprême de son insoumission. Il accepte son crime comme un fait accompli; en effet, c'est lui qui en est responsable. Comme l'écrit Moutote, Œdipe redevient héros à la fin de la pièce:

> Il le fera non pas en se drapant dans une vengeance mystique, en s'aveuglant pour se faire l'égal de Tirésias, ou pour

> se venger d'une si décevante clairvoyance, ou par dérision d'une obscurité à laquelle il ne croit pas, mais en se renonçant afin de mieux s'affirmer, selon le principe fondamental de la pensée gidienne: "Qui veut sauver sa vie la perdra, mais celui qui fait abandon de la vie pour renaître . . . , celui-là fait son âme vraiment vivante." (*André Gide: L'Engagement* 48)

Condamné à vivre dans l'ombre de son acte, Œdipe sait transformer cette punition en liberté, et il dépasse ainsi la condamnation divine pour atteindre à la plénitude de son être. Sa situation fait pendant à celle de Sisyphe, celui qui, "condamné à être libre," découvre enfin un bonheur ironique dans son sort. Il a son autonomie et les valeurs auxquelles il s'est dévoué. Œdipe a tout perdu, famille, patrie, passé, mais il continue à vivre avec audace dans une attitude de défi. Comme Sisyphe, "il se sait le maître de ses jours," et comme Sisyphe, il faut l'imaginer heureux. En un sens, Œdipe est un héros existentiel avant la lettre.[33]

Chapitre six

Thésée

Une Légende polymorphe

Le mythe de Thésée est sans doute une des légendes les plus riches, les plus diversifiées que nous ait léguées l'Antiquité. Ses éléments principaux se sont agrégés au cours d'une longue période de gestation. La nature diachronique de la version originale de cette légende interdit de tenir quelque source archaïque pour l'unique référent. L'histoire de Thésée ne cesse de s'enrichir pour devenir un des récits les plus universels de la mythologie. Comme l'écrit Marguerite Yourcenar:

> Les aventures gréco-crétoises de Thésée, sa lutte avec le Minotaure, ses amours avec les deux sœurs du monstre, la prudente Ariane et la dangereuse Phèdre, comptent parmi les légendes antiques qui comportent le plus d'éléments immédiatement comparables à ceux du conte populaire par tous pays et dans tous les temps. (165)

Selon les périodes, les auteurs reprendront tel ou tel élément de la légende; ils insisteront tantôt sur le tueur de monstres et de brigands, tantôt sur l'ami fidèle, ou sur l'amant aux conquêtes multiples, ou encore sur l'homme d'Etat qui assure la paix et la continuité de la cité.[1]

Il semble que l'auteur des *Nourritures terrestres* se soit intéressé très tôt à la légende de Thésée, mais dans une perspective qui se voulait différente de tout ce qui avait été écrit jusqu'alors. Selon toute vraisemblance, Gide a longuement ruminé cette histoire, et vers la fin de sa vie, elle est devenue un thème majeur de sa réflexion. Le témoignage de Roger Martin du Gard montre combien Gide se passionnait pour ce sujet:

> De toutes ces heures passées ensemble émerge pourtant un souvenir précis: l'émotion avec laquelle il m'a parlé, le dernier soir, de ce *Minos* qu'il veut écrire, et qui pourrait être le grand œuvre de sa vieillesse: un testament. Onze heures avaient sonné. Il s'était levé de son fauteuil, il arpentait fébrilement la pièce, dans un sursaut d'enthousiasme, avec un regard de visionnaire, transposant à sa façon, d'une voix inspirée, les grands mythes de l'antiquité, les légendes de Pasiphaé, de Deméter, de Thésée; il était intarissable.—"Ah, cher, la fable grecque est une mine sans fond, un trésor de vérités éternelles . . . [c]omme les Evangiles. . . . Et, comme dans les Evangiles, il est ahurissant de découvrir dans la mythologie le nombre de filons merveilleux qui sont restés inexplorés! Personne ne semble s'en douter. On n'utilise jamais que les mêmes éléments, on se limite toujours aux mêmes interprétations; faute d'oser, on passe à côté du plus rare, du plus significatif! . . . Un exemple: voyons, cher, est-il sujet plus admirable, plus suggestif, que la rencontre de Thésée et d'Œdipe? Cette confrontation bouleversante du jeune bâtisseur orgueilleux, triomphant, avec l'ancien fondateur d'empire, vieux, déchu, aveugle, errant? Qui s'en est avisé depuis les Grecs?" (*Notes* 135–36)[2]

Comme c'est le cas pour les légendes de Narcisse et de Prométhée, Gide discerne vite dans le récit mythique sa capacité secrète à signifier toujours autre chose. Il apprécie ce que les écrivains anciens ont réussi à percevoir dans la légende, sans cependant croire que la totalité soit jamais révélée. Créateur de mythes littéraires, Gide, face à la figure puissante et féconde de Thésée, s'aperçoit rapidement des possibilités qu'offre cette légende, non seulement pour parler de lui-même et de son époque, mais aussi pour réfléchir au sort des hommes de tous temps, et au destin de l'individu quelque soit son contexte culturel. C'est finalement en 1946 que Gide publie un petit livre qui s'intitule tout simplement *Thésée,*[3] sa dernière œuvre, et peut-être son testament.[4]

Manipulations mythotextuelles

La plupart des critiques considèrent que dans le *Thésée,* Gide suit de près le récit mythologique, tout en faisant preuve d'une certaine désinvolture.[5] Pollard analyse la présence intertextuelle d'autres œuvres, telles que celles de Plutarque, Strabo, Sophocle,

Euripide et Racine, et offre en conclusion que bien que Gide se serve de la légende de Thésée de manière singulière, "he used direct sources fairly extensively to create an authentically documented background to his novel, thus providing the historical local colour which he possibly felt he could not invent himself, and supplanting the work of the imagination in those parts of the book which are not direct innovations in the legend" ("The Sources of André Gide's *Thésée*" 296–97). Gide a sans doute en partie ce genre de motivation en tête quand il se lance dans son projet. L'œuvre est cependant plus originale qu'il n'y paraît à première vue. Comme dans ses œuvres mythologiques antérieures, la manipulation intertextuelle fait intrinsèquement partie de l'esthétique gidienne. L'on ne peut comprendre la portée du *Thésée* qu'en séparant la pensée de l'auteur de son travail d'écrivain. De la multiplicité des procédés résulte un jeu scriptural fondé sur trois formes de décalage: condensation, amplification et invention. L'auteur emprunte, retouche, modifie, élabore tel ou tel épisode de la légende au gré de sa fantaisie et de son intention didactique. Le lecteur est constamment renvoyé au mythe, tel qu'il se présente chez Plutarque et quelques autres, pour s'apercevoir en fin de compte que Gide se livre à de surprenantes variations. Selon son habitude, l'auteur métamorphose le récit mythologique en parole personnelle.

Dans le *Thésée,* Gide minimise certains passages du référent classique, pour purifier le récit originel. Plutarque, par exemple, insiste sur l'admiration jalouse de Thésée pour Hercule:

> Car aussi l'admiration grande en laquelle Thésée avait la vertu d'Hercule faisait que la nuit il ne songeait que de ses gestes, et le jour la jalousie de sa gloire le poignait du désir d'en faire quelquefois autant. (7)

Gide quant à lui ridiculise le héros viril des douze travaux en le montrant sous l'aspect d'un personnage faible, hésitant, dominé par une femme. Son Thésée se moque de son rival avec sarcasme: "Des brigands de tout poil recommençaient d'infester le pays et s'en donnaient à joie depuis qu'Hercule s'efféminait aux pieds d'Omphale" (1418–19).[6] Il en va de même pour l'épisode de Médée, longuement développé chez Plutarque. A son arrivée à Athènes, Thésée découvre,

> [L]a maison d'Egée en mauvais termes aussi, à cause que Médée ayant été bannie de la ville de Corinthe s'était retirée à Athènes, et se tenait avec Egée, auquel elle avait proposé de lui faire avoir des enfants par la vertu de quelques médecines; mais ayant senti le vent de la venue de Thésée, premier que le bon homme Egée, qui était déjà vieux, soupçonneux, et se défiant de toutes choses, pour les grandes partialités qui régnaient dans la ville, sût qui il était, elle lui persuada de l'empoisonner en un banquet que l'on lui ferait comme à un étranger passant. (10–11)

Dans le texte de Gide, Médée, comme Hercule, se trouve au deuxième plan, et l'auteur ne fait qu'une brève allusion aux pratiques aphrodisiaques de la sorcière:

> Egée m'empêchait, vous dis-je, et surtout lorsque, par les philtres de la magicienne, de Médée, qui le trouvait, ainsi qu'il se trouvait lui-même, un peu vieux en tant que mari, il s'avisa, fâcheuse idée, de repiquer une seconde jeunesse, obstruant ainsi ma carrière, alors que c'est à chacun son tour. (1416–17)

On peut encore mentionner le retour de Thésée à Athènes, qui fournit à Plutarque l'occasion d'un récit circonstancié, alors que Gide se contente de raconter cet événement dans un bref paragraphe, car le héros gidien, comme l'auteur lui-même, n'aime guère s'abandonner à des descriptions complaisantes:

> [C]e fut, pour tout le peuple et pour moi, jour de fête à cause de notre heureux retour et de mon avènement, jour de deuil à cause de la mort de mon père. . . . Allégresse et désolation: il était séant d'entretenir le peuple à la fois dans ces deux sentiments contraires. (1444)

Gide n'hésite pas non plus à amplifier certains aspects de la légende. Ainsi l'initiation du jeune prince se transforme en une épreuve de musculation. Chez Plutarque, c'est sa mère Etra qui est chargée de lui révéler le lieu où sont cachées les armes que lui destinait Egée:

> [Il] lui laissa une épée et des souliers, lesquels il cacha sous une grosse pierre, qui était creuse tout autant justement qu'il fallait pour contenir ce qu'il y mettait, et ne le dit à personne du monde qu'à elle seule, lui en chargeant que si d'aventure

> elle faisait un fils, quand il serait parvenu jusqu'en âge d'homme assez puissant pour remuer cette pierre, et prendre ce qu'il aurait laissé dessous, elle lui envoyât, avec telles enseignes, le plus secrètement qu'elle pourrait. (4)

Dans cette version archaïque, le rôle de la mère est essentiel. C'est elle qui décide du moment où le jeune homme accédera à la virilité. Sur son injonction, Thésée soulève la pierre, prend les armes et part pour Athènes, où il se fait reconnaître par son père. Gide remanie profondément cet épisode. On remarque d'emblée l'absence d'Etra, différence qui rappelle l'absence d'Echo dans *Le Traité du Narcisse.* L'épreuve initiatique est imposée à Thésée par son père. C'est une affaire entre hommes, traitée non sans humour:

> Ce fut en soulevant les roches, pour chercher les armes que, sous l'une d'elles, me disait-il, Poséidon avait cachées. Il riait de voir, par cet entraînement, mes forces s'accroître assez vite. Et cet entraînement musculaire doublait celui de mon vouloir. Après que, dans cette recherche vaine, j'eus déplacé les lourdes roches d'alentour, comme je commençais de m'attaquer aux dalles du seuil du palais, il m'arrêta. (1416)[7]

"L'épreuve du flot" constitue un autre exemple de cette technique d'amplification. Cet épisode curieusement absent de l'œuvre de Plutarque s'inspire sans doute d'une variante de la légende que Pierre Grimal nous rapporte en ces termes:

> Pour mettre Thésée à l'épreuve, Minos lança alors un anneau dans la mer, et lui ordonna, s'il était véritablement le fils de Poséidon, de le lui rapporter. Thésée plongea immédiatement, et fut reçu dans le palais de son père, qui lui remit l'anneau de Minos. (452)[8]

Gide consacre à cette épreuve tout un chapitre de son *Thésée.* Minos propose de jeter sa couronne dans la mer, en demandant au jeune prince de plonger dans les flots pour la lui rapporter. Thésée refuse: "Suis-je un chien, pour rapporter à son maître un objet, fût-ce une couronne?" (1424). Il réplique en plongeant "sans appât" afin de ramener à la surface quelque cadeau que Poséidon lui aurait offert. Il rapporte en réalité des pierres précieuses préalablement dissimulées sous l'écharpe d'Ariane dont il s'était ceint la taille. Gide insiste sur l'insolente confiance en soi de Thésée, sa certitude ulyssienne de triompher par la ruse. Il n'hésite pas à se vanter de sa supercherie:

> Remonté sur le bord, je tendis, de mon plus galant, l'onyx à la reine, et à chacune des princesses les chrysoprases, feignant de les ramener du fond, ou plutôt encore (car il n'était guère vraisemblable que des pierres, si rares sur notre sol, se trouvassent communément dans les profondeurs ni que j'eusse eu le temps de les choisir), affectant que Poséidon lui-même me les eût tendues afin que je les pusse offrir à ces dames. (1424)

Ce qui devait être pour les Anciens la preuve irréfutable d'une origine divine devient chez Gide un numéro d'acrobatie aquatique.

L'aventure avec Ariane, sommairement racontée par Plutarque, est pour Gide prétexte à tout un développement ironique sur la véritable nature de cette princesse, généralement décrite sous un jour romantique. L'auteur grec mentionne simplement qu'Ariane tombe amoureuse de Thésée, alors que Gide fait de leur rencontre un malentendu érotique. La fille aînée de Minos donne rendez-vous au héros sur une terrasse du palais. Poussé par la curiosité plus que par le désir, Thésée accepte de s'y rendre et, toujours prêt à saisir les occasions que lui fournit Eros, répond distraitement à ses avances. A la suite de cette étreinte, il ne peut s'empêcher de faire ce commentaire sarcastique: "son quant-à-soi me parut d'accès si facile que je ne puis croire que j'en fusse le pionnier" (1429).

Selon Plutarque, Ariane joue un rôle décisif dans la victoire de Thésée sur le Minotaure, grâce au "peloton de fil, à l'aide duquel elle lui enseigna qu'il pourrait facilement issir des tours et détours du labyrinthe" (16). Sous la plume de Gide, le fil salvateur confié au héros par Dédale devient un "fil à la patte": "Elle tint à attacher elle-même à mon poignet l'extrémité du fil, par un nœud qu'elle prétendit conjugal" (1438).

Enfin, à propos de l'abandon d'Ariane par Thésée sur l'île de Naxos, la version de Gide s'éloigne beaucoup du texte de Plutarque. Ce dernier tente de justifier la conduite du héros athénien en évoquant une variante obscure de la légende.[9] Gide au contraire ne laisse planer aucun doute sur les intentions de son héros. S'étant débarrassé de son encombrante compagne, il déclare cyniquement: "Certains m'ont reproché, par la suite, ma conduite envers Ariane. Ils ont dit que j'avais agi lâchement; que je n'aurais pas dû l'abandonner, ou tout au moins pas sur une île. Voire; mais je tenais à mettre la mer entre nous" (1444).

Plusieurs épisodes sont créés de toutes pièces par l'auteur. L'arrivée de Thésée en Crête, par exemple, est l'occasion d'une description exotique qui marque le déracinement du héros grec, expérience gidienne par excellence: "A la cour de Minos, pour la première fois, je compris que j'étais hellène, et me sentis dépaysé" (1425).

Le portrait du roi Minos fait penser à celui d'un empereur oriental dans la meilleure tradition décadente:

> Minos seul, assis sous un dais, portait une longue robe faite d'une seule pièce d'étoffe rouge sombre qui lui tombait des épaules en plis majestueux, jusqu'aux chevilles. Sur sa poitrine, vaste autant que celle même de Zeus, s'étageaient trois rangs de colliers . . . composés de gemmes et de plaques d'or ciselé représentant des fleurs de lys. Il siégeait sur un trône que dominait la double hache et tenait de la main droite, écarté du corps en avant, un sceptre d'or aussi haut que lui; de l'autre, une fleur trilobée. . . . Au-dessus de sa couronne d'or s'élevait un énorme panache en plumes de paon, d'autruche et d'alcyon. (1420)[10]

De même, la fête du taureau prend une allure d'opéra et combine sur un mode parodique les jeux du cirque et la course de taureaux espagnole.

Le rendez-vous entre Thésée et Pasiphaë ne figure pas davantage dans la légende. Chez Gide, la reine invite dans sa chambre le jeune héros pour le prier d'épargner la vie du Minotaure, son fils. Elle se livre à une tentative de séduction où se mêlent étrangement mysticisme et sensualité, attitude déjà annoncée dans l'épilogue du *Prométhée mal enchaîné:*

> Comprenez-moi, je vous en prie: je suis de tempérament mystique. J'ai l'amour exclusif du divin. Le gênant, voyez-vous, c'est de ne point savoir où commence et où finit le dieu. . . . Si, par la suite, j'ai pu déplorer mon erreur. . . . [J]e vous assure, ô Thésée, qu'au moment même, c'était divin. Car sachez bien que mon taureau n'était pas une bête ordinaire. (1427)

L'innovation la plus originale de Gide réside dans la rencontre entre Œdipe et Thésée. L'idée lui en était venue longtemps auparavant. L'année même de la première représentation de sa pièce *Œdipe,* Gide écrit dans son *Journal:*

> [J]'imagine, en manière d'épilogue, un dialogue entre Œdipe et Thésée. Je songe à une vie de Thésée (oh! j'y songe depuis longtemps) où se placerait . . . une rencontre décisive des deux héros, se mesurant l'un à l'autre et éclairant, l'une à la faveur de l'autre, leurs deux vies. (1: 1022)[11]

La confrontation entre le héros déchu et le héros triomphant permet à Gide d'affirmer une nouvelle fois son engagement en faveur du réel face aux exigences morales et métaphysiques de la religion. L'Œdipe du *Thésée* n'est pas celui de la pièce qui porte son nom. Le premier était moins conformiste, plus rebelle que celui de 1946. Dans un sens, d'une œuvre à l'autre, Œdipe est passé d'une cécité qui voit clair à un obscurantisme qui interdit un regard visionnaire. C'est le nouveau héros, Thésée, qui reprend à son compte les idées qu'autrefois Gide prêtait à son Œdipe, le libre penseur qui s'affirmait face à tout obstacle.

Dans cette perspective, à travers les manipulations mythotextuelles de l'auteur, se retrouvent en Thésée les qualités que prônait Gide dans les figures antérieures de Narcisse, de Prométhée et d'Œdipe. Thésée apprend la nécessité de ne pas "se préférer," de "passer outre" en affirmant toujours sa propre authenticité. Il peut enfin manger son aigle dans un geste d'indépendance et de certitude, après une longue vie d'errance et de débauche. Pour brosser le portrait de ce nouveau héros qui incarne la plénitude à laquelle Gide aspirait toujours, l'auteur du *Thésée* se distancie plus que jamais du référent originel qui l'a inspiré.

Un Mythe dans le mythe

L'insertion dans le *Thésée* de l'histoire de Dédale et d'Icare nous ramène à l'un des procédés familiers de Gide, que ce dernier avait déjà utilisé dans *Le Traité du Narcisse* et le *Prométhée,* celui de l'enchâssement. L'auteur invente une rencontre entre son héros et le constructeur du labyrinthe. Il s'ensuit un long échange qui s'étend sur deux chapitres autour desquels s'organise tout le récit. A travers l'image du labyrinthe, c'est le texte tout entier qui se reflète dans cet épisode.

Ce couple Dédale-Icare est un double de celui que forment Egée et Thésée. Ces quatre personnages s'offrent au lecteur dans un jeu de miroirs qui permet de cerner les modalités complexes de la relation père-fils. Egée, bien que bon, généreux même, ne s'affirme guère dans sa fonction paternelle. Thésée éprouve même quelques doutes quant à l'authenticité de son rôle de géniteur: "C'était quelqu'un de très bien, Egée, mon père; de tout à fait comme il fallait. En vérité, je soupçonne que je ne suis que son fils putatif" (1416).

Dédale en revanche représente la figure du sage, c'est-à-dire, celle d'un père, détenteur du savoir, capable de conseiller et de guider un fils sur le difficile chemin de son épanouissement. Même dans le portrait physique que fait de lui Thésée, on sent son pouvoir et sa sagesse:

> Il est de très haute stature, non courbé malgré son grand âge; porte une barbe plus longue encore que celle de Minos, laquelle est restée noire, blonde celle de Rhadamante, tandis que celle de Dédale est argentée. Son front vaste est coupé de profondes rides horizontales. Ses sourcils broussailleux couvrent à demi son regard lorsqu'il tient la tête baissée. Il a le parler lent, la voix profonde. L'on comprend que lorsqu'il se tait, c'est pour penser. (1430)

Son propre enfant, Icare, est un fils dévoyé, qui ne suivra pas les traces de son père. Incapable de poursuivre l'œuvre paternel, il restera à jamais prisonnier de sa folie. Thésée au contraire se présente à Dédale comme le fils que ce dernier aurait souhaité.[12] Le vieil homme lui livre le secret du labyrinthe où se trouve enfermé le Minotaure, dont Minos ne savait que faire.

Dans la légende de Thésée, le labyrinthe occupe une place centrale dans la mesure où il sert de lien entre divers protagonistes. Dans l'œuvre de Gide, ce symbole spatial extérieur devient un symbole subjectif, personnel, intériorisé, représentant les errances et les tâtonnements de la conscience. Dédale explique à son jeune interlocuteur la nature psychologique de sa construction:

> Or, estimant qu'il n'est pas de geôle qui vaille devant un propos de fuite obstiné, pas de barrière ou de fossé que hardiesse et résolution ne franchissent, je pensai que, pour retenir dans le labyrinthe, le mieux était de faire en sorte, non point tant qu'on ne pût (tâche de me bien comprendre), mais qu'on n'en voulût pas sortir. (1432)

C'est moins la complexité architecturale du labyrinthe que la tyrannie de leurs fantasmes qui interdit à ceux qui s'y sont aventurés d'en sortir. Sous l'effet des "fumées semi-narcotiques," la victime s'invente une prison imaginaire: "L'opération de ces vapeurs n'est pas la même pour chacun de ceux qui les respirent, et chacun, après l'imbroglio que prépare alors sa cervelle, se perd, si je puis dire, dans son labyrinthe particulier" (1433). C'est un piège qui dépend de la volonté, ou plutôt du manque de volonté, de celui qui y entre. Plus on se laisse séduire par la fantasmagorie engendrée par ces drogues, plus il est difficile de s'échapper de cette geôle:

> Mais le plus étonnant, c'est que, ces parfums, dès qu'on les a humés quelque temps, l'on ne peut déjà plus s'en passer; que le corps et l'esprit ont pris goût à cette ébriété malicieuse, hors de laquelle la réalité paraît sans attrait, de sorte que l'on ne souhaite plus d'y revenir, et que cela aussi, cela surtout, vous retient dans le labyrinthe. (1433)[13]

Pour mieux convaincre Thésée du danger de son entreprise, Dédale lui présente Icare, victime de la folie alors qu'il tentait de s'évader du labyrinthe par la voie des airs. Sous le regard de Thésée ahuri, le jeune homme poursuit son monologue délirant, dans lequel il énonce son idée mystique d'une libération verticale: "J'ai parcouru toutes les routes de la logique. Sur le plan horizontal, je suis las d'errer. Je rampe et je voudrais prendre l'essor; quitter mon ombre, mon ordure, rejeter le poids du passé! L'azur m'attire, ô poésie! Je me sens aspiré par en haut" (1435).

Le mythe d'Icare, revu par Gide, symbolise une fuite hors du temps, une aspiration démesurée à l'éternité. Eigeldinger commente le sens de ce mythe dans le monde antique et souligne des aspects que Gide accentue également. Comme le suggère Eigeldinger:

> A travers le mythe de Dédale et d'Icare, Ovide entend illustrer un dessein éthique sensible dans le choix d'épithètes, opposant l'intelligence créatrice et l'ingéniosité technique du père à l'inexpérience et à la témérité hasardeuse du fils, c'est-à-dire la sagesse de la mesure aux dangers de l'*hybris* et aux périls de l'imaginaire. (*Lumières du mythe* 91)[14]

Gide lui-même a éprouvé, à une certaine époque, cette tentation mystique, ainsi qu'il le reconnaît dans un passage de son *Journal* daté de 1932: "Je me comparais à Icare, égaré dans le labyrinthe dont tant de mystiques pensent ne pouvoir se dégager que par un bond vers le ciel" (1: 1144). Encore une fois on retrouve l'ombre du Narcisse gidien, qui a su renier les tentations d'une conscience trop fermée sur elle-même, le piège circulaire (ou labyrinthique) de la pensée trop focalisée sur elle-même.[15]

Après cette apparition quasi-fantômatique d'Icare, Dédale tente de replacer les choses dans leur juste perspective, au cours d'un long discours qui trace la voie que devra suivre Thésée et qui préfigure les propos que le fondateur d'Athènes tiendra face à un Œdipe lui-même en proie à une forme de mysticisme religieux:

> Passe outre. Considère comme trahison la paresse. Sache ne chercher de repos que, ton destin parfait, dans la mort. C'est seulement ainsi que, par-delà la mort apparente, tu vivras inépuisablement recréé par la reconnaissance des hommes. Passe outre, va de l'avant, poursuis ta route, vaillant rassembleur de cités. (1437)

L'histoire de Dédale et d'Icare, du point de vue de la mythotextualité, offre au lecteur un exemple particulièrement réussi de la juxtaposition d'éléments multiples appartenant à la légende et de développements originaux dus à l'imagination créatrice de l'auteur. Les interprétations modernes s'ajoutent en surimpression sur la matière mythologique dont la trame reste visible sous le foisonnement des innovations et continue de guider le lecteur cultivé. C'est une manière de relier le récit de Thésée, non seulement aux autres légendes de l'Antiquité, mais aussi aux autres textes gidiens, dans le cadre global de son corpus. Gide souligne ainsi la progression qui s'illustre dans le passage de Narcisse à Thésée.

Les Mots sans les choses?

Face aux discours des œuvres antérieures déjà étudiées, le discours dans le *Thésée* pousse plus avant la recherche textuelle. Tout se passe comme si pour l'auteur l'appropriation de la matière mythique était d'abord une question d'esthétique. De toute évidence Gide entend exprimer un message, mais l'écriture donne souvent l'impression de prendre le pas sur le sens.

Dans une étude sur le style de l'œuvre, Etiemble caractérise le langage de Thésée à partir d'un terme que le héros aurait prononcé à propos de quelques vers d'Ariane dans un chapitre du *Thésée* supprimé par la suite: "Permets donc à mon atticisme de te faire deux critiques." Etiemble cherche la signification de ce mot dans le *Littré*: "Atticisme: délicatesse de goût et de langage . . . ainsi dit parce que le parler et les écrits des Athéniens étaient renommés pour leur fleur particulière d'élégance" (1033). Selon Etiemble, Gide se serait appliqué à "composer des pages qui répondissent à cette définition" (1033), avec l'intention de construire un langage qui reflète les thèmes de son ouvrage. A la suite d'Etiemble, d'autres critiques relèvent dans la prose du *Thésée* un mélange subtil et déroutant de mots rares, d'expressions désuètes, et de façons de parler familières. Ce procédé déjà présent dans le *Prométhée* et l'*Œdipe* est abondamment utilisé dans le *Thésée,* ce qui donne à l'œuvre une dimension humoristique insolite:

> In this curious language, rare terms like "chrysoprases" and "adonides," and archaisms like "chu" and "rengréger," alternate with modern words like "imbroglio" and "corrida," and with familiar and even vulgar expressions like "mon chou," "tout de go," and "coup de pied au cul," and this intermingling of styles produces a piquant and ironical effect. (Ullmann 93)

A cette collection de termes plus ou moins rares, on peut ajouter les diminutifs dont Ariane affuble son amant: "J'étais tour à tour son bien unique, son canari, son bichon, son tiercelet, son dorelot" (1429). Dans ce texte ludique, il s'agit souvent d'un jeu linguistique qui associe la vulgarité et la recherche. Etiemble explique:

> [D]ans les bras de Thésée, Antiope, la reine des Amazones, "se débattait comme *une once,*" ce qui fait un peu recherché.

> *Once* est pourtant le nom vulgaire du chat-once, dit jaguar, ou panthère des fourreurs. (Littré). La vulgarité peut donc être précieuse. (1034–35)

Gide va encore plus loin et joue sur le double sens du verbe *bander,* qu'il feint d'employer dans son acception désuète, conscient que le lecteur moderne lui donne une signification sexuelle. Thésée avoue: "Vers tout ce que Pan, Zeus ou Thétis me présentait de charmant, je bandais" (1415).

Cet exotisme verbal se manifeste également par une accumulation de noms de divinités, de héros et de monstres associés à la légende de Thésée ou empruntés à d'autres récits. L'auteur convoque aussi le ban et l'arrière-ban de la nomenclature mythologique. Racontant ses travaux de jeunesse, Thésée énumère les brigands qu'il a terrassés:

> C'est donc sur le chemin d'Athènes, par l'isthme du Péloponèse, que je me mis d'abord à l'épreuve, que je pris connaissance à la fois de la force de mon bras et de mon cœur, en réduisant quelques noirs bandits avérés: Sinnis, Périphétès, Procruste, Géryon (non, celui-là, ce fut Hercule; je voulais dire: Cercyon). (1419)

Par ailleurs, il nous renseigne abondamment sur la parenté du roi de Crète: Rhadamante, Androgée, Pasiphaë, Phèdre, Ariane, Glaucos, Leda, Europe. Ou encore, il évoque avec une nuance de mépris la liste de ses devanciers: Hercule, Jason, Bellérophon, Périsée, Méléagre, Pélée. Tous ces personnages sont extraits de leur contexte mythique et pour la plupart ne jouent aucun rôle actif dans le récit. Leur présence semble se justifier par la sonorité de leur nom et par le plaisir qu'elle procure au lecteur. Gide se moque par ailleurs du style encyclopédique qui caractérise souvent les mythes antiques grecs.

La recherche stylistique présente au niveau du vocabulaire se retrouve de manière très élaborée au niveau de la syntaxe. Il arrive que certaines phrases, comme celle qui suit et qui fait référence à un autre héros cher à Gide, soient désarticulées de manière provocante: "Et la foudre de Zeus, je vous le dis, un temps viendra que l'homme saura s'en emparer de même, ainsi que Prométhée fit du feu" (1417).

Un autre procédé couramment employé consiste à opposer une phrase longue ou une suite de phrases longues à une phrase brève. Le parcours labyrinthique que Thésée effectue jusqu'à sa chambre, traversant les pièces et les corridors du palais de Minos, est décrit dans un style quasi-flaubertien:

> J'étais accablé de fatigue, au point de ne pouvoir plus m'étonner de la grande cour du palais, d'un escalier monumental à balustrade et des corridors tortueux par où des serviteurs diligents, porteurs de torches, me guidèrent, au second étage, jusqu'à la chambre qui m'avait été réservée, éclairée de nombreuses lampes qu'ils éteignirent alors à l'exception d'une seule. Sur une couche moelleuse et parfumée, lorsqu'ils m'eurent laissé, je sombrai dans un épais sommeil jusqu'au soir du second jour, encore que j'eusse déjà dormi durant le long trajet; car nous n'étions arrivés à Cnossos qu'au petit matin, après avoir roulé toute la nuit. (1425)

Au terme de ce cheminement, le héros prononce ce commentaire abrupt: “Je ne suis pas du tout cosmopolite” (1425). Dans le mélange de ces deux styles, on peut repérer un double courant de l'écriture qui semble refléter la dualité inhérente de l'auteur. Comme le suggère Brée:

> Les phrases courtes, coupées, d'une parole familière, alternent avec de longues phrases qui s'amollissent, s'élancent, pour être reprises et dirigées dans le seul souci de cerner exactement, avec les faits, l'émotion qui les accompagna; sans effort, sans tension, ce qui domine dans le récit c'est le lyrisme, mais un lyrisme qu'un lucidité sans ombre accompagne. Gide a intégré ici en un seul mouvement deux démarches complémentaires de la parole. (334)

Comme une nouvelle expression du conflit qui se trouve au cœur du corpus gidien, la tension entre la lucidité et le lyrisme s'exprime à travers son écriture, toujours d'une manière frappante, même dans les lignes de la fin de sa vie.

On pourrait encore dans ce domaine évoquer la délectation avec laquelle Gide utilise l'imparfait du subjonctif. Par exemple, Thésée décrit ainsi ses rapports compliqués avec les femmes: “Je n'échappais à l'une que pour tomber dans les lacs de quelque autre et n'en conquérais aucune, que d'abord je ne fusse conquis” (1417–18).

La lecture du *Thésée* donne l'impression d'entendre parler l'auteur. La fluidité du récit provient de l'emploi d'un “je” qui est à la fois celui du héros et celui de l'auteur. L'oralité renforce la résonance subjective du discours,[16] en même temps qu'elle prête au récit un aspect universel, qui appartient à toute époque.

La quête de mots rares, les combinaisons syntaxiques imprévues, la cadence subtile des phrases, le ton très personnel du discours manifestent une incontestable maîtrise de la langue. Les procédés stylistiques qui apparaissent déjà dans le *Prométhée* et l'*Œdipe* sont développés avec bonheur dans le *Thésée.* Ils aboutissent à une sorte de baroque sous contrôle qui marque une perfection dans l'œuvre de Gide. Il est difficile de ne pas ressentir le plaisir avec lequel cette œuvre a été écrite. Un passage du *Journal* témoigne de cette jubilation:

> Depuis un mois, j'y ai quotidiennement, et presque constamment, travaillé, dans un état de ferveur joyeuse que je ne connaissais plus depuis longtemps et pensais ne plus jamais connaître. Il me semblait être revenu au temps des *Caves,* ou de mon *Prométhée.* (2: 270)

La réussite de Gide est d'avoir fait passer dans l'écriture du *Thésée* une sensualité tempérée par l'humour, une signification moderne dans une atmosphère antique, une parole qui s'adresse à tous dans un cadre personnel.

Le Code pédérastique

Lors de sa discussion avec Pirithoüs qui précède l'enlèvement de Phèdre, Thésée proclame avec force son hétérosexualité: "Mais, bien que grec, je ne me sens aucunement porté vers ceux de mon sexe, si jeunes et charmants qu'ils puissent être, et diffère en cela d'Hercule, à qui je quitterais volontiers son Hylas" (1441).[17] Il ne faut pas voir dans cette dénégation péremptoire un repentir tardif de l'auteur de *Corydon,* mais plutôt une feinte pour déconcerter le public.[18] En réalité, le thème de l'homosexualité traverse tout le récit, comme un fil d'Ariane que révèlent des indices plus ou moins évidents.

Dès son départ de Grèce, l'expédition de Thésée et de ses compagnons se trouve placée sous le signe d'une ambivalence sexuelle. Le groupe se compose de sept jeunes gens et de sept jeunes filles. Parmi les garçons figure Pirithoüs, avec lequel il n'est pas impossible que Thésée entretienne une amitié particulière. Il suffit d'évoquer à ce sujet leur première rencontre telle qu'elle est racontée dans Plutarque: "[I]ls furent tous deux ébahis de la beauté et hardiesse l'un de l'autre, tellement qu'ils n'eurent point envie de combattre" (36). Cette séduction mutuelle crée un couple aussi célèbre que ceux formés par Achille et Patrocle ou Oreste et Pylade, dont les relations sentimentales sont bien-connues.[19]

Le groupe bisexuel des victimes d'Athènes doit être livré "pour satisfaire, disait-on, aux appétits du Minotaure" (1419–20), dont Dédale révèle à Thésée le peu de férocité: "Sans doute triompheras-tu sans peine du Minotaure, car, à le bien prendre, il n'est pas si redoutable que l'on croit. On dit qu'il se nourrissait de carnage; mais depuis quand les taureaux n'ont-ils dévoré que des prés?" (1437). L'auteur semble vouloir suggérer que l'herbivore tapi au fond du labyrinthe ne déchiquette pas ses offrandes mais préfère les posséder. Ses appétits semblent être plus sexuels qu'alimentaires.[20]

Quand Thésée pénètre dans le labyrinthe, il découvre le Minotaure, couché tel un hermaphrodite de Lautréamont au milieu des fleurs. Il reste un instant désarmé par sa beauté:

> En face de moi, sur un parterre fleuri de renoncules, d'adonides, de tulipes, de jonquilles et d'œillets, en une pose nonchalante, je vis le Minotaure couché. Par chance, il dormait. J'aurais dû me hâter et profiter de son sommeil, mais ceci m'arrêtait et retenait mon bras: le monstre était beau. Comme il advient pour les centaures, une harmonie certaine conjuguait en lui l'homme et la bête. De plus, il était jeune, et sa jeunesse ajoutait je ne sais quelle charmante grâce à sa beauté. (1439)

Thésée est frappé par la nature indéterminée de cette créature, mi-homme mi-bête. Son androgynie archaïque au milieu d'un jardin paradisiaque rappelle curieusement celle d'Adam dans l'Eden du *Traité du Narcisse.* Plus loin, Icare évoquera sur un autre registre la nostalgie d'une indivision sexuelle primordiale: "Qui donc a commencé: l'homme ou la femme? L'Eternel est-il féminin? Du ventre de quelle grande Mère êtes-vous sorties, formes multiples? Et ventre fécondé par quel engendreur? Dualité inadmissible" (1434).

Le Minotaure ouvre un œil stupide. Thésée n'hésite plus et il triomphe du monstre. En d'autres termes, au lieu d'être possédé par lui, c'est lui qui le possède. Comme Stoltzfus le remarque, cet "lustful encounter with so handsome a beast" (152) représente une étape nécessaire à la formation progressive du héros, qui doit surmonter ses propres désirs pour pouvoir les intégrer, dans la manière du Prométhée gidien, à la plénitude de son être authentique et complet. Il est intéressant de noter que Stoltzfus va jusqu'à écrire que "this symbolic labyrinth of man's in which Thésée gladly makes love to the monster who now has him in his thrall is a dilemma of many Gidean characters" (152). Cette interprétation érotique de la présence du Minotaure semble confirmée par les propos mêmes de Thésée, qui juge préférable de ne pas insister sur cette affaire, peut-être pour des raisons de décence: "Ce que je fis alors, ce qui se passa, je ne puis le rappeler exactement. . . . et, si pourtant je triomphai du Minotaure, je ne gardai de ma victoire sur lui qu'un souvenir confus mais, somme toute, plutôt voluptueux" (1439).[21]

A l'issue de cette confrontation, il retrouve Ariane, pôle inverse de sa sexualité, qu'il doit reconnaître s'il veut accéder à la plénitude de sa virilité. On s'aperçoit rapidement qu'en dépit de ses vantardises amoureuses, Thésée manifeste une certaine répugnance à l'égard des femmes, les traite avec désinvolture et n'hésite pas à les abandonner. De toutes ses amantes, c'est Ariane qui subit le plus son mépris. Il la présente comme une sotte qui ne cesse de le harceler. La première nuit passée en sa compagnie lui laisse un souvenir assez pénible: "Le temps, il me faut l'avouer, me parut long" (1429). Sa "sensiblerie" l'agace. Quand elle lui déclare qu'elle ne peut se passer de lui, il pense: "Ce qui fit que je ne songeai plus qu'à me passer d'elle" (1429).

Bien qu'il ne cesse d'affirmer son faible pour l'autre sexe, les femmes ne tiennent pas dans sa vie une place essentielle. On a déjà constaté, par exemple, que la mère du héros est pratiquement évincée du récit. Pasiphaë, quant à elle, est décrite de façon passablement grotesque. Un petit adjectif innocemment glissé dans la description rappelle son aventure légendaire avec le taureau:

> Elle avait les lèvres gourmandes, le nez retroussé, de grands yeux vides, au regard, eût-on dit, *bovin*. Une sorte de diadème

> d'or la couronnait, posé non point à même sa chevelure, mais sur un ridicule chapeau d'étoffe sombre qui, traversant le diadème, finissait en très haute pointe inclinée comme une corne en avant du front. (1422; c'est moi qui souligne)

Les deux femmes pour qui Thésée semble éprouver un certain attachement, l'amazone Antiope et la jeune sœur d'Ariane, Phèdre, ont l'une et l'autre aux yeux de Thésée quelque chose de masculin. La première, dans sa constitution physique; la seconde, dans sa ressemblance à son frère Glaucos. Cette misogynie flagrante de Thésée suggère une homosexualité latente qui trouve un compromis dans l'amour que Thésée éprouve pour Phèdre, dont le sexe reste d'une certaine façon indécis. Cette ambiguïté est confirmée par le subterfuge qu'invente Pirithoüs pour enlever Phèdre. Il propose de la revêtir des habits de son frère Glaucos, à qui elle ressemble "comme un double" (1441). Ce thème du travesti qui met en évidence le désir secret de Thésée apparaît chez Plutarque dans d'autres circonstances:

> [L]a fête des rameaux, que l'on célèbre à Athènes encore aujourd'hui, fut lors premièrement instituée par Thésée. On dit davantage qu'il ne mena pas toutes les filles sur lesquelles était tombé le sort, mais choisit deux beaux jeunes garçons, qui avaient les visages doux et délicats comme pucelles, combien qu'ils fussent au demeurant hardis et prompts à la main; mais il les fit tant baigner en bains chauds, tenir à couvert sans sortir au hâle ni au soleil, tant laver, oindre et frotter d'huiles qui servent à attendrir le cuir, à garder le teint frais, et à blondir les cheveux; et leur enseigna tant à contrefaire la parole, la contenance et la façon des jeunes filles, qu'ils le semblaient être plutôt que jeunes garçons, parce qu'il n'y avait rien de différence que l'on eût pu au-dehors apercevoir. (21)

Gide n'a pas retenu cet épisode mais il a peut-être trouvé là l'idée de déguiser Phèdre en garçon. Cette image d'une identité sexuelle changeante concourt à établir une atmosphère quasi-androgyne.

La question du rôle de la femme, et particulièrement celui d'Ariane, a suscité nombre de discussions critiques. Gide lui-même y a beaucoup réfléchi avant d'entreprendre la rédaction de ce texte. C'est dans *Les Nourritures terrestres* de 1897 qu'on trouve une allusion importante à la légende de Thésée et à la notion de "passer outre," à travers la "Ballade des plus célèbres amants": "Ariane, je suis le passager Thésée / Qui vous abandonne à Bacchus / Pour pouvoir continuer ma route" (198). En 1927, Gide reprend encore cette idée dans son *Journal:*

> Qui se dirige vers l'inconnu doit consentir à s'aventurer seul. Créuse, Eurydice, Ariane, toujours une femme s'attarde, s'inquiète, craint de lâcher prise et voir se rompre le fil qui la rattache à son passé. Elle tire en arrière Thésée, et fait retourner Orphée. Elle a peur. (1: 840)[22]

Delay repère un passage du *Journal* inédit de janvier 1896 qui démontre une violence inhabituelle chez Gide: "Je veux écrire un début de poème où je ferai de cette voracité, du désir d'être pénétré, brutalisé, empli par la nature, l'amour de Pasiphaë pour le taureau."[23] Yourcenar, qui analyse en détail la légende d'Ariane comme mythe parallèle à celui de Thésée, ne réserve qu'une phrase pour décrire la présence d'Ariane dans le *Thésée:* "Pour le Thésée de Gide, Ariane est une ennuyeuse, pour ne pas dire plus" (173). Ben Stoltzfus, dans son livre *Gide's Eagles,* suggère que Thésée se sert d'Ariane pour sortir du labyrinthe de la même façon que Prométhée se sert de son aigle pour sortir de sa prison. Stoltzfus lit l'incident du labyrinthe à un niveau biographique, non sans intérêt dans une lecture des signes érotiques du texte:

> If the thread binding Theseus to Ariadne is symbolic of Gide's bond to Madeleine and his early Protestantism, if this thread is Gide's own sense of tangible duty which always brought him back to her, . . . then Madeleine seems to symbolize the "best" in Gide, that very best which Daedalus reminded Theseus to come back to lest he lose all the rest. Gide's lament, after Madeleine had burned his early letters to her, that she had destroyed the "best" seems to corroborate this view. (155)

Cette lecture semble un peu problématique, en ce que Stoltzfus considère comme "le meilleur" chez Gide, car bien que Thésée revienne à Ariane, ce n'est que pendant un moment, dans le but d'assurer sa propre sécurité et ne pas se perdre dans le labyrinthe du mysticisme. Mais il l'abandonne par la suite, car elle représente un obstacle à la réalisation de son être complet (ce qui implique érotisme et morale), elle semble bloquer le chemin à ce qu'il y a de "meilleur" chez Thésée, en tant que héros gidien qui doit rester "disponible" pour trouver sa propre plénitude.[24] Comme l'écrit Pollard, la figure d'Ariane chez Gide n'est pas sans une certaine complexité, mais elle représente en fin de compte un obstacle à dominer: "The sophisticated symbol which Gide has constructed is his own. How much it owes to his attitude to women in general, and to Madeleine Gide in particular, is difficult to assess. Gide's Ariane is to Thésée as love is to the hero: she fetters the power which would (and should) leap forward" (*André Gide: Homosexual Moralist* 397). Pour Thésée les femmes ne représentent que des pièges qu'il doit éviter s'il veut arriver à un but qu'il s'est fixé, interprétation qui abonde dans le sens d'une lecture homo-érotique du texte.

Tous ces faits nous renvoient au code pédérastique de la Grèce ancienne, que Pirithoüs expose à son ami:

> Sache que Minos et Rhadamante, ces deux très sages législateurs, ont réglementé les mœurs de l'île, et particulièrement la pédérastie, à laquelle tu n'ignores pas que les Crétois sont fort enclins, comme il appert de leur culture. (1441)

Ce discours explicite sur la pédérastie n'est pas prononcé par le héros mais par son ami, selon une technique de décalage familière à Gide. Il s'agit d'un reflet de la pensée de Thésée, non de la formulation directe de son désir. De même, on constate que la pratique pédérastique est attribuée aux Crétois et non aux Grecs. La Crète a sans doute connu une activité homosexuelle répandue, au point que les poètes anciens parlent de la pédérastie comme d'une pratique "selon la voie crétoise":

> L'expression indique donc qu'aux Ve–IVe siècles, l'homosexualité masculine était suffisamment répandue en Crète pour donner lieu à une expression athénienne—alors qu'elle n'était certes point chose rare dans l'Athènes du moment. (Sergent 41)

On en a pour preuve la complaisance avec laquelle Thésée parle de la beauté du corps masculin. Celle-ci se manifeste avec une sorte d'impudeur érotique dans la description d'Icare:

> Je vis entrer un jeune homme, à peu près de mon âge, qui, dans la pénombre, me parut d'une grande beauté. Ses cheveux blonds qu'il portait très longs tombaient en boucles sur ses épaules. Son regard fixe semblait ne point s'arrêter aux objets. Nu jusqu'à la ceinture, il avait la taille étroitement sanglée dans un corselet de métal. Un pagne d'étoffe sombre et de cuir . . . lui gaînait le haut des cuisses, retenu par un bizarre nœud ample et bouffant. (1434)

Ce portrait sensuel d'un éphèbe trouve un double en Hippolyte. Thésée retrouve peut-être en son fils sa propre jeunesse disparue, sa beauté d'autrefois:

> Il courait les halliers, les forêts, nu sous la lune; fuyait la cour, les assemblées, surtout la société des femmes, et ne se plaisait que parmi ses limiers, poursuivant jusqu'au sommet des monts ou dans les retraits des vallées la fuite des animaux sauvages. . . . Que je l'aimais ainsi! beau, fier, insoumis. (1449)

L'exaltation de la beauté du garçon est un des signes les plus manifestes du code pédérastique. Comme l'écrit Michel Foucault:

> [L]e physique adolescent est devenu l'objet d'une sorte de valorisation culturelle très insistante. Que le corps masculin puisse être beau, bien au-delà de son premier charme, les Grecs ne l'ignoraient ni ne l'oubliaient. . . . [M]ais dans la morale sexuelle, c'est le corps juvénile avec son charme propre qui est régulièrement proposé comme le "bon objet" de plaisir. (220–21)

C'est donc de manière subtile que Gide continue d'évoquer l'homosexualité. Son héros accomplit avec les femmes son devoir procréateur, mais il cultive en secret l'amour des jeunes gens. Le *Thésée* de Gide incorpore ainsi une subversion de la figure masculine puissante sans équivoque qu'est le héros célèbre de la légende traditionnelle. Les lecteurs modernes ont l'habitude de voir dans ce héros un homme vaillant et courageux qui incarne la loi d'Athènes. Gide ne laisse pas totalement de côté ce portrait d'un héros célèbre pour ses exploits guerriers et amoureux. Il l'intègre plutôt dans l'être métamorphosé qu'il présente dans son récit, dans le héros pour qui cette hétérosexualité proclamée si haut devient un masque pour "la moralité publique." Gide semble suggérer que pour se connaître, pour affirmer sa force, il faut, comme il l'a illustré avec *Le Prométhée mal enchaîné,* pouvoir accepter le désir caché, et le faire entrer harmonieusement dans une personnalité fondée sur la plénitude et l'authenticité.

Le Royaume du père

La légende de Thésée qui, dans l'œuvre de Plutarque, apparaît comme un mythe fondateur, écrit en parallèle avec l'histoire de Romulus, se transforme sous la plume de Gide en une sorte de roman d'apprentissage à travers lequel le héros passe du stade de l'éphèbe à celui de l'homme mûr. Après avoir terrassé monstres et brigands, franchi les mers et vaincu le Minotaure, Thésée regagne sa patrie et assume à son tour le rôle de père, en maîtrisant sa libido et en organisant le règne de la loi. Le héros sort de la légende pour entrer dans l'histoire.

D'emblée, Thésée reconnaît l'importance de la descendance, comme fondement de l'identité: "Car 'il s'agit d'abord de bien comprendre qui l'on est, disais-je à Hippolyte; ensuite il conviendra de prendre en conscience et en main l'héritage. Que tu le veuilles ou non, tu es, comme j'étais moi-même, fils de roi' " (1415). L'appartenance à la lignée ne signifie pas seulement une façon de se définir par rapport au passé, mais encore une manière de se projeter dans l'avenir: "il ne suffit pas d'être, puis d'avoir été: il faut léguer et faire en sorte que l'on ne s'achève pas à soi-même" (1418).

C'est moins par les conseils de son grand-père Pithée et de son père Egée que par les propos de Dédale que Thésée apprend le sens et la portée de sa propre histoire: "rien ne part de rien, et c'est sur ton passé, sur ce que tu es à présent, que tout ce que tu seras prend appui" (1433).

La reconnaissance de cette continuité qui lie les générations s'oppose à une conception que Gide avait énoncée antérieurement et qui préconisait les délices du déracinement. Thésée trouve en effet son accomplissement dans le retour sur le sol natal où il se marie et assume la fonction royale: "J'épousai la femme et la cité tout ensemble. J'étais époux, fils du roi défunt; j'étais roi" (1445).

Dans un geste qui rappelle la nature de Prométhée (mais cette fois Gide ne se moque pas de la tradition), il s'affirme avec force dans le domaine public, en réorganisant la société qui était tombée dans le désordre sous le règne d'Egée, avec une détermination gaullienne: "En Attique, un tas de menus bourgs se disputaient l'hégémonie; d'où des assauts, des querelles, des luttes sans fin. Il importait d'unifier et de centraliser le pouvoir; ce que je n'obtins pas sans peine. J'y employai force et astuce" (1445).

Thésée se présente comme un souverain sage et éclairé qui abolit les inégalités entre les citoyens et accueille les étrangers sans discrimination. S'il accepte la reconstruction d'une aristocratie, celle-ci devra reposer sur la supériorité de l'esprit, non sur celle de la fortune. Tous devront se soumettre à son autorité:

> Je saurai faire respecter les lois; me faire respecter, sinon craindre, et prétends que l'on puisse dire alentour: l'Attique est régie, non par un tyran, mais par un gouvernement populaire; car chaque citoyen de cet Etat aura droit égal au Conseil et nul compte ne sera tenu de sa naissance. Si vous ne vous rangez pas à cela de plein gré, je saurai, vous dis-je, vous y contraindre. (1446)

Par sa propre conduite, par son dévouement à la chose publique, Thésée manifeste son renoncement à l'individualisme et son souci de faire passer le bien général avant l'accomplissement personnel. En cela il diffère des autres héros du corpus mythologique de Gide. Car lui sait ménager à la fois la quête de l'authenticité et la capacité d'aller au-delà, dans le passage du domaine personnel à celui qui appartient à tous, symbolisé par l'image de la ville.[25] A travers la vie de Thésée, Gide suggère qu'il faut atteindre à un équilibre entre les côtés personnel et social pour devenir enfin véritablement maître de soi-même.

Pour donner de son héros une image plus saisissante, Gide crée une rencontre singulière, celle de Thésée et d'Œdipe, dans un geste mythotextuel jamais entrepris dans l'histoire littéraire de ce mythe. L'auteur peut ainsi mettre en scène non seulement une rencontre féconde entre deux des plus célèbres héros de l'Antiquité, mais il peut aussi mettre en évidence ce qui naît d'une rencontre entre deux pôles opposés. Car là où Œdipe prône sa bâtardise, Thésée s'affirme dans sa famille, dans la ligne naturelle de ses pères. Les contrastes entre ces deux personnages sont nombreux: Œdipe commet un meurtre, mais son acte lui inspire de l'horreur, tandis que Thésée est très conscient des violences dont il est responsable. En outre, Œdipe quitte le monde de la société et refuse la compagnie des hommes, pendant que Thésée s'affirme triomphant dans sa ville.[26]

Œdipe représente un des pôles de l'expérience gidienne. Son inquiétude métaphysique le détourne du monde réel. Il va jusqu'à se crever les yeux pour voir la lumière divine. Il lance vers le ciel cette formule mystique: "O obscurité, ma lumière!" qu'il explique en ces termes:

> Ce cri signifiait que l'obscurité s'éclairait soudainement pour moi d'une lumière surnaturelle, illuminant le monde des âmes. Il voulait dire, ce cri: Obscurité, tu seras dorénavant, pour moi, la lumière. Et tandis que le firmament azuré se couvrait devant moi de ténèbres, mon ciel intérieur au moment même s'étoilait. (1451)

A ce mysticisme qu'il prétend ne pas comprendre, Thésée oppose son réalisme humaniste. Icare avait posé la question: "Vers quoi tendre, sinon vers Dieu?" (1435). A la fin de l'œuvre, Thésée répond: "Eh! de quoi s'occuper, que de l'homme?" (1448). Il rejette toute idée de péché: "Je reste enfant de cette terre et crois que l'homme, quel qu'il soit et si taré que tu le juges, doit faire jeu des cartes qu'il a" (1453).

Tout est affaire de volonté, et le seul vrai péché réside dans la démission de cette volonté. Celle-ci doit demeurer tendue sans relâche. L'homme ne progressera qu'au prix de cette tension. Thésée, dans son acceptation de la ville des hommes et de son rôle au centre de cette société, se rend compte qu'il doit résister à la tentation d'abandon, de perte et de préférence de soi qu'il voit dans le sort d'Œdipe. Pour "manifester ses vérités," Thésée reconnaît sa nature humaine et accepte sa responsabilité envers autrui. Il illustre cette exigence par ses actes et ses paroles: "l'on me reconnaît du bon sens; le reste vient ensuite, avec la volonté, qui ne m'a jamais quitté, de bien faire" (1418).

Point n'est besoin d'un père céleste pour que s'accomplisse la destinée humaine. C'est sur cette terre que l'homme doit s'affirmer en devenant un père:

> Si je compare à celui d'Œdipe mon destin, je suis content: je l'ai rempli. Derrière moi, je laisse la cité d'Athènes. Plus encore que ma femme et mon fils, je l'ai chérie. J'ai

> fait ma ville. Après moi, saura l'habiter immortellement ma pensée. C'est consentant que j'approche la mort solitaire. J'ai goûté des biens de la terre. Il m'est doux de penser qu'après moi, grâce à moi, les hommes se reconnaîtront plus heureux, meilleurs et plus libres. Pour le bien de l'humanité future, j'ai fait mon œuvre. J'ai vécu. (1453)

Les remarques que Gide note souvent dans son *Journal* permettent de constater que la relation mystérieuse et problématique entre les forces divines et humaines occupe une place importante dans sa réflexion. Au terme de sa longue vie, Gide est arrivé à une position humaniste qui situe le pouvoir inhérent des hommes au-dessus de celui de Dieu. Gide répète souvent que Dieu représente une création de l'homme et que l'homme s'est fait le responsable de Dieu.[27] Déjà préfigurée dans le Prométhée gidien, on retrouve cette indépendance uniquement humaine, cette incarnation d'une plénitude individuelle qui ne doit plus rien au royaume divin dans la figure de Thésée. Après la parution de son œuvre, Gide confirme son adhésion à la sagesse positive de son héros: "Il est évident que Thésée a été plus ou moins mon porte-parole tandis que pour Œdipe, je lui prêtais des pensées que je trouve admirables, pour lesquelles j'étais plein de respect, mais qui n'étaient pas les miennes, des pensées mystiques" (cité par Marty, *André Gide, qui êtes-vous?* 310).

On pourrait peut-être reprocher à Gide cette conclusion unilatérale qui semble vouloir mettre un terme à la contradiction fondamentale qui régit sa vie et son œuvre. Il est possible que Gide ait songé à laisser à la postérité l'image du sage qu'il n'a pas été, mais on connaît trop bien son peu de goût pour les conclusions, pour ne pas éprouver quelques doutes sur la valeur testamentaire des dernières paroles de son héros. Gide après tout arrête son récit avant l'exil et la mort de Thésée. Ce trou dans la toile de la légende n'est pas sans signification. La chute accidentelle ou non du fondateur d'Athènes dans l'île de Syros racontée dans la légende ressemble trop à celle d'Egée se jetant dans la mer du haut d'une falaise. Pour Gide, la différence importe plus que la similitude. Thésée accède au Royaume du père, mais il n'est pas du côté des pères.

Chapitre sept

La Fable gidienne

Les quatre textes mythologiques de Gide que l'on vient d'étudier dans leur ordre de parution présentent une surprenante homogénéité, à tel point qu'ils semblent constituer les chapitres successifs d'une œuvre unique. Cette cohérence s'explique dans une grande mesure par une pratique de la mythotextualité qui s'enrichit, s'enracine et se subtilise au fil des années, permettant à l'auteur de traiter de ses problèmes, et des problèmes de son époque, sans retirer son masque.

La mythotextualité, il convient de le rappeler, se définit en tant qu'activité intertextuelle appliquée au champ spécifique de la mythologie. Elle consiste à greffer sur un récit mythique, considéré comme hypotexte, un nouveau récit, ou hypertexte, selon la terminologie de Gérard Genette (*Palimpsestes* 11). Elle instaure un dialogue entre une œuvre et d'autres œuvres; elle favorise l'insertion d'une pensée nouvelle dans un espace littéraire déjà constitué; elle intensifie le chassé-croisé entre le savoir culturel et la création originale.

Bien des œuvres pourraient illustrer une mythotextualité au sens où je l'entends, mais il m'a semblé que les écrits mythologiques de Gide que je désigne sous le nom de "fable gidienne" en fournissent un exemple à la fois provocant et significatif. Au terme de cette étude je voudrais mettre en évidence les principaux aspects d'un mode d'écriture qui s'inspire explicitement ou implicitement de textes antérieurs.

La Subjectivisation du mythe

Dès *Le Traité du Narcisse,* Gide manipule le matériau mythologique avec une certaine désinvolture. S'il admire la fable grecque, il n'éprouve à son égard aucun fétichisme, aucun respect qui le paralyse. Grâce à ce refus d'une momification des textes anciens, il apporte un nouveau sens à des histoires maintes et maintes fois répétées au cours des siècles.

Sans remettre en question une vision de la Grèce largement influencée par Goethe et Winkelman, Gide met délibérément l'accent sur la signification psychologique des mythes. Leur contenu religieux ne l'intéresse pas, leur expression du sacré lui répugne. L'idée de destin, ou si on préfère, de *fatum,* lui paraît une incongruité. Pour Gide, la fatalité ne peut être qu'intérieure. L'explication psychologique doit donc se substituer à l'interprétation théologique. Si certains éléments de la tradition grecque, estime-t-il, nous paraissent mystérieux, cela ne signifie nullement qu'ils soient inaccessibles à la raison. Tôt ou tard, le mythe sera déchiffré.

Dans cette perspective, Gide est amené à s'intéresser moins au récit cohérent des aventures survenues à tel ou tel personnage mythologique qu'à des figures archétypiques sur lesquelles il peut projeter ses désirs et ses inquiétudes.[1] Il pourrait reprendre à son compte cette phrase de Goethe qu'il cite dans *Nouveaux prétextes:* "quand le poète veut représenter le monde qu'il a conçu, il fait à certains individus qu'il rencontre dans l'histoire, l'honneur de leur emprunter leurs noms pour les appliquer aux êtres de sa création" (15).[2] Il suffit en effet de remplacer le mot *histoire* par celui de *mythologie.* Ce point de vue se trouve confirmé par l'importance décisive que prennent les noms de Narcisse, de Prométhée, d'Œdipe et de Thésée dans le réseau des textes étudiés. Ces noms sont signifiants par eux-mêmes; la dénomination semble prendre le pas sur le contenu de la fable. Comme Gide l'écrit en 1930: "Le seul drame qui vraiment m'intéresse et que je voudrais toujours à nouveau relater, c'est le débat de tout être avec ce qui l'empêche d'être authentique, avec ce qui s'oppose à son intégrité, à son intégration. L'obstacle est le plus souvent en lui-même" (*Journal* 1: 995).

Ce processus de subjectivisation du mythe est rendu encore plus manifeste par l'emploi de plus en plus fréquent du pronom personnel *je.* Absent du *Traité du Narcisse,* il est abondamment utilisé dans *Le Prométhée mal enchaîné* et dans l'*Œdipe.* Quant au *Thésée,* le héros s'exprime d'un bout à l'autre du récit à la première personne. Ce "je," bien évidemment, n'est pas sans ambiguïté. Gide a recours à plusieurs voix que le lecteur doit être en mesure de percevoir séparément. Le "je" du texte gidien n'exprime pas seulement la parole du héros, mais aussi celle de l'auteur. Dans un texte inédit du 21 novembre 1947 (l'anniversaire de Gide), comme réponse à la nouvelle que le prix Nobel lui était décerné, Gide écrit: "Très jeune encore, j'écrivais: 'Nous vivons pour représenter.' Si vraiment j'ai représenté quelque chose, je crois que c'est l'esprit de libre examen, d'indépendance et même d'insubordination, de protestation contre ce que le cœur et la raison se refusent à approuver" (*Entretiens* 321). En outre, ce "je" dissimule deux "moi." Un "moi" singulier, héritier du romantisme, qui exprime sa subjectivité particulière, et un "moi" universel, dans le droit fil de la tradition littéraire classique, inaugurée par Montaigne et Pascal. En effet, si Gide, sous les traits d'un héros grec, parle essentiellement de lui-même, son discours n'en exprime pas moins la vérité universelle de sa parole. Cependant, dans chacun des récits, la part de la subjectivité reste suffisamment importante pour qu'aucune de ses œuvres ne se transforme en allégorie.[3]

L'auteur des *Faux-Monnayeurs* ne se soucie guère du sens que les Anciens attribuaient à leurs mythes. Il se contente d'utiliser le mythe comme un matériau pour façonner sa propre image, soit en s'identifiant à un héros, soit en projetant sur lui les éléments encombrants de sa psyché. Gide devient ainsi le Pygmalion de sa propre statue. D'un texte à l'autre, il s'efforce de donner de lui-même une représentation cohérente, celle d'un homme capable d'assumer ses pulsions et de surmonter ses contradictions. Il se sert de la mythologie pour construire un mythe gidien, justification de l'écriture au second degré, bien que parfois il avoue ouvertement son désir de faire de lui-même un être de légende: "Je ne cherche pas à être de mon époque; je cherche à déborder mon époque" (*Journal* 1: 651).

J'ai entrepris dans cette étude de montrer de quelles manières la mythotextualité est un acte d'écriture, ou si on veut, de réécriture, dans la mesure où le texte qu'elle produit est le reflet de textes antérieurs ou contemporains. La production de ce nouveau texte s'appuie sur une série de procédés dont l'analyse me permet de préciser la technique intertextuelle de Gide.

A l'exception de quelques épigraphes, inscrites en exergue au début de chacun des trois actes de l'*Œdipe,* Gide n'utilise pas la citation directe. Il lui arrive parfois d'insérer dans son texte des expressions ou des fragments empruntés à la Bible ou à des auteurs classiques, tels que Goethe ou Shakespeare, sans faire mention d'une référence, laissant ainsi au lecteur perspicace le soin de les reconnaître. La citation est incorporée dans la trame narrative de façon à ne pas altérer la lisibilité. Anonyme, elle s'insinue dans le récit et devient le signe d'une connivence culturelle entre l'auteur et le lecteur.

Si Gide néglige la citation, procédé trop sommaire, il recourt volontiers à l'allusion, qui lui offre davantage de liberté dans l'élaboration du nouveau texte. L'allusion fait partie d'une technique du reflet, en se présentant comme réminiscence volontaire ou involontaire. La pensée de l'auteur chemine par un certain détour. Elle prend par là même un air énigmatique. Elle exige de la part du lecteur un certain décodage. Dans les textes dont il est ici question, Gide pratique l'allusion avec une évidente délectation. L'allusion déborde largement le champ mythologique, et renvoie aussi bien à l'Ancien et au Nouveau Testament qu'à des œuvres littéraires, historiques ou philosophiques. Le travail de l'écrivain consiste à gommer toutes les références précises afin de réaliser la fusion de tous les éléments du texte dans une structure narrative renouvelée. Il y a dans cette pratique d'une écriture allusive une provocation sournoise à l'égard du lecteur dont on teste insidieusement la culture. S'il est suffisamment érudit, le lecteur saura jouir des références subtiles qu'on lui propose. Gide n'écrit pas pour le lecteur naïf.

L'analyse des textes mythologiques de l'auteur des *Nourritures terrestres* fait apparaître un troisième procédé: la parodie. Celle-ci introduit dans la mythotextualité une dimension ironique qui permet à l'écrivain de prendre ses distances par rapport au référent. Elle est par excellence un instrument de détournement et de subversion du sens. Dans *Le Traité du Narcisse,* la parodie se présente sous l'aspect d'une réduction iconoclaste du mythe originel. Dans le récit du *Thésée,* elle prend au contraire l'aspect d'une description désinvolte des aventures du héros. Dans l'*Œdipe,* elle sert à mettre en scène une certaine parodie du héros par lui-même, un refus de se prendre au sérieux. Enfin, dans *Le Prométhée mal enchaîné,* elle se fonde à la fois sur l'inversion et l'anachronisme. Dans chaque cas, la parodie vise à désacraliser le mythe pour en faire le véhicule de la réflexion personnelle de l'écrivain.

Enfin, Gide a fréquemment recours à la mise en abyme, procédé auquel il donne son nom, et qu'il emploie dans un grand nombre de ses œuvres, en particulier, dans *Les Faux-Monnayeurs.* Gide se sert de la mise en abyme pour insérer dans un texte un autre texte qui lui ressemble, de façon à constituer, au cœur même du premier texte, une réplique du thème principal.[4] Les textes mythologiques de Gide offrent de nombreux exemples de ces duplications intérieures dont la pièce dans la pièce de *Hamlet* constitue le prototype. L'évocation d'Adam au Paradis dans *Le Traité du Narcisse,* l'histoire de Tityre dans *Le Prométhée mal enchaîné* ou encore la rencontre avec Dédale et Icare dans le récit du *Thésée* illustrent parfaitement cette technique du dédoublement qui étoffe le récit et en élargit la signification. Ces épisodes constituent autant de scènes clés autour desquelles s'organise la fable. Il s'agit à chaque fois de réinstaller au centre de l'œuvre le problème même de l'œuvre.

Les procédés que je viens de recenser brièvement tendent à déconstruire le mythe afin de favoriser l'émergence d'un nouveau sens, car la fonction de la mythotextualité n'est pas seulement référentielle, mais aussi transformatrice. Elle ne se propose pas de répéter sous une forme ou sous une autre le matériau d'un texte antérieur, mais bien plutôt d'inventer un autre espace littéraire. Le récit de Thésée, par exemple, est tissé de multiples allusions, mais sa lecture ne saurait se réduire à un simple décryptage. Chez Gide, l'activité transformatrice dépasse de beaucoup la performance mimétique. Pour créer son propre texte, il n'hésite pas à condenser le mythe, à l'inverser, à le parodier, bref, à le détourner de son sens. Il extrait de la mythologie les éléments qu'il traite selon ses propres conceptions esthétiques. Toute son entreprise consiste à dire autre chose différemment.

Le “Je” des contraires

En introduisant dans la fable grecque une dimension subjective, Gide fait de la mythologie un support autobiographique. D'un texte à l'autre, il dresse un état des lieux de sa problématique intérieure qui se caractérise, comme on l'a maintes fois souligné, par un antagonisme entre sa formation chrétienne et son attirance pour le paganisme. Au cœur de ce conflit se trouve l'homosexualité. Abordée de manière allusive dans *Le Prométhée mal enchaîné,* traitée plus explicitement mais avec précaution dans le *Thésée,* elle se découvre à l'arrière-plan du *Traité du Narcisse* et de l'*Œdipe.*

Certains ont soutenu, non sans raison, que si Gide s'intéresse à la mythologie grecque, c'est parce qu'elle lui permet de parler indirectement de l'homosexualité. Bien sûr, l'auteur de *Corydon* feint d'ignorer ce qui sur ce plan sépare notre civilisation de celle des Grecs. La pédérastie qui s'exerçait à Sparte ou à Athènes a peu de chose en commun avec les pratiques homosexuelles de Gide et de ses contemporains. Comme le constate Bernard Sergent:

> [L]'homosexualité initiatique . . . se situe bien *au centre* de la société (grecque), soit parmi l'ensemble des adultes mâles, soit parmi le groupe restreint mais dominant d'une aristocratie. . . . [Elle] ne part pas d'un manque, mais d'un rejet: les hommes sont bien face à leurs femmes, et l'objet de l'initiation est de poser un intervalle absolu entre féminité et masculinité. (70)

Dans le monde antique, l'homosexualité assurait la cohésion d'une société guerrière alors que dans l'état moderne, elle ne joue aucun rôle officiel, ni dans l'éducation, ni dans l'entraînement militaire. Gide veut surtout voir chez les Grecs une tolérance qui contraste singulièrement avec la répression sévère dont l'homosexualité fait l'objet dans l'Occident chrétien. Il admire la nature unifiée du monde grec et semble envier le rôle privilégié de l'homosexualité: "Nul peuple n'eut plus le sens de l'intelligence de l'harmonie que le peuple grec. Harmonie de l'individu, et des mœurs, de la cité. Et c'est par besoin d'harmonie . . . qu'ils donnèrent droit de cité à l'uranisme" (*Journal* 1: 996).[5] Son point de vue est celui d'un narrateur cultivé qui cherche dans la tradition hellénique des arguments pour justifier son comportement.

Le désir, chez Gide, de secouer la tutelle rigoriste de la morale calviniste le conduit à critiquer sévèrement toute forme de mysticisme et à privilégier l'aspect rationnel du mythe. Gide refuse de considérer l'aspect religieux du mythe. Pour lui, les mystères d'Eleusis ne sont que "l'enseignement chuchoté de quelques grandes lois naturelles," en quoi il semble se tromper, car la pensée grecque ancienne n'oppose pas systématiquement un naturel purement physique à un surnaturel purement spirituel, comme c'est le cas dans la doctrine chrétienne. En fait, cette rationalisation de la mythologie apparaît comme un subterfuge grâce auquel Gide entend se soustraire aux exigences tyranniques de son protestantisme. Toute sa vie il lutte contre la religion sans jamais cesser d'être écartelé entre les appétits de la chair et la remontrance de l'âme. Il ne cesse de faire le procès de l'attitude mystique de ce qu'il nomme, dans *Le Traité du Narcisse,* la préférence de soi, sans jamais pouvoir se libérer complètement d'une éthique profondément enracinée dans l'éducation et la culture. On perçoit l'écho de ce conflit intérieur aussi bien dans les propos délirants de Damoclès à l'agonie que dans la tirade mystique d'Œdipe lors de sa rencontre avec Thésée. D'un côté, il y a le ciel avec Icare et sa folie transcendantale, de l'autre, la terre avec Dédale et sa sagesse humaniste. En ceci, Gide illustre parfaitement la pensée de Lévi-Strauss, qui écrit: "L'objet du mythe est de fournir un modèle logique pour résoudre une contradiction" (*Anthropologie structurale* 254).

Vers la fin de sa vie, au moment où il rédige son *Thésée,* Gide cherche à donner de lui-même l'image d'un homme apaisé. Qu'il soit parvenu à la maîtrise de soi, rien n'est moins sûr. Le message positif du roi d'Athènes n'est pas entièrement convaincant. La contradiction intime qui depuis toujours déchire l'âme de Gide n'est surmontée qu'en apparence.[6] Gide tente de prendre le contre-pied de Pascal; il parie sur l'homme au lieu de parier sur Dieu, mais son surmoi calviniste le rappelle constamment à la foi de ses ancêtres. Il n'est pas facile de devenir bon Grec quand on a été bon protestant. Ce double mouvement semble inhérent à la pensée gidienne: "Pour être poète, il faut croire à son génie; pour devenir artiste, il faut *le mettre en doute.* L'homme vraiment fort est celui chez qui *ceci* augmente *cela*" (*Journal* 1: 288).

Le Plaisir d'écrire

La mythotextualité engendre une activité ludique trop souvent occultée. Elle invite l'écrivain à se livrer au divertissement; elle lui offre un espace de liberté dans lequel il peut s'abandonner aux jeux multiples de la langue et du style. Gide écrit:

> J'aime que la production, l'écriture, soit comme l'éclosion rapide, subite presque, d'une créature adulte, accomplie, que

> de lentes et secrètes opérations ont visiblement pris soin de former, et qui jaillit soudain, comme Minerve sort tout armée du cerveau de Jupiter. La venue au jour d'une belle œuvre d'art est toujours accompagnée, pour le créateur, de surprise. (*Journal* 1: 970)

Gide manipule la matière mythologique avec la jubilation désinvolte d'un grand artiste. On peut certes lui reprocher sa vision réductrice de la Grèce antique, son refus de prendre en compte la charge psycho-émotive du mythe, mais on doit reconnaître qu'il a su insuffler à la fable grecque une nouvelle énergie. Dans ses récits, il parvient à fondre harmonieusement les références intertextuelles et les préoccupations personnelles. Il sait jouer avec virtuosité sur le double clavier de la culture et de la perversion de cette culture.

Ce jeu exige de la part de l'écrivain une maîtrise absolue de son instrument. C'est la raison pour laquelle Gide attache la plus grande importance au maniement de la langue. Il se comporte avec elle en artisan soucieux de son ouvrage. Il ne veut ni brusquer la syntaxe ni séquestrer les mots. Il débarrasse sa prose de toute superflu: aucune métaphore, aucune kyrielle d'adjectifs. De temps à autre, il exhume du dictionnaire un mot rare ou désuet qu'il jette en pâture au lecteur avec un sourire de complicité. Comme il l'écrit en 1913: "Je ne veux plus accueillir de sujet qui ne permette, qui n'exige, la langue la plus fraîche, la plus aisée et la plus belle" (*Journal* 1: 387).

Ce travail aboutit à une écriture sobre, claire, dense, peut-être un peu trop lisse. Gide s'abandonne bien sûr à certaines coquetteries de langage. Il adore enchâsser dans son texte des formules lapidaires et paradoxales. Il est obsédé par l'harmonie des proportions, la justesse de ton, l'économie des moyens. En 1931, il constate: "J'ai voulu faire de ma phrase un instrument si sensible que le simple déplacement d'une virgule suffise à en détériorer l'harmonie" (*Journal* 1: 1090).[7]

Au-delà des procédés, indépendamment de toute fonction, s'affirme chez Gide un extraordinaire plaisir d'écrire. Il en vient à oublier les finalités subalternes du discours: prestige, parade, persuasion. Toute littérature est affaire de séduction, dans sa joute érotique avec le lecteur invisible, à qui il lance le défi de s'affirmer dans sa propre singularité, de "jeter son livre": "Je prétends donner à ceux qui me liront, force, joie, courage, défiance et perspicacité—mais je me garde surtout de leur donner des directions, estimant qu'ils ne peuvent et ne doivent trouver celles-ci que par eux-mêmes" (*Journal* 1: 785). Gide déploie tous les artifices de son art. L'écriture devient pour lui un instrument de magie. En ce sens, la fable gidienne est plus proche du mythe que ne l'avait pensé son auteur. Enfin, Gide nous laisse ce conseil de 1928:

> Mes écrits sont comparables à la lance d'Achille, dont un second contact guérissait ceux qu'elle avait d'abord navrés. Si quelque livre de moi vous déconcerte, relisez-le; sous le venin apparent, j'eus soin de cacher l'antidote; chacun d'eux ne trouble point tant qu'il n'avertit. (*Journal* 1: 880)

Mordu par le serpent multiforme de l'œuvre mythotextuel gidien, le lecteur peut aussi s'aventurer dans le labyrinthe de la pensée de Gide.

Notes

Préface

1. On pourrait peut-être dire que Gide réussit à exprimer sa problématique et à formuler sa position esthétique sans avoir recours au monde grec et aux figures de la mythologie, comme c'est le cas dans *Les Nourritures terrestres, L'Immoraliste* et *Les Faux-Monnayeurs.* Je crois cependant que pour lui le monde référentiel de la Bible, et surtout celui de la mythologie gréco-romaine, représentent des cadres thématiques et structuraux qui permettent à l'auteur d'énoncer son discours personnel dans un contexte culturel archétypique, à un niveau plus vaste qui comprend l'expérience humaine conçue comme anhistorique et atemporel, ce qui donne une force plus grande à sa parole. Comme le suggère Helen Watson-Williams: "Both Christian and Greek mythology help [Gide] to explore and explain his own intimate crises as, by his use of the synonymous terms of 'le côté Prométhée' (or 'le côté Christ'), they clarify his philosophic thought. . . . The myths 'represent,' as the young Gide demanded, the eternal human experience in its infinite variety" (183). Et comme l'a bien remarqué Emily Apter dans son article "Homotextual Counter-Codes: André Gide and the Poetics of Engagement," "both Greek myth and Biblical parable are transformed and instrumentalized as effective didactic vehicles for purveying ideological norms, specifically the primacy of sexual liberty and licence" (81).

Chapitre un
Mythologie et intertextualité

1. Voir le commentaire de D. Madelénat: "L'émergence d'un rationalisme empirique (un des aspects du 'miracle grec') substitue à la compréhension mythique une *epistêmê* nouvelle: au lieu d'expliquer les caractères généraux du donné à l'aide d'une histoire particulière, on pose des lois et des principes généraux qui gouvernent la réalité jusque dans ses aspects les plus particuliers. La chaleur solaire n'est plus attribuée au pouvoir d'un dieu parcourant l'éther sur son char lumineux, mais à des phénomènes physiques (comme les réactions des quatre éléments). Aux antipodes de *logos* (connaissance rationnelle) et d'*historia* (enquête scientifique), le mythe apparaît désormais comme un instrument dépassé, confus, où ne se distinguent pas la lettre et l'esprit, le signifiant et le signifié, un langage sans rigueur démonstrative ni précision dénotative" (1595).

2. Voir le commentaire d'Albouy: "*signifiant* polyvalent et plastique, disant ce qu'il dit et autre chose, se situant toujours sur plusieurs niveaux en même temps, le mythe renferme le mystère et toutes les puissances du langage; emprunté ou inventé, il réanime . . . les archétypes les plus profonds, et, par là, permet d'approcher encore du mystère de la création" (*Mythes et mythologies* 304).

3. Voir la mythanalyse de Lévi-Strauss, présentée à travers la notion fondamentale des "mythèmes," les "grandes unités constitutives" du système sémiotique du mythe, dans *Anthropologie structurale.* Voir aussi l'étude de Greimas, *Du sens: Essais sémiotiques:* "Une mythologie, considérée comme un métalangage, ne peut être décrite qu'à condition que l'on choisisse d'abord 'des unités de mesure,' dont une manipulation—la mise en relation et en corrélation—permettra de reconstituer petit à petit des ensembles structuraux plus vastes, et enfin le système mythologique entier" (133).

4. Voir la définition du mythe que propose Durand: "Le mythe apparaît comme un récit (discours mythique) mettant en scène des personnages, des décors, des objets symboliquement valorisés, segmentable en séquences ou plus petites unités sémantiques (mythèmes) dans lequel s'investit obligatoirement une croyance (contrairement à la fable et au conte) appelée 'prégnance symbolique' " (*Figures mythiques et visages de l'œuvre* 34).

5. Voir l'appréciation poétique de John Ruskin: "This is true of all Greek myths, that they have opposite lights and shades; they are as changeful as opal, and, like opal, usually have one color by reflected, and another by transmitted light. But they are true jewels for all that, and full of noble enchantment for those who can use them" (274).

6. Voir Barthes, *Mythologies:* "Si paradoxal que cela puisse paraître, *le mythe ne cache rien:* sa fonction est de déformer, non de faire disparaître. . . . Le rapport qui unit le concept du mythe au sens est essentiellement un rapport de *déformation*" (207).

7. Il est intéressant de noter que pour certains critiques, tel que Raymond Trousson, l'activité scripturaire d'un créateur de mythe littéraire comprend finalement certaines contraintes venant de la culture et de l'art qui s'imposent sur l'acte d'écrire. Dans son article "Servitude du créateur en face du mythe," il propose: "les mythes représentent bien autre chose que de simples sujets malléables et transformables à merci. Ils sont des références idéales, comme fichées dans la culture par la force de la tradition. Non seulement il n'est pas permis à l'auteur de les traiter en toute liberté, mais même il est souvent invinciblement attiré vers eux, bien plus qu'il ne les choisit; ils recèlent une puissance d'appel qui les impose à sa conscience, si bien qu'en définitive il y a déterminisme, magnétisme ou, mieux, tropisme de l'acte créateur, limité à la fois dans son orientation et dans son exécution" (91–92). Peut-être Trousson a-t-il raison, mais n'est-il pas aussi vrai que l'acte esthétique qui s'affirme dans un cadre qui se veut tellement fixe, dépasse ces mêmes limitations et leur lance un défi puissant, à travers l'acte même de la création? Gide le dirait lui-même, dans son essai, "L'Evolution du théâtre." Voir le chapitre 5 de la présente étude pour une discussion plus détaillée de ce problème.

8. Voir la notion de "découpage et collage" (16) comme description de l'activité de l'écrivain que propose Antoine Compagnon dans son livre *La Seconde Main.*

9. Voir la distinction entre l'œuvre "achevée" et l'œuvre "inachevée" chez Leyla Perrone-Moisés (377).

10. Eigeldinger aussi élabore cette notion de l'acte de lecture dans l'écriture, à travers une discussion des fonctions de l'intertextualité. Il en identifie cinq principales: référentielle et stratégique; transformatrice et sémantique; descriptive et esthétique; métaphorique; et parodique. Il en conclut: "A travers ses multiples fonctions, l'intertextualité assume son véritable rôle, qui est de privilégier le langage de l'échange et de la pluralité. Elle a acquis le statut d'une dimension à la fois textuelle et sémantique" (*Mythologie et intertextualité* 17).

11. Par exemple, Lucien Dällenbach, dans "Intertexte et autotexte," en se référant à Ricardou, fait la distinction entre "une 'intertextualité externe,' entendue comme rapport d'un texte à un autre texte, et une 'intertextualité interne,' comprise comme rapport d'un texte à lui-même" (282). Tzvetan Todorov relève la même distinction, en appelant l'intertextualité externe de Dällenbach "l'extratextuel," et l'intertextualité interne, "l'intratextuel" (*Symbolisme et interprétation* 61). Kristeva, à son tour, nomme l'interaction entre un texte et des éléments externes "ambivalence," alors qu'elle désigne les relations à l'intérieur d'un seul texte sous le terme de "dialogisme" (*Sèméiôtikè* 88).

Chapitre deux
Gide et le mythe

1. Pour une analyse de l'intérêt qu'avait Gide pour la mythologie grecque à travers les auteurs anciens, voir entre autres les études de J. C. McLaren, *The Theatre of André Gide,* et d'Helen Watson-Williams, *André Gide and the Greek Myth.*

2. Voir la remarque d'Yves Bonnefoy: "L'écriture n'est-elle pas toujours mythologie, clivage du moi mythique qu'elle fait vivre et du sujet qui tâtonne . . . à la recherche de soi?" (142).

3. Ainsi on peut comprendre que Gide, ayant songé à écrire un *Ajax,* ait découvert qu'il ne pouvait traiter le sujet dans le sens qu'il souhaitait, car les données du mythe exigent le surnaturel. En 1927, il écrit dans son *Journal*: "Examinant mieux le *sujet,* je crains de ne pouvoir expliquer, excuser même le geste d'Ajax sans intervention de Minerve ou de la folie; il faudrait les deux à la fois. . . . Rien à faire" (1: 241).

4. Voir la remarque d'Helen Watson-Williams: "By means of the myth, used in ways that range from the handling of allegorical abstractions to the expression of imaginative truths about human life, and thus to the creation of his own myth, Gide explores the central problem of man's relationship with his surrounding world" (xiii).

5. Cependant, Watson-Williams y voit un rapprochement ultime entre la pensée grecque et celle de Gide, en ce qui concerne la notion de mort: "in a way, Gide approaches the Greek conception of death. For him, as for the classical Greek, human life ends in death, without consequence and without influence" (173).

6. Comme Gide l'écrit: "Je m'inquiète assez peu de savoir comment ces mythes se sont formés, leur origine, et j'abandonne aux philologues l'ombre où s'enfonce et se perd leur passé. . . . Ce qui m'importe, c'est par où ils nous touchent et en quoi ils s'adressent à nous" (*Un Esprit non prévenu* 82).

7. Voir le commentaire de Watson-Williams: "To call the *Fatum* chance is to diminish it immediately, and to interpret it as the substitute for human decision, operating in a void, as it were, is to negate it altogether. The positive force governing the mythological experience, as Gide understands it, is the evolution of individual psychological fate, the self-engendered, self-directing destiny of human nature" (181–82).

8. Voir par exemple, les œuvres diverses du XIIe siècle, telles que *Le Roman de Troie* et *Piramus et Tisbé,* et l'ouvrage encyclopédique du XVe et XVIe siècles, *L'Ovide moralisé* de Jean de Meun.

9. L'étude de Raymond Cormier, *Three Ovidian Tales of Love,* examine en détail cette notion d'évolution chez les auteurs du Moyen Age.

10. Voir le commentaire d'Albouy: "Une mythologie qui, depuis des siècles, ne vit plus que dans le souvenir des clercs et qui repose sur une religion morte, devient alors le *langage* même de la poésie. C'est dans cette langue mythologique que nos poètes célébreront nos rois et chanteront leur dame" (*Mythes et mythologies* 289).

11. Voir la discussion d'Albouy dans *Mythes et mythologies* au sujet des transformations entreprises par Ballanche (76–78).

12. Georges Poulet offre une discussion bien utile de l'imaginaire biblique chez Victor Hugo (*Trois essais de mythologie romantique* 180).

13. Voir par exemple *Les Cariatides* (1842) et *Les Stalactites* (1846) de de Banville, et *Poèmes antiques* (1852) et *Poèmes barbares* (1862) de Leconte de Lisle.

14. Les idées et l'œuvre de Wagner sont devenues, surtout dans les années 1880, le sujet d'un débat considérable en France, qui touchait l'esthétique des poètes, des dramaturges, des musiciens et du public. A cette époque, on se prononçait clairement "Wagneriste," ou bien on rejetait totalement ses idées révolutionnaires. C'est un phénomène transatlantique qu'on retrouve dans la polémique Wagner, un événement culturel qui a altéré pour toujours la figure de l'esthétique française. Sur la figure de Wagner comme force bien influente dans le cénacle symboliste, voir l'étude d'Elwood Hartman, *French Literary Wagnerism.*

15. Charles Baudelaire, "Richard Wagner et Tannhäuser à Paris" 1229.

16. Henri de Régnier, "Les Poètes d'aujourd'hui," 1900, cité par Albouy (*Mythes et mythologies* 107).

17. Il est intéressant de noter chez les poètes de la deuxième moitié du XIXe siècle une appréciation profondément consciente de la mythologie, qui annonce la mythanalyse du XXe siècle. Rimbaud écrit ainsi, dans "Villes," que "Toutes les légendes évoluent" (*Œuvres complètes* 136), et Baudelaire affirme, dans son étude sur Théodore de Banville, que "la mythologie est un dictionnaire d'hiéroglyphes vivants" ("Théodore de Banville" 736).

18. Par exemple, évoquant d'un ton léger son anniversaire, le 21 novembre, il note l'ambivalence de cette date qui tombe sur la corne, entre deux signes astrologiques: "Est-ce ma faute à moi si votre Dieu prit si grand soin de me faire naître entre deux étoiles, fruit de deux sangs, de deux provinces et de deux confessions?" (*Journal* 1: 959).

19. Voir aussi la remarque de 1892 qui illustre la nature immuable de l'esprit de Gide: "Je vois toujours presque à la fois les deux faces de chaque idée et l'émotion toujours chez moi se polarise. Mais, si je comprends les deux pôles, je perçois fort nettement aussi, entre eux deux, les limites où s'arrête la compréhension d'un esprit qui se résout à être simplement personnel, à ne voir jamais qu'un seul côté des vérités, qui opte une fois pour toutes pour l'un ou pour l'autre des deux pôles" (*Journal* 1: 31).

20. Maurice Blanchot remarque ce pouvoir esthétique inhérent au mariage des contraires: "C'est à 'cette exaltante alliance des contraires' que René Char fait allusion lorsqu'il dit: 'Le poète est la genèse d'un être qui projette et d'un être qui retient.' La dualité du contenu et de la forme, du mot et de l'idée, constitue la tentative la plus habituelle pour comprendre, à partir du monde et du langage du monde, ce que l'œuvre, dans la violence qui la fait une, accomplit comme l'événement unique d'une discorde essentielle au cœur de laquelle seul ce qui est en lutte peut se saisir et se qualifier" ("La Littérature et l'expérience originelle," *L'Espace littéraire* 300–01).

21. Voir l'étude d'Emily Apter, "Homotextual Counter-Codes: André Gide and the Poetics of Engagement," où sont analysées les manières préférées de Gide dans le projet de faire entrer dans son œuvre une certaine conscience homosexuelle, à travers un discours rempli de signes homoérotiques, afin de mettre en scène sa propre conception de l'engagement spirituel, aussi bien que moral et social. Apter identifie un style d'écriture qui reflète les motifs principaux d'un texte tel que *Les Nourritures terrestres:* "A complex system of exchanges between the literal and metaphorical provides the mediation between internal and external nature throughout the text. . . . The dispersal and relocation of sensation to marginal zones embodies a discursive, rambling narrative movement which, in addition to eroding the traditional hierarchy of the anatomy, also undermines traditional narrative organization. In this sense, the homosexual counter-code combines a poetics of marginality with an anti-establishment narrative strategy based on the diffusion and dissipation of textual energy" (84–85).

Chapitre trois
Narcisse

1. "Pour apaiser les mânes de Narcissa."

2. Version de "Narcisse parle," datée du 28 septembre 1890, provenant d'un "manuscrit ayant appartenu à Pierre Louÿs," a été enfin publiée dans la première livraison de *La Conque,* 15 mars 1891 ("Sur les Narcisses" 1552).

3. Pour une étude approfondie de la figure de Narcisse dans l'œuvre de Valéry, voir l'analyse de Pierre Albouy dans son livre *Mythes et mythologies* (180–87).

4. Delay voit cette conscience de soi aussi dans la figure de Tityre, présent dans *Paludes* et *Le Prométhée mal enchaîné:* "La maladie de la rétrospection est un aspect de la faiblesse nerveuse dont la maladie de l'introspection est un autre aspect. Tityre s'analyse sans cesse au lieu de vivre, il est perpétuellement dédoublé en acteur et spectateur, et le spectateur paralyse l'acteur. Il a sans cesse conscience de soi, et de ses moindres intentions, et de la conscience qu'il a de ses intentions, de sorte que sa conscience psychologique . . . devient un instrument de son impuissance" (*La Jeunesse d'André Gide* 2: 408).

5. *Soleil noir* 15. Cette image du piège de la conscience de soi devient un *topos* central dans la poésie de Valéry. Elle se développe par la suite dans les figures de la Jeune Parque, de Monsieur Teste, et dans "L'Ange," texte en prose de mai 1945 qui reprend le même problème que confronte Narcisse. L'Ange se regarde dans une fontaine et s'y voit comme un homme qui pleure. Cette image le surprend, car comment lui, un être à la conscience et à l'intelligence pure, peut-il pleurer? Voir Albouy sur ce sujet: "Narcisse en pleurs, c'est M. Teste qui, sans pour autant faire la bête, découvre qu'il n'est pas un ange, que la conscience pure n'existe pas, qu'elle implique limite et séparation. . . . De Teste à la Jeune Parque et à Narcisse, le mythe valéryen du *moi* révèle ses constantes et se diversifie richement" (*Mythes et mythologies* 185–86).

6. Voir aussi le jugement didactique de Paul Souday dans son livre *André Gide:* "Le *Traité du Narcisse* s'enveloppe d'un hermétisme mallarméen. . . . On est par instants un peu dérouté. En somme, cette théorie est fort platonicienne et par conséquent fort claire. Nous n'avons aucune connaissance directe de rien, pas même de notre âme; mais toute réalité est symbolique, tout n'est que symbole. Voilà, je crois, ce qu'a voulu dire M. André Gide" (22–23).

7. Le mythe de Narcisse a inspiré une variété étonnante de versions littéraires, antérieures à celle de Gide, dans lesquelles l'éphèbe se voit parodié, imité, défendu, travesti et redéfini. On le retrouve par exemple dans les textes des troubadours, dans le *Roman de la rose* et chez des auteurs tels que Boccace, Dante, Shakespeare, Jonson, Calderón et Goethe. Pour une analyse des premières manifestations de Narcisse en tant que figure littéraire, voir Louise Vinge, *The Narcissus Theme in Western European Literature up to the Early Nineteenth Century.*

8. Pour une discussion détaillée de l'influence de l'esthétique d'Amiel sur les premiers écrits de Gide, voir Jean Delay, *La Jeunesse d'André Gide,* t. 1. Delay examine la dichotomie apparente entre l'action et la rêverie chez Gide, et suggère qu'on peut retrouver l'origine de ce motif dans la déclaration d'Amiel dans *Fragments d'un journal intime* (1883–87) que "le rêve est gigantesque, l'action est vaine." Qui plus est, Delay voit dans la notion du "mal de Narcisse" une illustration de l'idée d'Amiel de la dissolution de la personnalité dans la conscience narcissique (556–65).

9. Voir le commentaire de Germaine Brée, qui voit en lui "un Narcisse soigneusement déshellénisé. Ni l'objet de sa quête, ni le paysage où il erre, ni son aventure ne nous rappelle le Narcisse grec" (43).

10. Ce travail de dépouillement rappelle le classicisme gidien, un motif qui anime la plupart des œuvres de Gide. Dans un fragment non-daté de son *Journal* (1894?), Gide affirme cette volonté de purifier les images de son écriture: "Dès que l'idée d'une œuvre a pris corps, j'entends: dès que cette œuvre s'organise, l'élaboration ne consiste guère qu'à supprimer tout ce qui est inutile à son *organisme*" (1: 49).

11. Voir aussi "Hérodiade," de Stéphane Mallarmé, poème qui illustre la frustration et le désespoir du regard toujours condamné à la solitude: "O miroir! / Eau froide par ennui dans ton cadre gelée / Que de fois et pendant des heures, désolée / Des songes et cherchant mes souvenirs qui sont / Comme des feuilles sous ta glace au trou profond, / Je m'apparus en toi comme une ombre lointaine, / Mais, horreur! des soirs, dans ta sévère fontaine, / J'ai de mon rêve épars connu la liberté!" (45). Dans la vision de Mallarmé, c'est l'ennui qui fait que les eaux se sont gelées dans la fontaine "sévère," l'ennui qui reflète les espoirs perdus du regard.

12. Ygdrasil est emprunté à la mythologie scandinave, dans laquelle il représente l'arbre cosmique, joignant les enfers et les cieux. Voir *Les Eddas*.

13. Ou plutôt "tentatrice." Il n'y a pas d'Eve tentatrice, comme pour Narcisse, il n'y a pas d'Echo languissante. Cette évacuation du féminin trahit une misogynie qui se manifeste de manière spécifique dans un rare fragment en vers que Gide a envoyé à Valéry en mars 1892, et qui s'intitule "Le Narcisse secret": "Le mystère / De la grotte qui s'ouvre au flanc du roc sonore / Velu de folles herbes d'or, où l'incurie / De la nymphe laissait vers l'onde qu'il colore / Le sang tiède couler de sa vulve mûrie" (*Correspondance André Gide et Paul Valéry* 154).

14. Cf. ce commentaire de Jean Delay, dans *La Jeunesse d'André Gide:* "Son péché fut de n'avoir pas su rester immobile et se contenter de contempler l'éternelle harmonie. . . . Tout le malheur des hommes vient de n'avoir pas su rester assis à l'ombre du grand arbre" (2: 118).

15. Apter analyse en détail ce qu'elle nomme la "rhetoric of insufficiency" dont se sert Gide dans ce texte pour subvertir le ton qui caractérise le plus souvent le Symbolisme. Apter examine une variété de catégories de signes qui "help to denude the text of self-serving figurative embellishment" ("Gide's *Traité du Narcisse*" 192). De telles catégories comprennent des signes présentés comme opaques, abstraits, quantitatifs, négatifs, redondants et réductifs.

16. Madeleine Rondeaux à André Gide, lettre du 17 juin 1892, citée chez Delay, *La Jeunesse d'André Gide* 2: 126.

17. André Gide, "Réponse à une enquête sur le classicisme" 211. Voir aussi le *Journal* (1: 963): "Je goûte toujours grande joie à supprimer tout l'inutile. . . . Je souhaite toujours tracer la ligne la plus étroite, la plus subite et la moins attendue."

18. Newmark, dans son livre *Beyond Symbolism,* considère les cinq parties du *Traité du Narcisse* comme une illustration des cinq actes de la tragédie classique, idée qui intensifie la présence du classicisme gidien.

19. Linda Hutcheon, dans son livre *Narcissistic Narrative,* présente la figure de Narcisse comme le signe idéal de l'autoréférentialité de la fiction. Elle trace le développement du récit moderne vers la conscience profonde de la métafiction, où le texte se prend pour sujet principal, en suggérant que le récit, comme Narcisse, désirait "se connaître." Il s'est plié sur sa propre image, dont la transformation s'est fait lamentation (pour Narcisse, par les dryades; pour la fiction, par la critique littéraire), et enfin s'est fixé en une image qui se réfléchit pour toujours (10–12).

20. De 1888 à 1890, dans une traduction d'A. Burdeau.

21. Voir aussi la discussion d'Anne Henry sur la nature du sujet connaissant chez Schopenhauer: "N'a-t-il [Schopenhauer] pas supprimé malgré tout la dimension de l'intériorité et condamné à l'échec toute tentative de retour vers soi? Il l'a spécifié dans ses éclaircissements des *Parerga et paralipomena:* 'Notre pouvoir de connaître tout comme notre œil ne peut que diriger son regard vers l'extérieur et non vers l'intérieur. Aussi lorsque le sujet connaissant tente de se tourner vers l'intérieur afin de se connaître, il ne contemple qu'épaisses ténèbres, il pénètre dans un vide absolu' (II, 32)" (85).

22. Dans un entretien de 1949, Gide confirme sa volonté de placer au même niveau le christianisme et la mythologie grecque pour pouvoir se servir de ces deux univers référentiels dans son entreprise littéraire. En parlant de l'époque de la création de son traité, Gide remarque: "il est évident que les problèmes chrétiens n'avaient pas cessé de m'occuper, mais il y avait chez moi un grand désir de ne lâcher ni l'un ni l'autre, ni l'apport chrétien ni l'apport mythique grec, qui pour moi avaient une importance l'un et l'autre égale" (cité par Marty, *André Gide, qui êtes-vous?* 157).

23. Ce commentaire de Newmark souligne une correspondance intéressante entre l'évolution des héros gidiens et la progression idéologique plus générale des lettres françaises: "The passage described by Gide's turn away from the past (Mallarmé) announces an eventual turn towards the future (Sartre); and this turn should also be read as being more or less equivalent, on the referential level, to the aesthetic evolution that actually takes place in his writings from the solitary figure of Narcissus to the social art of Theseus" (145).

Chapitre quatre
Prométhée

1. Hésiode, *Théogonie* (vv. 507–16); *Les Travaux et les jours* (vv. 42–105).

2. Pour deux études approfondies de la légende de Prométhée comme mythe littéraire, voir Laurent Prémont, *Le Mythe de Prométhée dans la littérature française contemporaine,* et Raymond Trousson, *Le Thème de Prométhée dans la littérature européenne.*

3. Dans les *Feuillets*, Gide écrit de Goethe: "dans son *Prométhée,* . . . j'apprenais que rien de grand ne fut tenté par l'homme, qu'en révolte contre les dieux. Aucune œuvre de Goethe ne laboura plus profondément ma pensée, c'est aussi que sa hardiesse est extrême" (147). Encore dans le *Journal* (1927), Gide écrit: "La seule grande influence que peut-être j'ai vraiment *subie,* c'est celle de Goethe, et même je ne sais si mon admiration pour la littérature grecque et l'hellénisme n'eût pas suffi à balancer ma première formation chrétienne" (1: 859).

4. André Gide, lettre à Francis Jammes, 1897 (*Correspondance André Gide et Francis Jammes* 300).

5. Laurent Jenny offre un exemple typique de ce mécanisme à propos des *Chants du Maldoror:* "Lautréamont n'hésite pas à trafiquer les symboles chrétiens les plus connus, dans sa réécriture de *l'Apocalypse.* Alors que le serpent et le dragon sont explicitement désignés comme créatures sataniques par la Bible (Ap. 20), ils sont utilisés sans vergogne par Lautréamont, le premier pour représenter le Créateur lui-même (strophe V, 4), le second pour symboliser l'espérance dans le grand combat qui l'oppose à Maldoror-l'Aigle" ("La Stratégie de la forme" 278).

6. Voir la remarque de Pierre Masson: "Selon la légende, Prométhée est d'abord un être igné; fils de Clymène, l'épouse d'Apollon, c'est lui qui insuffle la vie aux êtres de glaise modelés par lui. . . . Or, cet aspect essentiel est pratiquement absent du livre de Gide, ou bien, s'il apparaît, c'est le plus souvent sous une forme assez dérisoire" (26).

7. Voir l'analyse d'Elaine Cancalon, dans "Les Formes du discours dans le *Prométhée mal enchaîné,*" "L'aigle de Gide est plus qu'un instrument. Il a une personnalité; il parle à Prométhée; il crève l'œil de Coclès et il finit par se faire manger! Cette démystification de l'aigle, moitié perroquet, moitié poulet, lui enlève son caractère moral d'instrument de vengeance" (42).

8. Cette technique dont se sert Gide en 1899 d'une manière si habile annonce bien sûr la théorie de narratologie, telle qu'elle se présente beaucoup plus tard, par exemple dans *Littérature et signification* de Tzvetan Todorov.

9. Voir par exemple *L'Immoraliste, Isabelle* et *La Symphonie pastorale.*

10. De telles remarques rappellent l'interrogation ironique de la valeur de la littérature comme on la retrouve dans le prologue et l'épilogue du *Traité du Narcisse.* "Les livres ne sont peut-être pas une chose bien nécessaire" (3).

11. Là encore la technique gidienne s'approche d'une perspective mise en valeur par Todorov, spécifiquement de la notion de l'autoréférentialité d'un texte. Dans *Littérature et signification,* Todorov suggère que les œuvres littéraires sont à la fin toutes au sujet du langage, et que le récit raconte l'histoire de sa propre construction. Voir aussi la remarque de Gide de 1901 sur la composition d'une œuvre de fiction (*Journal* 1: 94).

12. Voir le commentaire d'Alain Goulet, dans son étude, "*Le Prométhée mal enchaîné:* Une Etape vers le roman": "[C]e sont trois récits qui composent la trame de la sotie: l'histoire de Zeus et de son acte gratuit, celle de Prométhée et de son aigle, celle de Titre, d'Angèle et de Mœlibée. . . . Ce schéma ternaire était déjà en germe dans *Le Traité du Narcisse,* avec la superposition des trois personnages d'Adam, de Narcisse et du Poète. Dans les romans, il exprimera la triple préoccupation de Gide: celle de la dimension sociale des phénomènes, de l'aventure personnelle de l'homme, et des problèmes esthétiques" (48–49).

13. André Gide, *Le Journal des Faux-Monnayeurs* 28.

14. On a beaucoup discuté de cette figure dans l'analyse du *Prométhée mal enchaîné.* Pour la plupart, les critiques reconnaissent son rôle essentiel dans la construction du livre, mais l'avis de Graeme Watson dans son article "Gide's Construction 'en abyme,' " prend ses distances par rapport à cette opinion traditionnelle. D'après Watson, Gide aurait mal compris la dynamique originelle du blason: "For 'abyme,' to quote Gide's breviary Littré (whom the specialists confirm), means merely 'centre de l'écu lorsqu'il porte une ou plusieurs pièces qui ne chargent aucune des autres.' What is in the centre may or may not be contained in a smaller shield or *écusson* (presumably what Gide had in mind). . . . But unfortunately for Gide's comparison, the central device need not be a repetition in miniature of its surroundings; in fact by all accounts (and illustrations) it would normally be something quite different and distinct, the "mise en abyme" being often used to enhance its difference" (226–27). Watson continue en précisant que Gide n'est jamais revenu, après ses remarques de 1893, à l'expression "en abyme" pour décrire sa technique de ce que Bruce Morrissette appelle "la duplication intérieure." Dans la présente étude cependant, le terme semble utile, et bon à garder dans l'analyse, car par la suite "la mise en abyme" est devenue l'expression acceptée et développée, quelle que soit la vérité étymologique de ses origines. A travers cette expression, je désigne donc ce que Gide entendait à l'époque, c'est-à-dire, la figure qui s'affirme dans "une œuvre d'art (où) on trouve transposé à l'échelle des personnages le sujet même de cette œuvre" (*Journal* 1: 41).

15. Il existe bien des études sur la mise en abyme dans la littérature française et dans l'œuvre de Gide. Pour une discussion générale sur l'influence de la conception gidienne de la mise en abyme sur d'autres auteurs, voir Bruce Morrissette, "Un Héritage d'André Gide: La Duplication intérieure." L'analyse de Lucien Dällenbach de la mise en abyme dans l'œuvre gidien, *Le Récit spéculaire,* reste l'une des études les plus approfondies sur le sujet, et le livre de Kenneth Newmark, *Beyond Symbolism,* comprend un chapitre intéressant sur la mise en abyme dans *Le Traité du Narcisse* ("The Duplicitous Genre of André Gide").

16. Les liens sémantiques, structuraux et symboliques entre *Paludes* et *Le Prométhée mal enchaîné* sont nombreux. Voir Pierre Albouy, "*Paludes* et le mythe de l'écrivain."

17. Voir la technique parallèle qu'utilise Gide dans *Le Traité du Narcisse* pour construire deux personnages, Narcisse et Adam, qui se dédoublent.

18. Voir Masson (9–11) pour un examen dans *Le Prométhée mal enchaîné* de la présence du texte gidien, "Les Déracinés," qui date de 1898, comme une réaction à Maurice Barrès et à ses théories de l'enracinement.

19. Voir le commentaire d'Anne Henry, "Le perspectivisme se caractérise . . . par la restriction de champ—n'est raconté que ce qui a pu être saisi par la conscience du témoin—et par l'imprégnation subjectiviste qui se marque au moyen d'une différenciation perceptive, d'une coloration particulière, indices d'une charge affective" (83).

20. Alain Goulet, dans son étude "*Le Prométhée mal enchaîné:* Une Etape vers le roman," voit dans l'ensemble de procédés modernistes du texte la réussite de ce livre qui "ouvre également la voie à une esthétique de l'œuvre non seulement 'déconcentrée,' mais encore éclatée, une esthétique du discontinu et de la rupture" (48).

21. Il est intéressant de noter que Gide ne donne qu'en 1914 le nom de "sotie" au *Prométhée mal enchaîné*, au moment de la publication des *Caves du Vatican*; avant cette date, Gide faisait allusion à plusieurs reprises au "roman" qu'était *Le Prométhée mal enchaîné.* Voir la note dans l'édition de la Pléiade de *Romans, récits et soties:* "Annoncé comme *roman* dans *l'Ermitage* (1899), puis dans *Philoctète,* primitivement non classé, *le Prométhée mal enchaîné* devient *roman,* en 1903, dans *Saül,* et *sotie,* en 1914, dans *les Caves du Vatican*" (1504).

22. Pour une discussion des possibilités de signification et de sens inhérentes au genre de la sotie, voir l'étude intéressante de Heather Arden, *Fool's Plays.*

23. A nouveau, la technique gidienne annonce la théorie contemporaine de la narratologie. Todorov offre par exemple la notion de grammaire de littérature, dans laquelle les personnages sont conçus comme "noms," leurs attributs comme "adjectifs," leurs actions comme "verbes." Voir *Grammaire du Décaméron.*

24. En effet, la dextérité de Gide et son divertissement dans les jeux linguistiques s'affirment dans la dénomination de ses personnages, Coclès et Damoclès, parfois présentés sous les noms de Cocle et de Damocle (une forme peut-être comique des noms latins à la française? Ou est-ce que ces formes représentent des sobriquets familiers, comme le contexte narratif semble le suggérer?). Cancalon propose: "Damoclès et Coclès sont évidemment choisis pour des raisons 'phonétiques'—la rime de leurs noms prêtant tout de suite au rire. Leur rencontre avec Prométhée n'est appuyée ni par la légende, ni par le mythe, et crée ainsi encore un code hybride. . . . La présence, donc, de Coclès et Damoclès suscite des allusions linguistiques, historiques et légendaires qui accroissent la complexité de ce nouveau code: la sotie" (42–43). Prémont suggère que c'est pour faire une satire des noms légendaires que Gide les inclut: "Les noms des personnages, Coclès et Damoclès, ont été malicieusement choisis parmi ceux que les programmes scolaires proposent comme modèles de vertu civique par le jeu de l'admiration et de la crainte" (25). Voir aussi l'argument de Jean Hytier sur la prononciation du nom *Miglionnaire:* "(en prononçant le *gl* comme l'*i* mouillé italien qu'on trouve dans le nom des ducs de Broglie et, voyez les *Caves du Vatican*, dans la famille des Baraglioul)" (*André Gide* 110). Cette allusion à la culture italienne peut bien suggérer l'atmosphère antique de l'origine du mythe prométhéen, mais peut aussi avoir pour but, je pense, d'accentuer la personnalité douteuse du Zeus gidien, qui a décidément quelque chose du *mafioso* chez lui.

25. David Walker suggère que le personnage du garçon comprend des traits du romancier, qu'à travers ce personnage saugrenu Gide met en relief encore un registre de la notion de la composition de l'œuvre: "The construction of a plot is the very stuff of this text; it is in fact the explicit concern of the café-waiter, a character who acts as a kind of novelist within the text" (89). En effet, les paroles du garçon (305) semblent suggérer la perspective omnisciente et constructrice de l'auteur qui se forge en un récit narratif.

26. Il est curieux que si peu ait été suggéré dans le domaine critique sur le motif de l'homosexualité dans *Le Prométhée mal enchaîné.* Masson analyse la présence d'Oscar Wilde et le problème de la sexualité pour Gide à cette époque, et décrit le Prométhée gidien comme un martyre qui reflète le destin sombre de Wilde, aussi bien que son attrait masochiste à Lord Douglas. Cependant, Masson suggère que Gide utilise la figure de Wilde comme métaphore du danger de permettre la dissolution de soi dans le dévouement à un idéal, et à la fin, son étude n'analyse pas le soustexte extensif de l'homosexualité dans le livre. Des études plus récentes, qui ont comme sujet explicite l'homosexualité dans l'œuvre gidien, telles que *André Gide and the Codes of Homotextuality* d'Emily Apter, et *André Gide: Homosexual Moralist* de Patrick Pollard, examinent l'homosexualité dans certains textes, comme *Corydon*, *Le Traité du Narcisse* et *Thésée,* mais elles ne s'adressent pas au *Prométhée mal enchaîné.*

27. Jean Delay, *La Jeunesse d'André Gide* 2: 134.

28. Les textes de Gide qui prennent pour sujet Oscar Wilde, *In Memoriam* et *De Profondis,* datent de cette même époque. Parus en 1903 et 1905, respectivement, ces textes ont été réunis par la suite dans le livre *Oscar Wilde* de 1946.

29. Voir Michel Foucault sur l'exaltation de la beauté masculine comme un signe essentiel dans le système sémiotique du code homosexuel (*L'Usage des plaisirs* 220–21).

30. Dans son étude sur *Paludes,* Robert F. O'Reilly commente l'homonyme du personnage féminin de ce texte: "[T]he principal female character in *Paludes,* Angèle, does not differ substantially from Gide's earlier female characters. . . . Poorly defined and enigmatic, this character appears to have no other function in the work than that of an emotional springboard for the hero. . . . Angèle represents an intellectualized notion of womanhood. She is the symbol of a particular emotional gap in the narrator's life" (237). Encore dans *Le Prométhée mal enchaîné,* Angèle semble représenter un certain vide chez Prométhée, le narrateur, et chez Tityre, le personnage qui l'accompagne. Son abstraction totale fait d'elle un signe ouvert, dont la neutralité ne signifie presque plus rien.

31. Voir aussi le commentaire de l'essai "Réflexions sur quelques points de littérature et de morale": "L'homme est plus intéressant que les hommes; c'est lui et non pas eux que Dieu a fait à son image. Chacun est plus précieux que tous" (423).

32. Voir par exemple Brontë (238), Hytier (*André Gide* 113), Albérès (123) et Watson-Williams (49–50).

33. Les allusions dans *Le Prométhée mal enchaîné* à "l'idiosyncrasie," à l'affirmation du "tempérament," à l'authenticité de "la personnalité" renvoient au même motif de *Paludes,* incarné dans les paroles du personnage Valentin Knox: "Nous ne valons que par ce qui nous distingue des autres; l'idiosyncrasie est notre maladie de valeur;—ou en d'autres termes: ce qui importe en nous, c'est ce que nous seuls possédons, ce qu'on ne peut trouver en aucun autre, ce que n'a pas votre *homme normal,* donc ce que vous appelez maladie" (120). Cette remarque se prête aussi bien évidemment à l'homo-érotisme qu'à l'unique nature de l'individu.

34. Cette notion de se libérer de son idéal, de "passer outre," se fait entendre à travers l'œuvre gidien, surtout dans *Le Traité du Narcisse* et le *Thésée.*

35. Voir l'interprétation de Walker de cette affirmation de Prométhée; son opinion reflète une interprétation souvent partagée parmi les critiques: "A transformed Prométhée appears at the funeral of Damoclès. . . . He has arrived at the conception of irony which lies behind Gide's own exposition of his protagonists' stories: he invites the reader to see their point of view, but only up to a point, since beyond that point their devotion to their ideal—their eagle—becomes absurd. . . . The eagle has not proved useless, therefore; the secret lies in knowing when to cease feeding it and instead to nourish oneself on what it has become" (101). Cette interprétation se dévoile être intéressante à la présente étude, car elle se joint heureusement, bien que le sujet central ne soit pas pour Walker l'homosexualité, à l'argument que j'offre ici.

36. Weinberg, pour sa part, voit dans le double sort de Coclès et de Damoclès ce qu'il appelle la "twin predestination": "The lots of Damoclès and Coclès—their respective conscience and consciousness, their 'eagles'

—are determined by the casting of lots, by a divine 'coup de dés (qui) jamais n'abolira le hasard.' Damoclès 'called' dies while doubting his potential redemption. Coclès, 'fallen' under a divine blow and deprived of an eye by a blow of the divine eagle's wing, Coclès, severely tried by Zeus, survives and participates with Prométhée and the *garçon* in the banquet of life: the divine casting of dice has not abolished chance" (53). Cependant, Brée commente ainsi les dieux chez Gide: "Ils n'ont aucune valeur mystérieuse et divine. Ils se trouvent sur le même plan d'existence que Coclès et Damoclès qu'ils n'ont point créés et qu'ils ne dominent pas. Cette égalité de plan, une des sources de comique dans la sotie, est nécessaire à la pensée gidienne et se retrouve dans les rapports mutuels des personnages, qui ont les uns vis-à-vis des autres, une entière liberté. Zeus peut laisser tomber son mouchoir: il faut un homme pour le ramasser" (111).

37. Voir aussi le commentaire de Claude Martin: "Gide, en lui conservant son affection et en restant jusqu'au bout prêt à l'aider concrètement, ne peut lui pardonner d'avoir *échoué,* d'avoir pitoyablement en lui laissé vaincre Dionysos—d'avoir renié sa vocation de 'démoralisateur' au bénéfice d'une lâche et stérile 'pitié' " (*La Maturité d'André Gide* 220).

Chapitre cinq
Œdipe

1. Pour une discussion détaillée de l'évolution de la figure d'Œdipe comme mythe littéraire, voir l'étude de Roland Derche, *Quatre mythes poétiques* ainsi que l'analyse de Colette Astier dans le *Dictionnaire des mythes littéraires,* "Œdipe" (1059–70).

2. Voir l'étude de Jean-Pierre Vernant et Pierre Vidal-Naquet, *Œdipe et ses mythes.*

3. Voir l'étude de Philibert Secretan, "Œdipe comme mythe interdisciplinaire," dans laquelle il suggère: "Cherchant dans la *figure* Œdipe un penseur engagé de diverses manières sur la voie du sens, et dans la *légende* d'Œdipe un symbole à interpréter . . . , Œdipe m'est paru doublement symbolique: comme drame à déchiffrer, c'est-à-dire comme texte à multiple sens, et comme figure de la réconciliation de l'*exister et du vouloir-être:* de l'existence illégitime, ou absurde, et du vouloir-être plein de sens" (84).

4. Astier discute de cette libération du mythe hors de son cadre artistique: "La psychanalyse . . . malgré d'évidents rapports de filiation avec le mythe et avec la tragédie, . . . fait sortir Œdipe de la littérature. Elle l'oblige même à descendre dans la rue pour en faire la question du tout-venant. Mais, du même coup, elle greffait un souci thérapeutique sur la narration mythologique. Œdipe, de ce fait, semble avoir cessé d'appartenir en propre à la création littéraire pour féconder d'autres discours. La permanence de la littérature ne se trouve pas mise en cause, mais la parole d'Œdipe est devenue, par le biais de la psychanalyse, la référence commode et commune des réflexions les plus diverses" (1068).

5. Voir la remarque de Balmas sur l'œuvre de Gide, l'*Œdipe:* "L'importance de cette pièce de Gide nous paraît remarquable. Nous ne pensons pas tellement à sa situation interne, dans le cadre de l'œuvre gidienne . . . , mais bien plutôt à sa structure, et donc à sa signification" (253).

6. L'*Œdipe* a paru dans les numéros de février et de mars 1931 de la *Nouvelle Revue Française,* avant d'être publié en livre à la librairie de la *NRF* au cours de l'année 1931. La pièce a été montée le 18 février 1932 au Théâtre de l'Avenue, avec un mise en scène, des costumes et des décors de Georges Pitoëff.

7. Balmas propose que pendant ses années de silence au théâtre, Gide se lançait dans l'aventure de la vie non-littéraire, et y découvrait les motifs qui animent ses œuvres plus tardives. L'auteur qui écrit l'*Œdipe* ne semble pas être le même homme qui écrivait 25 ans auparavant: "Il s'agit, pour l'auteur des *Nourritures,* d'une tentative non déguisée d'aboutir à une synthèse objective: l'abandon de la littérature de confession, perpétuellement à l'écoute des exigences délicates du moi, toujours projetée vers la recherche, la disponibilité, le départ, individualiste jusqu'à la limite du morbide: le dépassement de tout cela (de ce qu'il y a de plus gidien dans l'œuvre de Gide) doit avoir pour récompense une manière, enfin réalisée, d'objectivation de soi dans et moyennant la littérature" (246).

8. Moutote voit dans le rapport entre ces deux projets la preuve de "la liaison d'*Œdipe* avec le Protestantisme de Gide" (*André Gide: L'Engagement 1926–1939* 43). Sans doute en partie s'agit-il pour Gide à cette époque de rendre plus claires ses propres préoccupations religieuses, qui forment un sous-texte important dans la pièce.

9. Voir le commentaire de Claudel sur ce sujet: "Il me dit que son inquiétude religieuse est finie, qu'il jouit d'une sorte de félicité basée sur le travail et la sympathie. Le côté goethien de son caractère l'a emporté sur le côté chrétien" (*Correspondance André Gide et Paul Claudel* 242).

10. Voir la remarque du *Journal:* "les questions politiques m'intéressent moins, et je les crois moins importantes que les questions sociales; les questions sociales moins importantes que les questions morales" (1: 668).

11. Pour deux études récentes de la présence de Gide dans un contexte social, surtout à travers ses expériences dans les pays colonisés d'Afrique, en Russie, à la cour d'assises et comme fondateur de la *NRF,* voir l'étude d'Eric Deschodt, *Gide, "le contemporain capital,"* ainsi que celle de Daniel Moutote, *André Gide: L'Engagement 1926–1939.*

12. Pour une analyse détaillée de l'essai "L'Evolution du théâtre," voir E. San Juan, Jr., *Transcending the Hero, Reinventing the Heroic.* L'auteur suggère par exemple que "Gide asserts that the playwright, in order to regenerate the theatre, must people the stage with heroic characters. . . . One must then separate the drama from actual life and the episodic. To do this would require the rediscovery of restrictions in certain theatrical conventions. . . . To Gide theatrical conventions are artistic modes which give birth to beauty by virtue of the constraint they impose on the artist" (5).

13. André Gide, lettre à André Lang, 26 décembre 1921, cité par Steel, "Gide et Freud" 53–54.

14. "Je ne suis peut-être pas très qualifié pour parler de Gide. Je l'ai guère fréquenté, n'ai pas été très assidu à son œuvre. Il y a toujours eu incompatibilité d'humeur entre lui et moi. . . . En 1919, quand j'ai fondé la revue *Littérature* avec Aragon et Soupault, pour la première fois j'ai eu l'occasion de le voir de près: il nous a accueillis chaleureusement mais, à vrai dire, entre lui et nous il ne s'est pas trouvé de langage d'échange" ("Sur André Gide" 21). Gide lui-même confirme la communication problématique qui semble hanter sa relation avec Breton. En 1925, il écrit: "Tout ce que me fait dire André Breton dans sa fausse interview, ressemble beaucoup plus à lui qu'à moi-même. Le genre d'ambition qu'il me prête m'est complètement étranger; mais c'est ce genre d'ambition que lui-même est le plus disposé à comprendre. Il n'est pas une des phrases qu'il me prête, que je ne désavoue. . . . Et je vois dans ce camouflage, hélas, plutôt perfide habileté que maladresse. Je ne puisse croire que Breton, très soucieux de l'influence qu'il se propose d'exercer sur de jeunes esprits, n'ait pas cherché à me discréditer, à me perdre" (*Journal* 1: 802).

15. Pour une discussion intéressante de la relation entre Gide et Freud, surtout en ce qui concerne le rôle important qu'à joué la *NRF* dans l'introduction de la psychanalyse en France, voir le livre d'Elisabeth Roudinesco, *Histoire de la psychanalyse en France.*

16. *Correspondance André Gide et Dorothy Bussy* 252.

17. Le scepticisme de Gide se reflète aussi dans le commentaire qu'écrit Edouard dans son journal: "L'analyse psychologique a perdu pour moi tout intérêt du jour où je me suis avisé que l'homme éprouve ce qu'il s'imagine éprouver. . . . Dans le domaine des sentiments, le réel ne se distingue pas de l'imaginaire" (*Les Faux-Monnayeurs* 988).

18. Pour une analyse détaillée de la présence du motif de l'inceste dans l'œuvre gidien, voir l'article de Pollard, "Incest and Sin in Gide's *Œdipe* and *Les Faux-Monnayeurs:* A Thematic Structure" 25–30.

19. Comme le suggère Martin, "En dépit de ses irrévérences et variations brillantes, Cocteau ne conteste ni ne renouvelle Sophocle: Freud a pris ce soin pour lui. . . . Par rapport aux précédentes incarnations de la légende, *La Machine infernale* est une mise en scène du 'complexe d'Œdipe,' la thèse de la psycho-physiologie y est centrale" ("Gide, Cocteau, Œdipe: Le Mythe ou le complexe" 161). Pour une autre perspective sur la relation Gide/Cocteau, voir Albouy, "André Gide ou le mythe au service de la démystification" (*Mythes et mythologies* 278–82).

20. Propos rapporté par Jean Cocteau, *Gide vivant* 33.

21. Voir, entre autres, le livre de David Bradby, *Modern French Drama, 1940–1980,* dont l'introduction discute des précurseurs que je mentionne ici.

22. Au cours de la préparation de la pièce, Martin du Gard remarque dans une lettre à Gide: "La libre et succulente fantaisie de votre *Œdipe,* voilà un monde digne d'être créé par vous, et où vos créatures se meuvent comme dans leur élément naturel" (*Correspondance André Gide et Roger Martin du Gard* 1: 389). A cette remarque Gide répond avec une certaine ironie: "Oui, *Œdipe,* je m'y suis remis; et vous me *regonflez* de m'en parler ainsi" (392; c'est moi qui souligne).

23. Marcel Arland, "Sur un nouveau mal du siècle" 205.

24. Daniel-Rops, *Notre inquiétude.*

25. Je n'irai pas cependant jusqu'à prétendre, avec Moutote (*André Gide: L'Engagement*), que le mythe devient chez Gide "le simple support d'une pensée nouvelle" (45), ni à accepter la notion que Gide veut "évacuer le mythe en faveur de la pensée" (45). Enfin Moutote propose que "le drame antique n'est ici en effet rien d'autre que la mise en scène des idées dans lesquelles Gide s'engage et veut engager son lecteur" (46). Le souci d'engagement qui anime la pensée de Gide à cette époque est sans doute perceptible dans l'œuvre, mais je pense que la mythologie gréco-romaine incarne toujours pour l'auteur quelque chose de beaucoup plus attirant, de beaucoup plus important qu'une "légende antique à effrayer les enfants" (45).

26. Goulet, dans son étude "Le Complexe d'Œdipe négatif," dans son livre *Fiction et vie sociale dans l'œuvre d'André Gide,* suggère que le motif de l'homosexualité s'affirme dans la personnalité de ce héros gidien: "On peut déceler ici la trace du trait fondamental qui caractérise la structure personnelle de l'homosexuel masculin: le complexe d'Œdipe négatif. Au lieu de s'opposer à son père à la suite d'un Œdipe nomalement vécu, de manifester une rivalité, l'enfant présente une attitude féminine tendre à son égard. Sans doute s'agit-il d'une phase normale du développement de tout enfant, en rapport avec la disposition bisexuelle de l'être humain. Mais la singularité de l'homosexuel consiste en ce que, toute sa vie durant, il restera fixé à ce stade. La fixation homosexuelle qui s'ensuit pourra alors, suivant le degré de conscience, être '*refoulée,*' *fantasmatisée, manifeste* et *sublimée,* formes que nous retrouvons tour à tour chez Gide comme chez maints de ses héros" (393).

27. Steel, dans "Gide and the Conception of the Bastard," souligne le motif de la négation du passé dans les paroles de Lafcadio des *Caves du Vatican:* "Occupons-nous à liquider notre passé." Le motif se retrouve également ici chez Œdipe.

28. La traduction française de cette œuvre de 1913 a paru en 1924 (Roudinesco 477).

29. Comme le fait remarquer George Strauss: "Sur le plan moral, Tirésias représente le prêtre, les forces de l'obscurantisme et de la répression, il n'est donc guère clairvoyant" (101).

30. Propos rapporté par Martin du Gard (*Notes* 22).

31. Et, dans une voix ironique dans *Paludes,* on retrouve ce motif: "Etre aveugle pour se croire heureux. Croire qu'on y voit clair pour ne pas chercher à y voir puisque: L'on ne peut se voir que malheureux. . . . Etre heureux de sa cécité. Croire qu'on y voit clair pour ne pas chercher à y voir puisque: L'on ne peut être que malheureux de se voir" (114).

32. Voir aussi "L'Œil crevé," le deuxième chapitre du livre de Roger Bastide, *Anatomie d'André Gide* 38–48.

33. Voir l'appréciation de Balmas: "Longtemps avant l'Oreste des *Mouches,* et bien avant l'apparition de l'existentialisme et de la littérature engagée, Gide met en scène le cas de l'intellectuel qui reconnaît sa 'situation' dans le monde, et qui tire de cette découverte un enseignement, qui le poussera à agir dans le sens d'une 'promotion' de la liberté, en faveur du peuple au sein duquel il est placé" (249–50).Voir aussi les paroles d'Oreste à Jupiter dans *Les Mouches:* "Hors nature, contre nature, sans excuse, sans autre recours qu'en moi. Mais je ne reviendrai pas sous ta loi: je suis condamné à n'avoir d'autre loi que la mienne. Je ne viendrai pas à ta nature: mille chemins y sont tracés qui conduisent vers toi, mais je ne veux suivre que mon chemin. Car je suis un homme, Jupiter, et chaque homme doit inventer son chemin" (3.2).

Chapitre six
Thésée

1. Dans son étude, Yourcenar s'adresse à la figure de Thésée et à ses variantes en tant que mythe littéraire chez des auteurs tels que Plutarque, Euripide, Callimaque, Sénèque, Chaucer et Boccace. Le mythe de Thésée se retrouve à travers les siècles transformé pour illustrer des notions telles que la noblesse chevaleresque dans les romans courtois, le prince judiciaire et paisible chez Shakespeare, et chez Ruskin, l'homme équilibré qui a le pouvoir de dominer ses passions. De toutes les versions, c'est la description du héros chez Plutarque, dans *Les Vies des hommes illustres,* qui constitue la source principale de Gide et qui comprend les mythèmes principaux de la légende: les épreuves initiatiques, le combat avec le monstre, la rencontre amoureuse, l'infidélité conjugale et la fondation de la cité.

2. En 1911, Gide réfléchit au sort de Thésée et écrit à cette date dans son *Journal:* "Dans le *Thésée,* il faudra marquer cela—le fil à la patte, soit dit vulgairement. Il voudrait, après avoir dompté le Minotaure, continuer.—Il est tenu—contraint de revenir" (1: 347).

3. André Gide, *Thésée* (Paris: Gallimard, 1946). Dans la notice du texte (édition de la Pléiade), on lit que le *Thésée* fut achevé le 21 mai 1944, avec la première édition en 1946 chez Schiffrin, puis chez Gallimard.

4. Voir l'appréciation d'Albouy sur le *Thésée*: "On peut y voir son testament, la conclusion, au moins, de cette série de mythes *démystifiants,* qui, d'André Walter que les fantasmes de la foi rendent fou, nous auront conduit au Gide serein de la vieillesse, qui, comme Montaigne, contemple sa vie à son déclin, sans regret ni repentir" (*Mythes et mythologies* 284).

5. Voir la remarque de Claude-Edmonde Magny: "*Thésée* n'est . . . en aucune façon une innovation absolue: ni par rapport au sujet (l'interprétation gidienne du mythe restant en gros, non sans quelque coquetterie, fidèle à la tradition), ni par rapport à l'œuvre antérieure de Gide lui-même" (83).

6. Pollard décrit ce désir de se montrer supérieur à Hercule comme une "volonté de dépassement" ("The Sources of André Gide's *Thésée*" 292), idée qui met bien en évidence le principe gidien essentiel à ce texte de "passer outre."

7. Il est intéressant de noter que dans un fragment intitulé "Monologue de Thésée" que Gide n'inclut pas dans la version finale de son texte, l'auteur développe en détail la scène de la découverte des armes, et fait d'elle l'occasion d'affirmer la volonté individuelle du jeune héros. Thésée déclare à Pithée: "Garde à présent tes armes, . . . je n'en veux plus. Pour un bras moins vaillant elles seront encore trop légères. Celles que je souhaite à présent, pesantes à mon gré, c'est moi qui me les forgerai" (1608).

8. Pollard suggère d'ailleurs que Gide a probablement beaucoup utilisé des dictionnaires de mythologie générale pour les détails secondaires dans son texte ("The Sources of André Gide's *Thésée*" 292).

9. D'après cette variante, la conduite de Thésée semble se justifier, car à la suite d'une violente tempête, "Thésée fut jeté par une tourmente en l'île de Chypre ayant [avec] lui Ariane, qui était enceinte, et si travaillée de l'agitation de la mer, qu'elle n'en pouvait plus, tellement qu'il fut contraint de la mettre à terre" (Plutarque 18)

10. Pollard suggère que Gide a découvert la description détaillée du costume et de la parure de Minos dans l'étude *Histoire grecque* de Glotz ("The Sources of André Gide's *Thésée*" 290–91).

11. Encore ici Pollard suggère que l'idée n'est pas à proprement parler "gidienne," que l'auteur fonde sa version sur les tragédies de Sophocle (*Œdipe à Colone*) et d'Euripide (*Les Suppliantes*): "It is of course false to assert that Gide 'invented' this meeting, but he did use the opportunity to place side by side Theseus, whom he had endowed with one symbolic moral attitude, and Œdipus who possessed another" ("The Sources of André Gide's *Thésée*" 295). La manipulation des registres moral, esthétique et philosophique de cette épisode qu'entreprend Gide me semble cependant bien innovatrice et très importante au texte complet.

12. Voir le commentaire de David Steel sur la relation chez Gide entre le héros et la figure de guide spirituel et paternel: "The mentor will never be entirely dispensable, however, for of course he is in the last resort none other than Gide. . . . Now, just as Gide exteriorizes his moral dilemma in fiction, so we shall see the fictional figure of the mentor become a writer of fiction engaged in precisely the same operation. He becomes a spiritual father to the bastard, just as the novelist is the bastard's spiritual father. He becomes at times, like Gide, a pederast. The seducer becomes a moral counsellor whose relationship with the bastard begins only after the latter has left the family. The counsellor's functions are only temporary. The bastard must learn to do without him, for the individual must run his own race" ("Gide and the Conception of the Bastard" 242).

13. Albérès propose une lecture du signe du labyrinthe en tant que "tentation de croire avoir trouvé une vérité définitive," et il retrouve dans cette épreuve le motif gidien par excellence de manifester sa personnalité sans en devenir l'esclave: "Une fois de plus, Gide retrouve les rapports du particulier et de l'universel: toute aventure nous est particulière, et nous devons être *individualistes* en ce sens que nous devons accepter *nos* aventures. Mais nous devons aussi les dominer et les dépasser, brûler ce que nous avons adoré, susciter le renouvellement, pour être *universels.* Nul ne peut parvenir à l'universalité s'il refuse son individu propre, car il perd alors le contact avec la réalité. Mais nul ne peut atteindre l'universel s'il cristallise sa personnalité dans la première forme venue. *L'individualisme est une condition nécessaire, mais non suffisante, de l'universalité*" (272–73).

14. Eigeldinger va plus loin dans l'analyse de ce mythe, et met en lumière le système structural du récit: "La chute, résultant de l'action du feu solaire, est complémentaire du mouvement ascensionnel de telle sorte que, jointe à lui, elle inscrit le mythe dans l'axe de la verticalité. La fable d'Icare privilégie le champ de l'espace au détriment de la temporalité, reléguée dans une certaine indétermination" (*Lumières du mythe* 92).

15. Et, comme le remarque Eigeldinger, on retrouve aussi la situation problématique de la création artistique: "Icare symbolise l'échec du poète, son impuissance à incarner ses rêves dans les formes du langage, l'inachèvement de l'œuvre, qui demeure à l'état de projet ou d'ébauche, appartenant aux conceptions de l'esprit à défaut de se réaliser dans la substance verbale. Icare figure la défaite intérieure du poète, emporté par l'élévation de l'intention, mais incapable de résoudre le conflit de l'imaginaire et du réel" (*Lumières du mythe* 103).

16. Voir la remarque de Brée: "Gide a repris pour *Thésée* le récit oral. C'est d'abord une voix qui nous parle, une voix chaude, prenante, dont Gide, épris de son héros, a facilement trouvé le ton. L'homme qui nous parle crée son histoire par sa parole, avec une limpidité souriante, légèrement ornée et une sorte de duplicité dans l'innocence. Il recrée devant nous son mythe" (334).

17. Dans la légende, on dit qu'après le meurtre de Théiodames, roi des Dryopes, Hercule enlève le jeune prince Hylas, célèbre pour sa beauté.

18. Pollard, dans son livre *André Gide: Homosexual Moralist,* voit dans le Thésée gidien un héros totalement hétérosexuel: "He is egotistically heterosexual, and there is no hint that he has other inclinations" (396). Ne peut-on pas percevoir, cependant, dans le refus de Thésée de l'homo-érotisme une certaine insistance suspecte de sa propre énergie? Il faut rappeler ici les paroles de Shakespeare: "Methinks the lady doth protest too much," et suggérer que dans une analyse détaillée du texte, les allusions nombreuses à l'homosexualité sont trop accentuées par l'auteur pour être gratuites. Je suis d'accord, finalement, avec la conclusion de Pollard; en effet, ce serait bien étrange que Gide se voit tellement attiré par "such a heterosexual hero" (399). En fin de compte, la surface lisse de la sexualité de Thésée se révèle être lézardée, fragmentée, multiforme.

19. Gide semble doter ses personnages d'un passé sexuellement ambigu. Ainsi dans la famille de Minos peut-on retrouver une certaine atmosphère sexuelle qui renvoie constamment à une anomalie érotique. Pollard explique: "In Gide's book several members of Minos' family have experience of sexual irregularities: Minos' mother, Europa, was carried off by a bull, and Pasiphaë, his wife, made love to another one. Léda, whom Pasiphaë calls her 'cousin' (there is no ancient authority for this relationship), had intercourse with a swan" (*André Gide: Homosexual Moralist* 397). Gide construit ainsi un univers référentiel sur lequel plane une sexualité souvent troublante, incarnée dans ces personnages liés par leurs désirs singuliers.

20. Gide rend plus claire sa pensée dans cette remarque de son essai, "Considérations sur la mythologie grecque," dans lequel il s'adresse directement à cet aspect ambigu de la légende de Thésée: "Il s'embarque . . . avec ce troupeau de vingt jeunes garçons et de vingt jeunes filles, que la Grèce payait à la Crête en tribut annuel pour être dévorés par le Minotaure, dit le conte de nourrice; pour moi je pense que le monstre au fond du labyrinthe s'en devait former un sérail. Pourquoi? Oh! simplement parce que cette carnivoracité je ne la vois héritée ni de Pasiphaë, ni du taureau progéniteur, mais bien un appétit de luxure" (151–52).

21. Pollard considère l'ambiguïté de cet épisode comme "preuve" des désirs non homosexuels du héros: "The Minotaur is a Gidean avatar of the Sphinx: a hero must conquer his monster. It is, however, a little difficult to see what precise hidden desires in Thésée the Minotaur is intended to represent. If they are homosexual appetites, then they are not the hero's" (*André Gide: Homosexual Moralist* 398). Je crois qu'on ne peut pas aussi facilement congédier l'aspect homo-érotique du personnage, surtout en se référant en grande partie à ses propres déclarations flamboyantes.

22. Voir aussi *Journal* 1: 347, 1091 et 1094.

23. *La Jeunesse d'André Gide* 2: 575–76.

24. Gide lui-même semble mettre en doute l'interprétation de Stoltzfus quand, au cours d'un entretien avec Jean Amrouche, il décrit ses héros Œdipe et Thésée. Amrouche remarque: "En somme, . . . vous faites plutôt œuvre de romancier que de moraliste?" Gide répond: "Il faudrait alors s'entendre sur ce que vous appelez moraliste. En tout cas, ce que je ne fais pas et ce que je ne veux pas faire, c'est le rôle . . . , je ne sais pas comment dire, je vais employer une expression très vulgaire: le rôle de 'poteau indicateur.' Ce que je ne veux pas, c'est dire: 'Voilà le meilleur,' à la manière de Barrès, par exemple" (cité par Marty, *André Gide, qui êtes-vous?* 314–15).

25. Voir le commentaire de Watson-Williams sur le symbole de la ville chez Gide: "The City symbolizes the culmination of Gide's thought. For if we test his earlier heroes by their capacity to come to terms with their human environment, we see that Philoctetes and Candaules ignore it, Prometheus and Oedipus turn their backs on it, while Tityrus in Prometheus' allegory is increasingly overpowered by his new-formed City. . . . The symbol of the City, in fact, proves how far Theseus has developed from Prometheus, for he alone is capable of living in and through his city" (142).

26. Voir la discussion d'Ireland sur la série d'oppositions que Gide établit entre Thésée et Œdipe dans "Thésée" (*André Gide: A Study of His Creative Writings* 413).

27. Voir par exemple ces lignes qui datent de 1942: "Dès l'instant que j'eus compris que Dieu n'était pas encore, mais devenait, et qu'il dépendait de chacun de nous qu'il devînt, la morale, en moi, fut restaurée. Nulle impiété, nulle présomption dans cette pensée; car je me persuadais à la fois que Dieu ne s'accomplissait que par l'homme et qu'à travers lui; . . . Il ne s'agissait plus d'obéir à Dieu, mais de l'animer, de s'éprendre de lui, de l'exiger de soi par amour et de l'obtenir par vertu" (*Journal* 2: 122–23).

Chapitre sept
La Fable gidienne

1. Voir par exemple, la présence implicite de la figure de Narcisse dans ce commentaire de Gide, qui réfléchit en 1920 à ce qu'il appelle ses "journaux de jeunesse": "Chaque progrès dans l'art d'écrire ne s'achète que par l'abandon d'une complaisance. En ce temps je les avais toutes, et me penchais sur la page blanche comme on fait devant un miroir" (*Journal* 1: 684).

2. Gide fait souvent allusion au monde littéraire et philosophique allemand pour soutenir sa propre théorie esthétique. Voir par exemple le *Journal* pour des discussions révelatrices sur des figures telles que Nietzsche, Goethe, Schiller et Schopenhauer.

3. Voir le commentaire de Jean Hytier: "L'importance du côté subjectif dans l'esthétique de Gide est bien mis en valeur par son art de jouer du pronom de la première personne dans ses récits, et encore plus par son refus de couper le cordon ombilical avec la création d'apparence objective: 'L'œuvre de l'artiste ne m'intéresse que si, tout à la fois, je la sens en relation directe et sincère avec le monde extérieur, ou avec son auteur' " ("André Gide et l'esthétique" 234).

4. A rapprocher de la définition de Lucien Dällenbach: "Une mise en abyme: toute enclave entretenante une relation de similitude avec l'œuvre qui la contient" (19).

5. Et encore: "Socrate et Platon n'eussent pas aimé les jeunes gens, quel dommage pour la Grèce, quel dommage pour le monde entier! Socrate et Platon n'eussent pas aimé les jeunes gens et n'eussent pas cherché à leur plaire, chacun de nous en serait un petit peu moins sensé" (*Journal* 1: 671).

6. Comme Hytier nous le rappelle, chez Gide on perçoit une mosaïque de forces, où: "se rejoindraient mille choses plus ou moins compatibles, les soucis d'art et de moralité de Gide, son indubitable effort de véracité et son penchant vers l'authenticité de la pure nature, son appétit d'indépendance mais également d'astreinte, sa faculté d'accueil et sa réserve de refus, l'ouverture d'une sympathie attentive et brève, ses élans, ses retenues, ses fuites, ses retours, les étranges devoirs qu'il se faisait, ses délicatesses et ses indiscrétions, son innocence et son cynisme, sa perspicacité et son inconscience, cet écart entre des postulations contraires et cette soumission aux impératifs d'un instinct secret dont les manifestations et les reflux pouvaient déconcerter, cette simplicité dans la complexité, opposées qui ne trouvent probablement chez lui son explication que dans une dialectique du cœur" ("André Gide et l'esthétique" 243).

7. Encore en 1935 il reconnaît, mais toujours avec une certaine hésitation: "J'ai beau faire et lutter contre ce qui peut me paraître (et bien à tort, sans doute) une servitude injustifiée: le nombre domine ma phrase, la dicte presque, épouse étroitement ma pensée. Ce besoin d'un rythme précis répond à une secrète exigence" (*Journal* 1: 1223).

Bibliographie

Œuvres d'André Gide (dans l'ordre de parution)

Gide, André. *Le Traité du Narcisse.* 1891. *Romans, récits, soties et œuvres lyriques.* Bibliothèque de la Pléiade. Paris: Gallimard, 1958. 3–12.

———. *Les Nourritures terrestres.* 1897. *Romans, récits, soties et œuvres lyriques.* Bibliothèque de la Pléiade. Paris: Gallimard, 1958. 151–250.

———. *Paludes.* 1895. Paris: Gallimard, 1926.

———. "Réflexions sur quelques points de littérature et de morale." 1897. *Œuvres complètes.* T. 2. Paris: Gallimard, 1935. 409–35.

———. "A propos des *Déracinés.*" 1898. *Œuvres complètes.* T. 2. Paris: Gallimard, 1935. 437–44.

———. *Le Prométhée mal enchaîné.* 1899. *Romans, récits, soties et œuvres lyriques.* Bibliothèque de la Pléiade. Paris: Gallimard, 1958. 301–41.

———. "De l'importance du public." 1903. *Nouveaux prétextes.* Paris: Mercure de France, 1951. 28–41.

———. "L'Evolution du théâtre." 1904. *Prétextes, suivis de Nouveaux prétextes.* Paris: Mercure de France, 1949. 146–54.

———. *Oscar Wilde.* 1910. Paris: Mercure de France, 1989.

———. *Corydon.* 1911. Paris: Gallimard, 1924.

———. "Réponse à une enquête sur le classicisme." 1919. *Incidences.* Paris: Gallimard, 1924. 211–12.

———. "Considérations sur la mythologie grecque." 1919. *Œuvres complètes.* T. 9. Paris: Gallimard, 1935. 147–54.

———. *Les Faux-Monnayeurs.* 1926. *Romans, récits, soties et œuvres lyriques.* Bibliothèque de la Pléiade. Paris: Gallimard, 1958. 931–1248.

———. *Le Journal des Faux-Monnayeurs.* 1926. Paris: Gallimard, 1927.

———. *Si le grain ne meurt.* 1926. *Romans, récits, soties et œuvres lyriques.* Bibliothèque de la Pléiade. Paris: Gallimard, 1958. 349–616.

———. *Un Esprit non prévenu. Divers.* Paris: Gallimard, 1931.

———. *Œdipe.* 1931. *Théâtre.* Paris: Gallimard, 1942.

———. *Le Treizième Arbre.* 1935. *Théâtre.* Paris: Gallimard, 1942. 329–65.

Gide, André. "Monologue de Thésée." 1940. *Romans, récits, soties et œuvres lyriques*. Bibliothèque de la Pléiade. Paris: Gallimard, 1958. 1607–08.

———. *Thésée*. 1946. *Romans, récits, soties et œuvres lyriques*. Bibliothèque de la Pléiade. Paris: Gallimard, 1958. 1413–53.

———. *Feuillets d'automne*. Paris: Mercure de France, 1949.

———. *Nouveaux prétextes*. Paris: Mercure de France, 1951.

———. *Journal*. 2 tomes. Bibliothèque de la Pléiade. Paris: Gallimard, 1951, 1954.

———. *Ainsi soit-il*. Paris: Gallimard, 1952.

———. "De l'influence en littérature." S.d. *Œuvres complètes*. T. 3. Paris: Gallimard, 1935. 251–73.

———. "Verlaine et Mallarmé."S.d. *Œuvres Complètes*. T. 7. Paris: Gallimard, 1935. 411–43.

Correspondance (dans l'ordre alphabétique)

Correspondance André Gide et Dorothy Bussy. Cahiers André Gide 9. Paris: Gallimard, 1979.

Correspondance André Gide et Francis Jammes 1893–1938. Préface et notes de Robert Mallet. Paris: Gallimard, 1955.

Correspondance André Gide et Francis Vielé-Griffin. Edition présentée par Henry de Paysac. Lyon: Presses Universitaires de Lyon, 1986.

Correspondance André Gide et Marcel Proust. "Autour de la Recherche." Préface de Pierre Assouline. Paris: Complexe, 1988.

Correspondance André Gide et Paul Claudel. Paris: Gallimard, 1949.

Correspondance André Gide et Paul Valéry 1890–1942. Préface et notes de Robert Mallet. Paris: Gallimard, 1955.

Correspondance André Gide et Roger Martin du Gard 1913–1951. 2 tomes. Introduction par Jean Delay. Paris: Gallimard, 1968.

Correspondance André Gide et sa mère 1880–1895. Edition établie, présentée et annotée par Claude Martin. Paris: Gallimard, 1988.

Œuvres diverses (dans l'ordre alphabétique)

Abs, Robert. "*Thésée*: Etude comparative de la première édition (Schiffrin) et des suivantes (Gallimard)." *Bulletin des Amis d'André Gide* 15.20 (avril/juillet 1987): 11–23.

Albérès, R.-M. "Personnalité et universalité: *Thésée*." *L'Odysée d'André Gide*. Paris: Albin Michel, 1951. 263–79.

Bibliographie

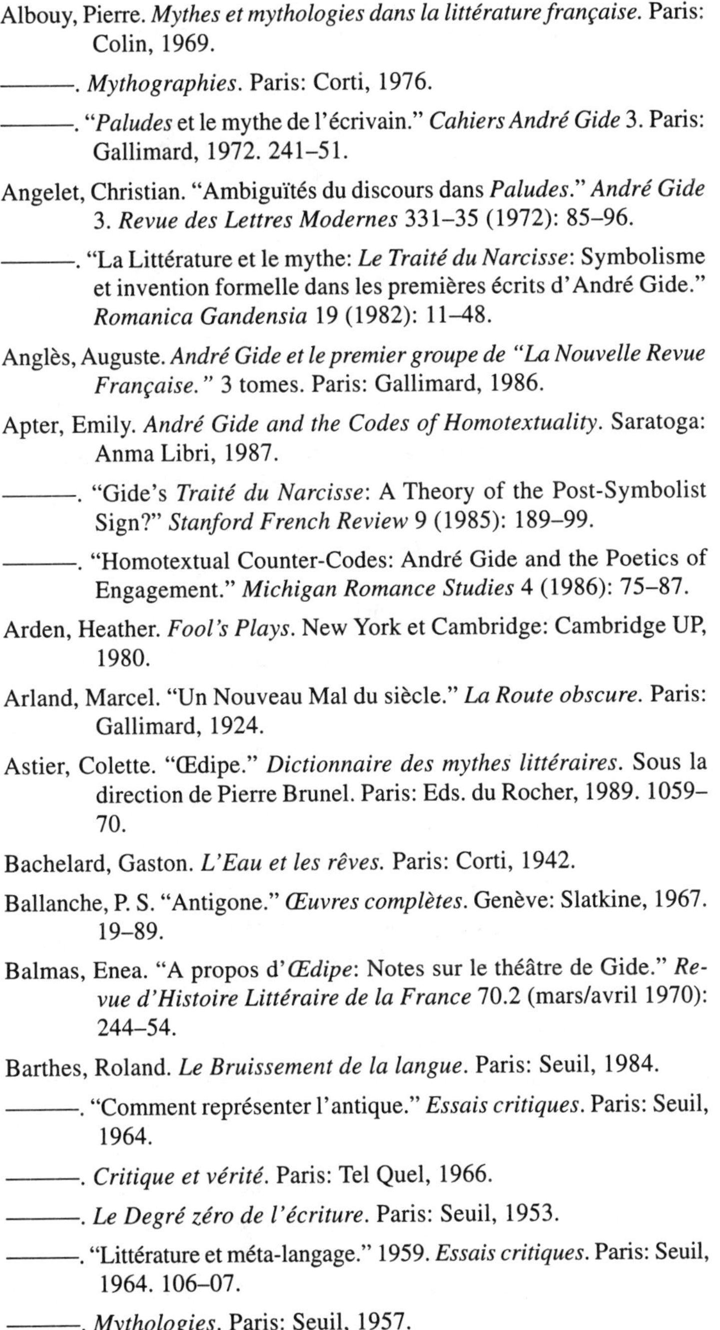

Albouy, Pierre. *Mythes et mythologies dans la littérature française*. Paris: Colin, 1969.

———. *Mythographies*. Paris: Corti, 1976.

———. "*Paludes* et le mythe de l'écrivain." *Cahiers André Gide* 3. Paris: Gallimard, 1972. 241–51.

Angelet, Christian. "Ambiguïtés du discours dans *Paludes*." *André Gide* 3. *Revue des Lettres Modernes* 331–35 (1972): 85–96.

———. "La Littérature et le mythe: *Le Traité du Narcisse*: Symbolisme et invention formelle dans les premières écrits d'André Gide." *Romanica Gandensia* 19 (1982): 11–48.

Anglès, Auguste. *André Gide et le premier groupe de "La Nouvelle Revue Française."* 3 tomes. Paris: Gallimard, 1986.

Apter, Emily. *André Gide and the Codes of Homotextuality*. Saratoga: Anma Libri, 1987.

———. "Gide's *Traité du Narcisse*: A Theory of the Post-Symbolist Sign?" *Stanford French Review* 9 (1985): 189–99.

———. "Homotextual Counter-Codes: André Gide and the Poetics of Engagement." *Michigan Romance Studies* 4 (1986): 75–87.

Arden, Heather. *Fool's Plays*. New York et Cambridge: Cambridge UP, 1980.

Arland, Marcel. "Un Nouveau Mal du siècle." *La Route obscure*. Paris: Gallimard, 1924.

Astier, Colette. "Œdipe." *Dictionnaire des mythes littéraires*. Sous la direction de Pierre Brunel. Paris: Eds. du Rocher, 1989. 1059–70.

Bachelard, Gaston. *L'Eau et les rêves*. Paris: Corti, 1942.

Ballanche, P. S. "Antigone." *Œuvres complètes*. Genève: Slatkine, 1967. 19–89.

Balmas, Enea. "A propos d'*Œdipe*: Notes sur le théâtre de Gide." *Revue d'Histoire Littéraire de la France* 70.2 (mars/avril 1970): 244–54.

Barthes, Roland. *Le Bruissement de la langue*. Paris: Seuil, 1984.

———. "Comment représenter l'antique." *Essais critiques*. Paris: Seuil, 1964.

———. *Critique et vérité*. Paris: Tel Quel, 1966.

———. *Le Degré zéro de l'écriture*. Paris: Seuil, 1953.

———. "Littérature et méta-langage." 1959. *Essais critiques*. Paris: Seuil, 1964. 106–07.

———. *Mythologies*. Paris: Seuil, 1957.

Barthes, Roland. "Notes sur André Gide et son journal." 1942. *Bulletin des Amis d'André Gide* 67 (juillet 1985): 85–105.

———. *Le Plaisir du texte.* 1953. Paris: Seuil, 1973.

———. *S/Z.* Paris: Seuil, 1970.

Bastide, Roger. "L'Œil crevé." *Anatomie d'André Gide.* Paris: PUF, 1972. 38–48.

Bataille, Georges. *L'Erotisme.* Paris: Minuit, 1957.

Baudelaire, Charles. "'La Double Vie' par Charles Asselineau." 1859. *Œuvres complètes.* Bibliothèque de la Pléiade. Paris: Gallimard, 1961. 658–62.

———. "Richard Wagner et Tannhäuser à Paris." 1861. *Œuvres complètes.* Bibliothèque de la Pléiade. Paris: Gallimard, 1961. 1208–44.

———. "Théodore de Banville." 1862. *Œuvres complètes.* Bibliothèque de la Pléiade. Paris: Gallimard, 1961. 733–40.

Beaujour, Michel. "André Breton, mythographe: Arcane 17." *André Breton.* Neuchâtel: La Baconnière, 1970.

Benjamin, Walter. "André Gide et ses nouveaux adversaires." *Essais II.* Trad. Maurice de Gandillac. Paris: Denoël, 1971–83. 127–41.

———. "Œdipe, ou le mythe raisonnable." *Essais I.* Trad. Maurice de Gandillac. Paris: Denoël, 1971–83. 175–80.

Bertalot, E. U. "L'Etape finale: Ainsi soit-il." *André Gide et l'attente de Dieu.* Paris: Minard, 1967. 221–39.

Bidney, David. "The Concept of Myth." *Theoretical Anthropology.* New York: Columbia UP, 1953. 286–326.

———. "Myth, Symbolism and Truth." *Journal of American Folklore* 68 (1955): 428–45.

Blanchot, Maurice. "Gide et la littérature de l'expérience." *La Part du feu.* Paris: Gallimard, 1949. 208–20.

———. *L'Espace littéraire.* Paris: Gallimard, 1955.

Bloom, Harold. *The Anxiety of Influence.* Oxford: Oxford UP, 1973.

Bonnefoy, Yves. *Entretiens sur la poésie.* Neuchâtel: La Baconnière, 1981.

Brachfeld, Georges. "The Myth Maker." *L'Esprit Créateur* 1 (1961): 29–35.

Brée, Germaine. *Insaisissable Protée.* Paris: Les Belles Lettres, 1970.

Brenkman, John. "Narcissus in the Text." *Georgia Review* 30 (1976): 293–327.

Breton, André. "Situation du surréalisme entre deux guerres." *La Clé des champs.* Paris: Sagittaire, 1953. 58–73.

———. "Sur André Gide." 1952. *Perspective cavalière*. Paris: Gallimard, 1970. 21–24.

Brontë, Diana. "Le Symbolisme dans l'œuvre d'André Gide jusqu'à *L'Immoraliste*." *Cahiers André Gide* 1. Paris: Gallimard, 1969. 225–40.

Brosman, Catharine Savage. "Le Monde fermé de *Paludes*." *André Gide* 6. *Revue des Lettres Modernes* 547–53 (1979): 143–57.

[Brosman], Catharine Savage. "Gide's Criticism of Symbolism." *Modern Language Review* 61 (1966): 601–09.

Brunel, Pierre. *Le Mythe de la métamorphose*. Paris: Colin, 1974.

Byron, Lord [George Gordon Byron]. "Prometheus." *Poems*. London: Dent, 1968.

Les Cahiers de la Petite Dame: Notes pour l'histoire authentique d'André Gide. Cahiers André Gide 4–7. Paris: Gallimard, 1973–75, 1977.

Calin, Françoise. "*Paludes*, le flottement du sens et l'infini des mots." *André Gide* 9. *Revue des Lettres Modernes* 1033–38 (1991): 121–38.

Campbell, Joseph. *Creative Mythology*. New York: Penguin, 1968.

———. "The Historical Development of Mythology." *Myth and Mythmaking*. Ed. Henry Murray. New York: Braziller, 1960. 19–45.

Camus, Albert. *Le Mythe de Sisyphe*. Paris: Gallimard, 1943.

———. *"Noces," suivi de "L'Eté."* Paris: Gallimard, 1959.

Cancalon, Elaine. "Les Formes du discours dans le *Prométhée mal enchaîné*." *Bulletin des Amis d'André Gide* 9 (janvier 1981): 35–44.

Chambers, Ross. "The Eye in the Storm of a Poem." *Textual Analysis*. Ed. Mary Ann Caws. New York: MLA, 1986. 156–66.

Chateaubriand, René. *Le Génie du christianisme*. 1802. 2 tomes. Paris: Garnier Flammarion, 1966.

Chevalier, Jean. "Aigle." *Dictionnaire des symboles*. Ed. Jean Chevalier et Alain Gheerbrant. Paris: Jupiter, 1982.

Claude, Jean. *André Gide et le théâtre*. T. 1. Paris: Gallimard, 1992. 2 tomes.

Cocteau, Jean. *Gide vivant*. Paris: Amiot Dumont, 1952.

———. *La Machine infernale*. Paris: Grasset, 1934.

Collignon, Jean. "Gide et *Hamlet*." *André Gide* 2. *Revue des Lettres Modernes* 280–84 (1971): 105–12.

Compagnon, Antoine. *La Seconde Main*. Paris: Seuil, 1979.

Corbière, Tristan. "Paris Nocturne." *Les Amours jaunes*. Paris: *NRF*, 1973.

Cordle, Thomas. "Decadence and Symbolism." *André Gide*. New York: Saint Martin's Press, 1969. 33–63.

Cormier, Raymond. *Three Ovidian Tales of Love*. New York: Garland, 1986.

Cornulier, Benoît de. *Théorie du vers*. Paris: Seuil, 1982.

Cotnam, Jacques. "André Gide et le cosmopolitisme littéraire." *Revue d'Histoire Littéraire de la France* 70.2 (mars/avril 1970): 267–85.

Dällenbach, Lucien. "Intertexte et autotexte." *Poétique* 27 (1976): 282–96.

———. *Le Récit spéculaire*. Paris: Seuil, 1977.

Daniel-Rops, Henri. *Notre inquiétude*. 1927. Paris: Librairie Académique Perrin, 1953.

Delay, Jean. "Dernières années." *Nouvelle Revue Française* novembre 1951: s. pag.

———. *La Jeunesse d'André Gide*. 2 tomes. Paris: Gallimard, 1956–57.

Derche, Roland. *Quatre mythes poétiques*. Paris: SEDES, 1962.

De Romilly, J. "Les Mythes antiques dans la littérature contemporaine." *Bulletin de l'Association Guillaume Budé* juin 1960: 169–82.

Deschodt, Eric. *Gide, "le contemporain capital."* Paris: Perrin, 1991.

Dessalles, Claude. "Pourquoi *Le Treizième Arbre*?" *André Gide* 4. *Revue des Lettres Modernes* 374–79 (1973): 99–103.

Détienne, Marcel. *L'Invention de la mythologie*. Paris: Gallimard, 1981.

Dictionnaire des mythes littéraires. Ed. Pierre Brunel. Paris: Eds. du Rocher, 1989.

Dictionnaire des symboles. Paris: Laffont, 1982.

Diel, Paul. *Le Symbolisme dans la mythologie grecque*. Paris: Payot, 1966.

Dimaras, C. "Gide et la Grèce." *Revue d'Athènes* avril 1951: s. pag.

Dollimore, Jonathan. "Different Desires: Subjectivity and Transgression in Wilde and Gide." *Genders* 2 (été 1988): 24–41.

Doob, Penelope Reed. *The Idea of the Labyrinth from Classical Antiquity to the Middle Ages*. Ithaca, NY, and London: Cornell UP, 1990.

Douglas, Wallace. "The Meaning of Myth in Modern Criticism." *Modern Philology* 50 (1952): 232–42.

Durand, Gilbert. *Figures mythiques et visages de l'œuvre*. Paris: Berg, 1979.

———. "Hérode et le mythe décadent." *Beaux-arts et archétypes*. Paris: PUF, 1989. 163–80.

———. *Les Stuctures anthropologiques de l'imaginaire.* Paris: Bordas, 1969.

Eco, Umberto. *L'Œuvre ouverte.* 1962. Trad. Chantal Roux de Bézieux. Paris: Seuil, 1965.

Eigeldinger, Marc. *Lumières du mythe.* Paris: PUF, 1983.

———. *Mythologie et intertextualité.* Genève: Slatkine, 1987.

Eliade, Mircea. *Aspects du mythe.* Paris: Gallimard, 1963.

———. *Le Sacré et le profane.* Paris: Gallimard, 1965.

Eschyle. *Prométhée enchaîné. Théâtre complet.* Trad. Emile Chambry. Paris: Garnier Flammarion, 1964. 98–126.

Etiemble, René. "Le Style du *Thésée* d'André Gide." *Temps Modernes* 2 (1947): 1032–38.

Favre, Yves-Alain. "Narcisse." *Dictionnaire des mythes littéraires.* Sous la direction de Pierre Brunel. Paris: Eds. du Rocher, 1989. 1043–48.

Fergusson, Francis. "'Myth' and the Literary Scruple." *Sewanee Review* 64 (printemps 1956): 171–85.

Foucault, Michel. *L'Usage des plaisirs.* T. 2 d'*Histoire de la sexualité.* Paris: Gallimard, 1984. 3 tomes.

Freud, Sigmund. *Correspondance 1873–1939.* Paris: Gallimard, 1966.

———. "Pour introduire le narcissisme." *La Vie sexuelle.* Trad. Denise Berger, Jean Laplanche, et al. Paris: PUF, 1969. 81–105.

———. *Totem et tabou.* 1913. Trad. fr. [1924]. S. Jankélévitch. Paris: Payot, 1950.

Frye, Northrop. "Literature and Myth." *Relations of Literary Study.* Ed. James Thorpe. New York: MLA, 1967. 27–41.

Genette, Gérard. "Complexe de Narcisse." *Figures.* Paris: Tel Quel, 1966. 21–28.

———. *Figures III.* Paris: Seuil, 1972.

———. *Nouveau discours du récit.* Paris: Seuil, 1983.

———. *Palimpsestes.* Paris: Seuil, 1982.

Germain, Gabriel. "André Gide et les mythes grecs." *Entretiens sur André Gide.* Sous la direction de Marcel Arland et Jean Mouton. Paris: Mouton, 1967. 41–67.

Girard, René. *Mensonge romantique et vérité romanesque.* Paris: Grasset, 1961.

———. *La Violence et le sacré.* Paris: Grasset, 1972.

Gould, Eric. "On the Essential in Myth." *Mythical Intentions in Modern Literature.* Princeton: Princeton UP, 1981.

Goulet, Alain. "Le Complexe d'Œdipe négatif." *Fiction et vie sociale dans l'œuvre d'André Gide*. Paris: Mirard, 1985. 391–407.

———. "L'Ecriture de l'acte gratuit." *André Gide* 6. *Revue des Lettres Modernes* 547–53 (1979): 177–201.

———. "*Le Prométhée mal enchaîné*: Une Etape vers le roman." *Bulletin des Amis d'André Gide* 9.49 (janvier 1981): 45–52.

———. "Sur une figure obsédante: Vers une origine de la création littéraire." *André Gide* 9. *Revue des Lettres Modernes* 1033–38 (1991): 47–60.

Grand Larousse Encyclopédique du XXe siècle. Paris: Larousse, 1967.

Greimas, A. J. *Du sens: Essais sémiotiques*. Paris: Seuil, 1970.

———. "Eléments pour une théorie de l'interprétation du récit mythique." *L'Analyse structurale du récit*. 1966. Paris: Seuil, 1981. 34–65.

Grimal, Pierre. *Dictionnaire de la mythologie grecque et romaine*. Paris: PUF, 1951.

Hartman, Elwood. *French Literary Wagnerism*. New York: Garland, 1988.

Henry, Anne, éd. *Schopenhauer et la création littéraire en Europe*. Paris: Meridiens Klincksieck, 1989.

Holdheim, Wolfgang W. "The Dual Structure of the *Prométhée mal enchaîné*." *Modern Language Notes* 74 (1959): 714–20.

———. "Ré-évaluation de *Paludes*." *André Gide* 6. *Revue des Lettres Modernes* 547–53 (1979): 131–41.

———. *Theory and Practice of the Novel: A Study on André Gide*. Genève: Droz, 1968.

Hugo, Victor. *William Shakespeare*. Paris: Garnier Flammarion, 1973.

Hutcheon, Linda. *Narcissistic Narrative*. Waterloo, Ont.: Wilfred Laurier UP, 1980.

Huysmans, J.-K. *A rebours*. Paris: Gallimard, 1977.

Hytier, Jean. "André Gide et l'esthétique de la personnalité." *Revue d'Histoire Littéraire de la France* 70.2 (mars/avril 1970): 230–43.

———. *André Gide*. Paris: Charlot, 1945.

Ireland, G. W. *Gide*. London: Oliver and Boyd, 1963.

———. "Œdipe." *André Gide: A Study of His Creative Writings*. Oxford: Clarendon, 1970. 393–407.

———. "Le Prométhée mal enchaîné / Les Caves du Vatican." *André Gide: A Study of His Creative Writings*. Oxford: Clarendon, 1970. 249–73.

———. "Thésée." *André Gide: A Study of His Creative Writings*. Oxford: Clarendon, 1970. 408–21.

Jankélévitch, Vladimir, "La Décadence." *Revue de Métaphysique et de Morale* 90 (1985): 435–61.

Jenny, Laurent. "La Stratégie de la forme." *Poétique* 27 (1976): 257–81.

Johnson, Barbara. *The Critical Difference.* Baltimore: Johns Hopkins UP, 1980.

Jolles, André. *Formes simples.* Trad. Antoine Buguet. Paris: Seuil, 1972. Trad. de *Einfache Formen.* Tübingen: Max Niemeyer Verlag, 1930.

Kanes, Martin. "Gide's Early Attitude to the Symbol." *Symposium* 13 (1959): 195–215.

Kennedy, Ellen C. "Gide, Laforgue and the Eternal Feminine." *French Studies* 17.1 (janvier 1963): 27–38.

Kluckhahn, Clyde. "Recurrent Themes in Myth and Mythmaking." *Myth and Mythmaking.* Ed. Henry Murray. New York: Braziller, 1960. 46–59.

Kristeva, Julia. "Narcisse: La Nouvelle Démence." *Histoires d'amour.* Paris: Denoël, 1983. 131–53.

———. *Révolution du langage poétique.* Paris: Seuil, 1974.

———. *Sèméiôtikè.* Paris: Seuil, 1969.

———. *Soleil noir.* Paris: Gallimard, 1987.

Lacan, Jacques. "Jeunesse de Gide ou la lettre du désir." *Critique* 31 (avril 1958): 291–312.

Lachasse, Pierre. "*Œdipe* d'André Gide, ou le mythe renouvelé." *Bulletin des Amis d'André Gide* 10 (janvier 1982): 5–21.

Lang, Renée. *André Gide et la pensée allemande.* Paris: Egloff, 1949.

Lavelle, Louis. *L'Erreur de Narcisse.* Paris: Grasset, 1939.

Lebrun, Claude. "La Naissance des thèmes dans les premières œuvres d'André Gide." *Cahiers André Gide* 1. Paris: Gallimard, 1969. 207–23.

Leconte de Lisle, "Khirôn." *Poésies complètes.* T. 2. Paris: Alphonse Lemerre, 1927. 197. 2 tomes.

Levin, Harry. "Some Meanings of Myth." *Myth and Mythmaking.* Ed. Henry Murray. New York: Braziller, 1960. 103–14.

Lévi-Strauss, Claude. *Mythologies I: Le Cru et le cuit.* Paris: Plon, 1964.

———. "La Structure des mythes." *Anthropologie structurale.* 1958. Paris: Plon, 1974. 235–65.

Lévy, Zvi H. "André Gide entre Œdipe et Thésée." *French Studies* 44.1 (janvier 1990): 34–46.

Madelénat, D. "Mythe et littérature." *Dictionnaire des littératures de langue française*. Paris: Bordas, 1984. 1595–98.

Magny, Claude-Edmonde. "A propos du *Thésée*: L'Ethique secrète d'André Gide." *Poésie* 36 (1946): 82–94.

Mallarmé, Stéphane. *Œuvres complètes*. Bibliothèque de la Pléiade. Paris: Gallimard, 1945.

Martin, Claude. *André Gide par lui-même*. Paris: Seuil, 1963.

———. "Gide, Cocteau, Œdipe: Le Mythe ou le complexe." *Jean Cocteau* 1. *Revue des Lettres Modernes* 298–303 (1972): 143–65.

———. "Gide 1907 ou Galatée s'apprivoise." *Revue d'Histoire Littéraire de la France* 70.2 (mars/avril 1970): 196–208.

———. *La Maturité d'André Gide*. Paris: Klincksieck, 1977.

Martin du Gard, Roger. *Notes sur André Gide*. Paris: Gallimard, 1951.

Marty, Eric. *André Gide: Qui êtes-vous? Avec les entretiens Jean Amrouche et André Gide*. Lyon: La Manufacture, 1987.

———. *L'Ecriture du jour*. Paris: Seuil, 1985.

Masson, Pierre. "Le *Prométhée mal enchaîné*, ou du détournement d'un mythe à des fins personnelles." *Bulletin des Amis d'André Gide* 9 (janvier 1981): 5–29.

McLaren, J. C. *The Theatre of André Gide: Evolution of a Moral Philosopher*. Baltmore: Johns Hopkins UP, 1952.

Meschonnic, Henri. "Apollinaire illuminé au milieu d'ombres." Numéro spécial sur Apollinaire. *Europe* 452 (novembre/décembre 1966): 141–69.

Morrissette, Bruce. "Un Héritage d'André Gide: La Duplication intérieure." *Comparative Literature Studies* 8 (1971): 124–42.

Moutote, Daniel. *André Gide: L'Engagement 1926–1939*. Paris: SEDES, 1991.

———. *André Gide: Esthétique de la création littéraire*. Genève: Slatkine, 1993.

———. *Le Journal de Gide et les problèmes du moi*. Paris: PUF, 1968.

Narcissism and the Text. Ed. Lynne Layton et Barbara Ann Schapiro. New York et London: New York UP, 1986.

Newmark, Kevin. *Beyond Symbolism*. Ithaca, NY: Cornell UP, 1991.

Nietzsche, Friedrich. *La Naissance de la tragédie*. Trad. Michel Haar, Philippe Lacoue-Labarthe et Jean-Luc Nancy. Paris: Gallimard, 1977.

O'Brien, Justin. "Prometheus, Savior of Man." *Portrait of André Gide*. New York: Knopf, 1953. 236–45.

O'Reilly, Robert F. "The Emergence of Gide's Art Form in *Paludes*." *Symposium* 19.3 (automne 1965): 236–47.

Ovide. "Narcisse, Echo." *Les Métamorphoses*. Trad. J. Chamonard. Paris: Garnier Flammarion, 1966. 98–103.

Painter, George D. "La Sérénité." *Gide*. Paris: Mercure de France, 1968. 198–214.

Parrain, Brice. *Recherches sur la nature et la fonction du langage*. Paris: Gallimard, 1942.

Perrone-Moisés, Leyla. "Intertextualité critique." *Poétique* 27 (1976): 372–84.

Peters, Arthur K. *Jean Cocteau and André Gide: An Abrasive Friendship*. New Brunswick: Rutgers UP, 1973.

Peyronie, André. "Thésée." *Dictionnaire des mythes littéraires*. Sous la direction de Pierre Brunel. Paris: Eds. du Rocher, 1989. 1312–26.

Pichon, Jean-Charles. *Histoire des mythes*. Paris: Payot, 1971.

Pizzorusso, Arnaldo. "Le 'Prométhée mal enchaîné' et le 'secret du rire.' " *Revue d'Histoire Littéraire de la France* 66 (avril/juin 1966): 283–92.

Plutarque. "Vie de Thésée." *Les Vies des hommes illustres*. T. 1. Trad. Jacques Amyot. Paris: *NRF*, 1951. 1–36. 2 tomes.

Pollard, Patrick. *André Gide: Homosexual Moralist*. New Haven: Yale University Press, 1991.

———. "Incest and Sin in Gide's *Œdipe* and *Les Faux-Monnayeurs*: A Thematic Structure." *Nottingham French Studies* 19.2 (octobre 1980): 25–30.

———. "The Sources of André Gide's *Thésée*." *Modern Language Review* 65.2 (avril 1970): 290–97.

Poulet, Georges. "L'Instant et le lieu chez André Gide." *André Gide* 3. *Revue des Lettres Modernes* 331–35 (1972): 57–66.

———. *Les Métamorphoses du cercle*. 1961. Paris: Garnier Flammarion, 1979.

———. *Trois essais de mythologie romantique*. Paris: Corti, 1985.

Prémont, Laurent. *Le Mythe de Prométhée dans la littérature française contemporaine*. Laval: Presses de l'Université de Laval, 1964.

Rachilde. *Monsieur Vénus*. Paris: Garnier Flammarion, 1977.

Ricardou, Jean. "La Population des miroirs." *Poétique* 22 (1975) 196–226.

Riffaterre, Michael. "Un Singulier d'André Gide." *Français Moderne* 23 (1955): 39–43.

Rimbaud, Arthur. *Œuvres complètes*. Bibliothèque de la Pléiade. Paris: Gallimard, 1972.

Robidoux, Réjean. "Problèmes historiques posés par la note esthético-morale du *Traité du Narcisse*." *André Gide* 6. *Revue des Lettres Modernes* 547–53 (1979): 39–51.

———. *Le Traité du Narcisse (Théorie du symbole) d'André Gide*. Ottawa, Ont.: Editions de l'Université d'Ottawa, 1978.

Romilly, J. de. "Légendes grecques et théâtre moderne." *Mercure de France* 321 (1954): 71–87.

Rossi, Vinio. *André Gide*. New York: Columbia UP: 1968.

———. *André Gide: The Evolution of an Aesthetic*. New Brunswick, NJ: Rutgers UP, 1967.

Roudinesco, Elisabeth. *Histoire de la psychanalyse en France*. T. 2. Paris: Seuil, 1986. 2 tomes.

Rougement, Denis de. *L'Amour et l'occident*. 1939. Paris: Plon, 1972.

Ruskin, John. *Essays and Letters*. Boston: Ginn, 1894.

San Juan, E., Jr. *Transcending the Hero, Reinventing the Heroic*. Lanham, MD: UP of America, 1988.

Sartre, Jean-Paul. "Gide vivant." *Temps Modernes* 65 (mars 1951): 1537–41.

———. *"Huis Clos" suivi de "Les Mouches."* Paris: Gallimard, 1947.

Savage, Catharine. Voir [Brosman], Catharine Savage.

Scherer, Jacques. *Dramaturgies d'Œdipe*. Paris: PUF, 1987.

Sebag, Lucien. "Le Mythe: Code et message." *Temps Modernes* 20 (mars 1965): 1607–23.

Secretan, Philibert. "Œdipe comme mythe interdisciplinaire." *Cahiers Internationaux de Symbolisme* 12 (1966): 73–84.

Sellier, Philippe. "Qu'est-ce qu'un mythe littéraire?" *Littérature* 55 (octobre 1984): 112–26.

Sergent, Bernard. *L'Homosexualité dans la mythologie grecque*. Paris: Payot, 1984.

Shelley, P. B. "Prometheus Unbound." *Selected Poems*. Ed. Timothy Webb. London: Dent, 1984. 29–64.

Sophocle. *Tragédies*. Trad. Paul Mazon. Paris: Gallimard, 1973.

Souday, Paul. *André Gide*. Paris: S. Kra., 1927.

Starkie, Enid. *André Gide*. New Haven: Yale UP, 1954.

Steel, David. "Gide and the Conception of the Bastard." *French Studies* 17.3 (juillet 1963): 238–48.

———. "Gide et Freud." *Revue d'Histoire Littéraire de la France* (janvier/février 1977): 48–74.

———. "Gide et Lautréamont." *Revue des Sciences Humaines* 33.130 (avril/juin 1968): 279–94.

———. "Le Prodigue chez Gide: Essai de critique économique de l'acte gratuit." *Revue d'Histoire Littéraire de la France* 70.2 (mars/avril 1970): 209–29.

Stoltzfus, Ben. *Gide's Eagles*. Carbondale, IL: Southern Illinois UP, 1969.

Storzer, Gerald H. "The Homosexual Paradigm in Balzac, Gide, and Genet." *Homosexualities and French Literature*. Ed. George Stambolian and Elaine Marks. Ithaca, NY: Cornell UP, 1979. 186–209.

Strauss, George. "Cécité et aveuglement." *André Gide* 2. *Revue des Lettres Modernes* 280–84 (1971): 89–104.

Todorov, Tzvetan. *Grammaire du Décameron*. The Hague: Mouton, 1969.

———. *Littérature et signification*. Paris: Larousse, 1967.

———. *Symbolisme et interprétation*. Paris: Seuil, 1978.

Tournier, Michel. "Cinq clefs pour André Gide." *Le Vol du vampire*. Idées. Paris: Gallimard–Mercure de France, 1981. 218–44.

———. *Le Vent Paraclet*. Paris: Gallimard, 1977.

Trousson, Raymond. "Prométhée." *Dictionnaire des mythes littéraires*. Sous la direction de Pierre Brunel. Paris: Eds. du Rocher, 1989. 1139–53.

———. "Servitude du créateur en face du mythe." *Cahiers de l'Association Internationale des Etudes Françaises* 20 (1968): 85–98.

———. *Le Thème de Prométhée dans la littérature européenne*. Genève: Droz, 1976.

Ullmann, Stephen. *The Image in the Modern French Novel*. Oxford: Blackwell, 1963.

Valéry, Paul. "Cantate du Narcisse." *Œuvres complètes*. T. 1. Bibliothèque de la Pléiade. Paris: Gallimard, 1957. 403–21.

———. "Les Fragments du Narcisse." *Œuvres complètes*. T. 1. Bibliothèque de la Pléiade. Paris: Gallimard, 1957. 122–30.

———. "Narcisse parle." *Œuvres complètes*. T. 1. Bibliothèque de la Pléiade. Paris: Gallimard, 1957. 82–83.

———. "Sur les Narcisses." *Œuvres complètes*. T. 1. Bibliothèque de la Pléiade. Paris: Gallimard, 1957. 1560–62.

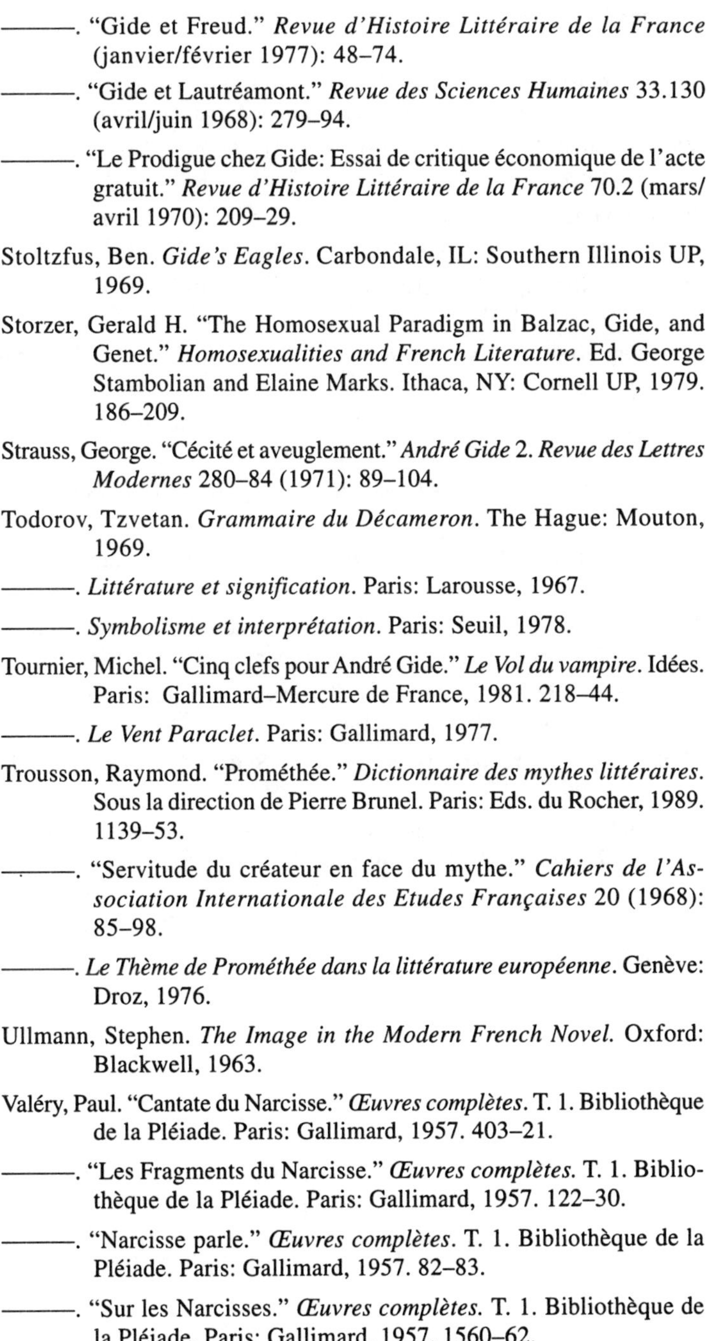

Vernant, Jean-Pierre, et Pierre Vidal-Naquet. *Œdipe et ses mythes*. Paris: Complexe, 1988.

Vinge, Louise. *The Narcissus Theme in Western European Literature up to the Early Nineteenth Century*. Lund: Gleerups, 1967.

Walker, David H. *Modern Novelists: André Gide*. New York: Saint Martin's Press, 1990.

Watson, Graeme. "Gide's Construction 'en abyme.'" *Australian Journal of French Studies* 7 (janvier/août 1970): 224–33.

Watson-Williams, Helen. "The Hero and Humanity." *André Gide and the Greek Myth*. Oxford: Clarendon, 1967. 103–25.

Weinburg, Kurt. *On Gide's "Prométhée": Private Myth and Public Mystification*. Princeton: Princeton UP, 1972.

Wilde, Oscar. *Selected Letters of Oscar Wilde*. Ed. Rupert Hart. Oxford: Oxford UP, 1979.

———. "The Sphinx." *The Complete Works of Oscar Wilde*. New York: Harper, 1966. 231–52.

Wing, Nathaniel. *The Limits of Narrative*. Cambridge: Cambridge UP, 1986.

Woodhull, Winifred. "Out of the Maze: A Reading of Gide's *Thésée*." *Journal of Midwest MLA* 21 (printemps 1988): 1–14.

Yeats, W. B. "Prometheus Unbound." *Later Essays and Introductions*. New York: Macmillan, 1961. 419–25.

York, Ruth B. "Circular Patterns in Gide's 'Soties.'" *French Review* 34 (1961): 336–43.

Yourcenar, Marguerite. "Aspects d'une légende et histoire d'une pièce." *Théâtre II*. Paris: Gallimard, 1971. 165–79.

Index